24フレームの映画学
映像表現を解体する

Cinema Studies in 24 Frames:
Dismantling Film Expression

北村匡平

Kyohhei Kitamura

晃洋書房

目次

第3章　映画の編集

第4章　映画の音響

第5章　映画の境界

序説——映像表現論

本書は映像制作のための「実用書」でも、映画の「教科書」でも、作品の内容を紹介する「解説書」でもない。あえていえば映像表現の「批評」である。だが、どの要素も多分に含まれた映像批評だ。つまり、映画作りの「実践」にも「学習」にも使えるような書物であると同時に、作り手（製作者）／受け手（観客）の両方の視点を含んだ「批評」である。なぜこのように書いたかといえば、私自身が映画の「実用書」は、勉強にはなるが「説明書」を読んでいるみたいで引き込まれることがあまりなく、映画の「教科書」も体系的で堅苦しい感じがしてならないからだ。だから本書は、映像におけるさまざまな表現を「批評」した本だと私は思っている。

映像の作り手は緻密に計算して映像を組み立てる。だが、できあがった作品が必ずしも意図した通りに観客に伝わるわけではない。そこには「偶然性」もあれば、観客それぞれの「感受性」の違いもある。だから、これから書かれる映像批評はあくまでも一人の観客／批評家として私が解釈した捉え方にすぎない。私と異なる見方も当然ありうるし、あったほうがよい。そのほうが作品は間違いなく「豊か」になる。だが、批評という営みは単なる「感想」とはまったく違う。

ここでいう「批評」とは、作者を代弁するものではない。眼の前に立ち現れる作品を真摯に見つめ、見極めること。作品の良し悪しや表現の優劣の価値判断をして評価を下すのではなく、見えない部分に光をあてて作品を輝かせること。言い換えれば、作品の内部に分け入り、深部に潜り込んで、一見して気づかない世界を浮かび上がらせることである。こういってよければ、批評とはその営みなしには見出されることのない、作者さえ気づかない作品の裏側を、徹底して凝視し続け、幾度となく感じ直し、言語化することなのだ。

もちろん、本書は「教科書」のような初歩的な説明や映像技法の解説も含んでいる。そして映像史も浮かび上がるように意識して書いた。とはいえ、とにかく読み物として面白いものになるよう心がけたつもりである。そのために、作品分析をただ羅列するのではなく、分析の視座ごとに章を構成した。たとえば映画の「視線」「編集」「音響」などである。そうすることで、映像の奥深さを多方面から、より深く味わってもらえるのではないかと思ったからだ。まずは映画とはどのようなものか、身近な例から語ってみたい。

＊

仮面ライダーとウルトラマンを知らない人はほとんどいないだろう。長く続くシリーズで時代を超えて愛され続けてきた。どちらもアクションを中心としたヒーローものだが、それぞれのヒーローの特性を活かすため、映像の作り方は根本的に違っている。

たとえば仮面ライダーは、敵と戦うときのアクロバティックで敏速な立ち振る舞いが特徴的なヒーローだ。そのスピーディーな動きを演出するためにカメラを左右に素早く振るパンや移動撮影と短いショットを積み重ねる編集によって、機敏な身体の反応と、そこから繰り出される過剰な運動が導き出される。映像には基本的に三つの「運動」がある――①画面内部（被写体や背景も含めたフレームの内側）、②画面自体（カメラの運動＝フレームそれ自体）、③画面外部（編集によって作り出されるショット間の動き）――。仮面ライダーはこのすべてに運動を課すことで、相乗的に効果を発揮する。だから手持ちショットの上下左右のブレも、カメラを斜めに傾けたダッチアングル・ショットも、闘う仮面ライダーたちの躍動感を助長することになるのだ。

逆にウルトラマンの最大の特徴は、その存在の巨大さとパワーである。だから戦闘シーンの見せ場になると、身体全体をフレームにおさめたロングショットで映し出され、殴ったり倒れたりするアクションでは、しばしばスローモーションを組み合わせることで身体の大きさと重厚感が演出される。なぜ遠景から捉えられるのかというと、ウルトラマンの身体の大きさを印象づけるために、ビルやデパートなど街並みを小さく一緒にフレームインする必要があるからだ。したがって仮面ライダーほどカメラが素早くパンしたり移動したり、ショットが次々に切り替わったりすることはあまりない。そのように演出してしまうとウルトラマンの「軽さ」を印象づけてしまうからである。

このようにあらゆる作品の「内容」(content)は、「形式」(form)と連動している[*1]。「形式」によって「内容」が大いに規定されるといってもよい。あるいは「形式」こそが物語の〈意味〉を生み出す決定的な要素ともいえる。作り手が伝えたい〈意味〉=「内容」を効果的に伝達するために「形式」との協働は必要不可欠なのである。

＊

優れた映画はどのように作られるか。作品には必ず描きたいテーマがある。だが映画芸術を成り立たせるには、演出、脚本、俳優、照明、美術、音響、編集など多くの構成要素がある。主として映画作品においては、テーマ(主題)、シナリオ(構造)、アクター(運動)、スタイル(形式)が相互的に機能しているかどうかが重要である。家でいえばシナリオは「骨組み」、スタイルは「デザイン」、アクターは「住人」に当たると考えればよい。映画の物語は単に台詞によって語られるのではない。映画とは、言葉以上にイメージや音によって意味づけられる芸術だ。優れた映画作家であればあるほど、さまざまな形式を使って巧みにスクリーン上の〈意味〉を生み出そうとする。映画芸術とは複数の要素が有機的に作用して初めて〈意味〉が相乗的に生み出されるのだ。本書で中心的に見ていくのは、演出／編集技法によるスタイル（形式）が、作品における〈意味〉をいかに創り出しているのか、という点である。

だがここで注意すべきなのは、画面上のすべての情報を映画作家がコントロールできているわけではないということだ。むろん映画という芸術には脚本家や俳優、さまざまな撮影スタッフが関わり、作品作りに携わっているが、ここでいいたいのはそういうことではない。

創造的な表現者は、すべてを制御して作品を生み出してはいない。むしろ個人の意図を超えてゆく地点に、作為を裏切って生まれる偶然としかいいようがない営為に創造性が宿る場合もある。ロラン・バルトによる「作者の死」（一九六八）の宣言はこの点において今でもきわめて有効である*2。「作者」が「作品」のすべてをコントロールして創造しているのではなく、「作品」とは、さまざまなエクリチュールが連鎖し、異議を唱え、起源を定められない無数の引用の織物である。すなわち、作者の意図や伝記的事実を作品から切り離し、多様な読解可能性を見出していくこと、換言すれば「作者」から「作品」が生み出されるのではなく、「作品」から無数の「作者」を作り出すのが「テクスト論」の画期的な試みであった。

ただし、作家の意図や作り手の実践を黙殺してはならない。それらを踏まえたうえで、いかなるテクストとして読解されうるかを見極めなければならないのだ。したがって、映像がどのように構成されているかを解析すると同時に、その創作物がどのような効果をもたらすかを分析しなければならない。つまり、①作家による〈意味〉の構築プロセスに敏感になること、②その映像が（作家の意図とは関係なく）観客に及ぼす美的な効果を分析すること、私たちのこれからの批評は、この実践に賭けられている。

本書のアプローチはオーソドックスな映像分析である。ここで重要なことは、映画作品や製作者、映画産業の情報を積み上げるだけの「文脈批評」に陥ることなく、さらには恣意的な価値判断によって単純な評価を下す「印象批評」でもなく、誠実にテクストと向き合うことだ。

一九七〇年代から八〇年代にかけて映画批評のあり方を一変させた蓮實重彥の「表層批評」は一時代を画す批評の方法をもたらした。ロラン・バルトやジャン＝ピエール・リシャールの影響を受けた蓮實は「テマティスム」を映画や文学に応用した。それは純粋に「スクリーン＝画面＝表層」を凝視することで、「説話＝物語」に還元されない具体的な出来事＝「主題」（身振り、色彩、数など）や細部の饗応関係から、批評によってもう一つの「作品」を創造すること、そして作り手さえも意図していなかったテクスト同士の「遭遇」から作家主義とは別の仕方で「作家」を抽出すること——蓮實の「表層批評」や「主題論的分析」はおよそこのようにまとめることができるだろう。

二〇世紀の映像の研究や批評は、主として映画館で不可逆的にフィルムを観ることが条件づけられていた。蓮實の批評は基本的にこうした環境における「記憶と動体視力」に基づくパラダイムであった[*3]。すなわち映画は複製芸術ではあるものの、実際は映画館で観る「一回性」の側面を強く持っていたのである。したがって論者に差はあれ、自分の観たいように記憶し、都合よく解釈することもあり、細部の記憶違いは特段珍しいものではなかった。別の言い方をすれば、蓮實の批評は圧倒的な映画史的記憶力から可能になっていたのである。だが、ビデオデッキやＤＶＤレコーダーの普及とともにビデオテープやＤＶＤで視聴し、何度も繰り返し観たり、巻き戻して確認したりすることが当たり前になると、映像分析の手法も再考を促されることになる。そしてメディア環境のデジタル化は、映画の見方の客観化を一挙に押し進めた。批評家の強引な解釈や大雑把な分析も容易く検証可能になったのだ。

そういう意味で、現代のデジタル技術時代／アーカイヴ時代における映像批評は、「記録と高解像度の解析力」に基づく新たな批評実践を必要とするパラダイムだといえるだろう。表現を変えれば、それは映画の解剖学だ。ところが長らく映画研究／批評は、できるにもかかわらず映画を計測すること、徹底して細部を見定めることを怠ってきた。だからこそ、本書では分析の精度／解像度をかなりあげ、必要な箇所にはデジタル技術も使用して肉眼では視認しがたいフレーム単位の分析を施した*4。こうした映像の計測は「人文学」のなかで「つまらない」と思われる向きもある。だが映画とはもともと「芸術」である前に科学技術の発明品として誕生したものであり、ある表現を成り立たせている技術的側面を無視することはできない。いま映像批評はテクノロジーを使ったミクロな分析を必要としているのである。

次章から、さまざまな映像作品におけるフォルムに着目し、どのように表現が成立しているのかを映画やアニメーションから見ていく。このような形式的要素を重視した批評を「フォルマリズム」と呼ぶ。近年ではこれに近い概念として「メディウム・スペシフィシティ」という言葉がある*5。この批評用語は、他のメディアとは共有することのない要素のこと、つまりその媒体に固有の性質のことである。たとえば絵画における「平面性」、漫画における「コマ」といった具合に、それぞれのメディウムは、他の媒体には見られない特有の性質がある。その「形式」に着目することによって、そのメディウムにしかできない表現を見出すこと――本書はこうした視座から映像表現を高解像度で分析していく。ともあれまずは、映画とはいかなる媒体なのかを理解することから始めなくてはならない。

注

1 メディア論の父と呼ばれるマーシャル・マクルーハンの有名なテーゼ「メディアはメッセージである」とは、メディアの「内容」よりもその伝達を可能にする「形式」こそが重要であるという意味である。マーシャル・マクルーハン『メディア論——人間の拡張の諸相』栗原裕・河本仲聖訳、みすず書房、[一九六四]一九八七年。

2 あらゆる芸術＝テクストは、作家の手を離れると、私たちのものとなるという思想は「テクスト論」と呼ばれる。もちろん、作家が意図したことがそのまま伝わることもあるが、映像の豊かさとは、作家の意図を類推することによってではなく、テクストとして私たちが多様な〈意味〉を読み込むことが可能になったときに現れるものである。

3 こうした映画批評の代表的な論者は、卓越した記憶力と瞬発的な分析力を持った蓮實重彥の「表層批評」である。蓮實重彥『表層批評宣言』筑摩書房、一九七九年。代表作に蓮實重彥『監督 小津安二郎』筑摩書房、一九八三年がある。

4 本書では、マックス・プランク心理言語学研究所で開発された音声・映像データへのアノテーション支援ツールであるELANを必要に応じて活用した。

5 もともとはモダニズムを規定するするものを論じた美術批評の用語で、クレメント・グリーンバーグを契機として広まっていった。クレメント・グリーンバーグ「モダニズムの絵画」（一九六一年）、『グリーンバーグ批評選集』藤枝晃雄訳、勁草書房、二〇〇五年、六二—七六頁。

第1章 映画とは何か

1 映画の誕生——一九世紀の視覚文化

黎明期の映画

映画とは何か——。この問いに答えるのは容易ではない。当然、いま私たちが観ている「映画」と黎明期に作られた「映画」では、作品としてずいぶん異なる。映画とはいかなる芸術なのかを理解するためにも、まずは映画の誕生に立ち合い、歴史的変遷に触れておく必要があろう。そうすることで映画がどのように自らを規定し、固有の表現を発展させていったのかがわかるはずだ。そしてそれこそが、映画とはどのような芸術かという問いに接近することになる。だが、私たちは映画の誕生の時点で途端につまずいてしまう。

映画史に少し詳しい者ならば、映画の誕生は一八九五年と記憶していることだろう。十二月二八日、フランスのパリで、リュミエール兄弟が発明したシネマトグラフを披露し、短い映画を有料で上映した。これが長い間、一般的に映画の誕生とされてきた出来事である。シネマトグラフは、撮影と映写の機能を備えた複合映写機で、フィルムに焼き付けた連続写真を映写することによって、「動く映像」を集団で鑑賞することができるテクノロジーだ。事実、彼らはまず科学アカデミーで上映し、次にリヨンのフランス写真協会で上映した後、パリのグラン・カフェで上映会を催すと大勢の人びとが詰めかけたといわれている。ここには「映画」の重要な定義が含まれている。すなわち、スクリーンに投影された動く映像を集団で観ること――これが長らく「映画」の定義とされてきたのだ。

もちろん、この時期、フランスのリュミエール兄弟がいきなり動く映像＝映画を発明したというわけではない。同年、ドイツではスクラダノフスキー兄弟によるビオスコープも発明されているし、アメリカでも翌年、トマス・エディソンがスクリーンに映写するバイタスコープを完成させている。しかし「動く映像を鑑賞する」という意味では、これに先立ちエディソンが一八九一年に覗き見式のキネトスコープという装置を発明している。一八九三年にはシカゴ万国博覧会に出展し、その翌年にはニューヨークで一般にお披露目された。このキネトスコープは、箱の中を覗いて回転するフィルムから映像を得る装置である。なぜこちらは映画の起源とされてこなかったのか。

フランスのリュミエール兄弟によるシネマトグラフと、アメリカのエディソンによるキネトスコープ。どちらもフィルムから動く映像を得る点では同じだが、「投影型」の前者と「覗き見型」の後者には決定的な違いがある。そう、観客の存在である。シネマトグラフは映写機からスクリーンに映像を投影して集団で鑑賞する装置、もう一方のキネトスコープは箱の中の映像を一人で覗いて鑑賞する装置だ。「映画館でスクリーンを集団で観る」という二〇世紀主流の視聴形態から見るに、映画の起源がシネマトグラフであるという意見は妥当なもののように思える。

しかしながら、二〇世紀後半から映画の視聴モードはますます多様化している。テレビで放映される「映画」、ビデオデッキやＤＶＤレコーダーでレンタルした「映画」を自室で観たり、パソコンやスマートフォン、タブレットを使ってベッドや移動中に動画配信サービスを通じて「映画」を鑑賞したりすることが当たり前になった現代において、もはや映画を定義するこの「集団性」は無効化している。したがってエディソンのキネトスコープもまた、映画史を形成する大きな潮流の一つとして見たほうが妥当だろう。

映画の考古学

さらにいえば、こうした発明を導いたのは一八世紀から一九世紀にかけての視覚文化の変遷、生理学における視覚機器の技術や写真の誕生といった視覚メディアであり、その複雑に入り組んだ歴史とは切っても切り離すことはできない[*1]。ガラスに描かれた像を投影するマジック・ランタン（幻灯機）を用いたファンタスマゴリアという幽霊ショーが一八世紀末のフランスで盛んになる。装置自体を動かすことで擬似的な動くイメージを演出したことを考えると、こうした視覚文化も映画の歴史から排除することはできない。

一方、より厳密に動く絵という点では、生理学の研究から残像効果を利用した光学玩具が一八二〇年代中頃に発明された。それが円板の両面に描いた絵を取り付けた紐で素早く回転させ、絵を動かすソーマトロープである。一八三〇年代初頭には、ベルギーでフェナキスティスコープが生まれ、イギリスではそれに触発されたゾートロープ（通称：回転のぞき絵）が数年後に発明された。これらはアニメーションのコマに当たる複数の絵を描き、装置を回転させることでスリットから動的イメージを受け取るというものである。そして一八七七年にフランスで、同じ原理で鏡に反射させた動く絵を見るプラキシノスコープという装置が生まれる。これらはアニメーションの起源であり、映画と同じ原理でもある。

もう一つの流れとして重要なのは、写真術の歴史との連続性である。当初は複製不可能だったが、ニエプスのエリオグラフィは一八二〇年代前半にカメラ・オブスキュラの原理を使って風景を写真画像として定着することに成功、ダゲールのダゲレオタイプは一八三九年、銀板上にポジ画像を定着させることに成功する。その後、写真術は複製可能なものへと移行し、エドワード・マイブリッジの有名な連続写真へと結実する。彼は一八七八年、馬が走っているときに四本の足がすべて地面から離れている瞬間があるかを調べるために、一二台のカメラを設置して、馬が走ると自動的に連続的なイメージが得られるような工夫をした。このフィルムに焼き付けられた像を連続的に投影する技術があれば、まさに「映画」である。

このように映画の誕生を捉えるには、複雑に絡んだ視覚文化史を紐解いていく必要があるのだ。そしてその歴史は単線的に記述できるものではまったくない。現代の「映画」の氾濫を考えても、映像史の複雑さは明らかだろう。したがってシネマトグラフ以降を映画の定義に封じ込めるのではなく、シネマトグラフ以前を映画の発展史観から切り捨てるのでもなく、複数の映像の歴史の潮流が絡み合い、分岐してゆくメディア文化と人びとの経験の位相を捉え返さなくてはならないのだ[*2]。

ただし映像表現に関しては、初期映画から物語映画に移行するにしたがって、かなりの表現が発見され、映画の文法が確立されていった。さらにカメラなどの技術の発展、映画作家のテクニックの洗練、産業史の展開によって歴史とともに映像表現は変化している。したがって本書の終盤では「メディウム・スペシフィック」な表現が、現代のメディア環境に応じて「ポストメディウム」的な様相を呈すことになるだろう。

ともあれ初期映画に話を戻せば、その表現は多様なものではなく、カメラを据え置き、ワンカットで被写体を切り取っただけのイメージにすぎなかった。そもそも一九世紀の映像史は、娯楽というより、科学や技術の歴史という意味合いが強かったのだ。それが一気に大衆娯楽として人気を誇っていくのが二〇世紀のことである。まずはリュミエール兄弟が製作した作品と、いくつかの初期映画を題材に表現の発展を捉えていこう。

2　初期映画の表現史――アトラクションのシネマ

リュミエール兄弟の映画

最初にリュミエール兄弟が上映した作品の一つ『工場の出口』(一八九五)は1分弱の間、ただ工場から人びとが出てくる光景のみをロングショット、固定カメラで捉えたワンシーンのみの映画である。そこには編集という概念はまだなく、カメラを動かすという発想もなかった。ただ被写体である人びとや乗り物だけが動きを映じているにすぎない。むろん映画俳優も存在せず、個人をフォーカスするのでもなく、集団としての人びとを捉えた記録映画のようなものだった。

もう一つの有名な作品『赤ん坊の食事』(一八九五)はその題名の通り、テーブルに座った赤ん坊に両親が食事をさせる場面を切り取っただけの映画である。この作品のテーマは赤ん坊の食事や家族の団欒といっていいだろう。ところが当時、この映画に関して書かれた記事からは、家族の食事の描写に加えて、遠くで木々が揺れていること、赤ん坊の前掛けが風に持ち上げられていること、すなわち再現された自然の光景に観客が熱狂していたことが伝えられている*3。いわば主題の背景でしかない自然現象をカメラを通して見ることに、人びとは歓喜したのである。

現代の観客の目からすれば、こうした風景はありふれた些細な描写にすぎない。だが、カメラというテクノロジーによって、偶然映り込んだ自然による不規則な運動は、作り手の意図を裏切って感動を呼び起こしたのである。とはいえ映画技法の点から見れば、この作品もまたワンシーンで家族の様子を記録した映画だった。だが、同じくリュミエール兄弟によって撮影された『水をかけられた散水夫』（一八九五）はどうだろうか。

まず中央に立つ散水夫が画面左側に向かってホースで水撒きをしている。すると右端から少年がフレームインしてホースを踏みつける【図1-1】。不思議に思って水が出なくなったホースを覗き込んだ瞬間【図1-2】、少年が足を離して散水夫がずぶ濡れになる【図1-3】。怒った男は少年を追いかけていき、お仕置きをするという映画だ。この作品には先述した映画にはない「物語」の萌芽が見られる。興味深いのは画面左奥に逃走した少年を追いかけ捕まえた散水夫が【図1-4】、彼をわざわざ画面中央＝カメラの前まで引きずってきて尻を何度も叩くアクションを見せている点である【図1-5】。つまり彼らは明らかに「演技」をしているのだ。本作はコメディ映画の先駆けともいわれているが、この初期作品からすでに見出されるのは演技＝演出、そしてフィクションを生み出そうとする物語的欲望である。

とはいえ、カメラを動かしたり編集によって物語を語ったりという工夫はまだない。そういった語

図1-1～1-5
『水をかけられた散水夫』
（リュミエール兄弟，1895）

りよりもまず、初期映画は観客と異なる関係を取り結ぶことになる。映画研究者のトム・ガニングは、映画の誕生から約一〇年間（一九〇四年頃まで）における、物語が支配的になる前の初期映画の美学を「アトラクションの映画」と呼んでいる*4。この時期に製作されていたのは、物語映画のようにフィクションの世界に「窃視症的」に没入させるようなタイプの映画ではなかった。初期映画は観客に直に語りかけ、トリック撮影によって驚かせ、観る者の身体に直接的な刺激やショックを与えるような「露出症的」な映画であり、物語よりもスペクタクル性が前景化する作品群だったのである。

初期映画のアトラクション性

ガニングの議論が画期的なのは、映画とは物語世界に観客を引き込もうとするものであり、それ以前の作品は物語を視覚的に語ることができない未熟な映画であるという私たちの常識を打ち破った点である。要するにカメラワークや編集といった映画技法を駆使できない段階から、それが可能になっていくという映画の発展史観を覆したのだ。そもそも当時の観客は映画というテクノロジーに物語叙述など期待してはいなかったし、そんな未来が来ることすら想像もしていなかっただろう。むしろ、ショックや刺激を直接受けるような興行の場のスリルや快楽を求めていたのだ。ただし注意すべきは、こうしたアトラクションの要素は、物語映画に移行した後も併存して作品を支えていたという点であり、逆にいえばアトラクションの映画に物語性がいっさい不在なわけでもない。あくまでこれらは時代ごとに観客に要請された相対的な要素である。

初期映画のアトラクション性をいくつかのフィルムから確認しておこう。イギリスのブライトン派の映画人ジェームズ・ウィリアムソンの『大飲み』（一九〇一）は、カメラの前に立つ英国紳士がミディアム・ロングショットで捉えられるところから始まる。こちらに気づいた男性は激怒した様子で声を荒げてカメラに接近【図1-6】、カメラ目線で超クローズアップになるまで近づくと、大きな口を開く【図1-7】。すると次の瞬間、撮影技師が現れて回していたカメラもろとも口の中に落下していくのである【図1-8】。続いて再び大きく開けた口の画面になり、やや後退した男は笑みを浮かべ、観客に向けて咀嚼を見せつける【図1-9】。まさに大きなスクリーンで観賞していた観客が飲み込まれるようなイリュージョン、刺激を与える典型的なアトラクションの映画だといえるだろう。

リュミエール兄弟の最初の上映会の招待客の一人だったフランスのジョルジュ・メリエスは、現実世界を記録する映画とは違った非現実的な映像を志向した。フィルムを加工してトリック撮影や多重露光による奇怪な映画を生み出したのだ。世界的な名声を獲得することになる『月世界旅行』(一九〇二)は、約14分のなかで月世界への探検計画の発表から製造したロケットに乗って発射し、月で遭遇した宇宙人と戦闘して無事に帰還するまでが描かれている。『月世界旅行』は舞台上の演技を固定カメラで捉えたように進行していくが、「物語」を伝えるためにいくつかのシーンに切り分けた「編集」が使われている。ワンシーンの映画と異なり、時間の経過や場所の移動を場面転換で表現するように

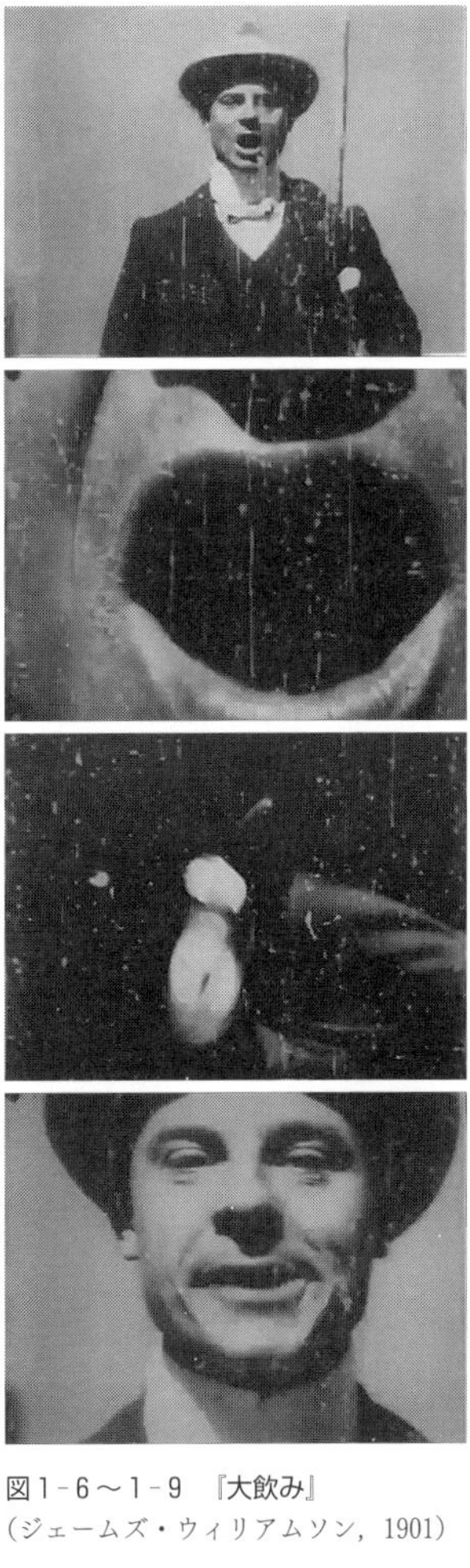

図1-6～1-9 『大飲み』
(ジェームズ・ウィリアムソン, 1901)

なったのだ。とはいえやはり前面に押し出されているのは、トリック撮影などを駆使して観る者に直接的な刺激を与える映画のアトラクション性である。

3　映画技法の模索——スペクタクルから物語映画へ

映画的語りの実験

フランスのパテ映画社で映画を作ったフェルディナン・ゼッカの作品には、幻想的な映像のメリエスとは対照的に物語を視覚的に語ろうとする葛藤が見られる。代表作『ある犯罪の物語』（一九〇一）は殺人を犯した男が逮捕され処刑されるまでを描いた作品だ。カメラは遠景からのフィックスで背景も書き割り、演劇的な演出ではあるものの、最初に殺人を犯すシーンと次の逮捕されるシーンを始め、場面転換がディゾルヴでつながれ、時空間の飛躍がスムーズに行われている。注目すべきは中盤、刑務所で眠っている男が夢を見ている演出が施されている点である。フレームの中に一回り小さなフレームが現れ、そこで男の過去の記憶が実演されているのだ【図1－10】。技法としては未熟だが、「ピクチャー・イン・ピクチャー」と呼ばれる手法を使って、回想（フラッシュバック）をどうにか表現しようとした演出の痕跡が残されている。

図1－10　『ある犯罪の物語』
（フェルディナン・ゼッカ，1901）

先でも触れたイギリスのウィリアムソンの『中国における伝道会の攻撃』（一九〇〇）は、義和団に襲撃された中国の伝道会をイギリスの海兵隊が救出する映画である。まず襲撃に来た義和団一味が入り口から侵入する様子を背後からロングショットで捉えたシーン、続いて超ロングショットで建物の手前から奥に襲撃に向かう義和団たちと奥で抵抗したり逃げたりする人びとのショットが編集でつながれている【図1－11】。さらに次のシーンでは建物側にカメラを置き、反対側から切り返して入り口から入り込んで発砲する海兵隊たちを映し出す【図1－12】。最後にその前のシーンのポジションに戻って、攻撃する海兵隊を手前に、逃げ惑う義和団を奥に捉えるシーンで映画が終わる【図1－13】。ショットを自然につないで連続的なアクションを見せたこと、縦の構図を活用して手前と奥で同時に演出したこと、ダイナミックに視点を移動させてシーンを継続させたことによって、ウィリアムソンは大きく演劇的空間から離れ、映画的空間を立ち上がらせた。

アメリカでは物語映画の創始者とされるエドウィン・S・ポーターが非常に重要な役割を担った。電気技師としてキャリアを積み、エディソン社に入って映社技師や巡回興行師として働いた人物である。彼はヨーロッパから輸入したメリエスなどの映画に感動し、自らその表現手法を学んで映画を作りたいと思うようになった。だが、ポーターの作品を見ていくとメリエス的なアトラクション性だけ

図1－11〜1－13
『中国における伝道会の攻撃』
（ジェームズ・ウィリアムソン，1900）

ではなく、映画史における見世物から物語映画への変遷をたどることができる。

映画史におけるポーターの重要性

『ニューヨーク23番通りで何が起こったか』（一九〇一）は、リュミエール兄弟などの初期映画と同じく1分程度の短いフィルムだ。ニューヨークのストリートに固定カメラを置いて道ゆく人びとを捉えただけだが、単なる記録映画ではない。画面の奥から手前に歩いてくるカップルをカメラはずっと映している。すると二人がカメラの前に来たところで強い風が女性のスカートをめくり上げる。地下鉄の排気口から噴き上がる風でまくれあがるマリリン・モンローのイメージへと直結する女性身体の見世物化がここから見えてくるが、このフィルムに焼き付けられているのは、観客に刺激を与えようとする映画のアトラクション性そのものである。

アトラクションのシネマから物語映画への移行を考えると、その後のポーターの一連の映画作品はきわめて重要な技法を開発していったことがわかる。とりわけ一九〇三年に公開された『アメリカ消防夫の生活』と『大列車強盗』は物語映画へと接続させる重要な技法がいくつも使われている。カメラや編集がいかに視覚的に物語を作り上げようとしていたか、それをポーターによる映像実践から確認していこう。

『アメリカ消防夫の生活』は消防士が火事に巻き込まれた女性と子供を燃える家から救出する物語で、九つのシークエンス＝ショットから構成されている。ストーリーが酷似しているウィリアムソンの『火事だ！』（一九〇一）に影響された作品だが、映画の文法の確立を考えると重要な点がいくつかある。まず『火事だ！』では出動して現場へ向かう馬車が右から左へ移動した後、次のショットでは馬車が左から右へ走っていく。映像表現上こうした移動の方向は一致させたほうが自然に見える。逆の方向で移動させると出動した人が戻ってきた印象を与えるからである。『アメリカ消防夫の生活』では出動した馬車が扉から出て行くときは右側に向かって走り、次のシーンでは右奥から左手前に移動するが、次のショットに切り替わったときにも、同じアングルから同じ方向に走らせるシーンをつないでいる。こうすることで、スクリーンの方向づけによって戻ってきた感覚は引き起こされない。他にも救出に向かう消防馬車をカメラをパンして捉えたり、シーンの切り替えにフェード・アウト／インが使用されたりもする。

映画的な見せ方の発展として捉えられるのが、序盤での火事を知らせる警報機のクロースアップである。この時代、頻繁に使われていたのはインタータイトル（字幕）による物語叙述だったが、火事になって消防士が出動する展開を描く際、冒頭のシーンとの間に警報機を鳴らす手のディテールショットを挿入することによって、一気に緊迫感が生み出される。こうした視覚的な語りは、その次のショットでも見出される。警報によってベッドから飛び起きた消防士たちが二階の部屋の真ん中にある穴からポールをつたって下の階に降り、次のショットでは先ほどの消防士たちが上の階から一階に次々と降りてきて緊急出動するのである。ここに「コンティニュイティ編集」と呼ばれることになる時空間の自然な連続性が見て取れる。ただし、まだ私たちが自然に受容する物語映画とは大きく異なる点もある。

冒頭はゼッカの『ある犯罪の物語』における回想のシーンを彷彿とさせるような演出だ。とはいえゼッカの場合は背後で実演していたのに対し、ポーターの作品は多重露光による合成作業によって画面左側には椅子に座って居眠りをする男、右側には子供を寝かしつける母親の姿を壁に円形で投影している。ポーターの作品は回想ではなく、同じ時間に違う場所で起こっていることが描かれている点で大きく異なっているのだ。この「ピクチャー・イン・ピクチャー」が男の夢や予知ではないとしたら、現在の映画なら異なる場所で同時に起きている出来事を語るクロスカッティング（並行モンタージュ）を使って別のショットでつなげるのが一般的だろう。あるいは画面分割で異なるシーンを同時に描くスプリット・スクリーンを使用する可能性も考えられる。こうした物語映画の文法の創世期には、現在から見れば違和感のある演出が散見される。

最後のラスト・ミニッツ・レスキューのシーンはとりわけ異質だ。まず煙が充満する室内にカメラが置かれ、消防士が母親と子供を抱えて窓から外に運ぶアクションが固定のワンカットで描写される。続くシーンではカメラが建物の外に設置されるが、先ほど観たばかりの母子を運び出すアクションが反復されるのである。すなわち、救出劇を反復＝リプレイすることでその場面をよりドラマティックに見せようとするのだ。これは現在なら救助しようとする消防士と救出される母子を部屋の中／外で交互に切り返して見せるカットバックで描くのが常套手段ではないだろうか。いまでは時間がリニアに進まないこうした非リアリズム的編集が平然と使われることはあまりないが、ここでも作り手が映像的文法を模索しようとしていることがわかる。

続いて『大列車強盗』を見てみよう。金品を強奪した強盗四人組が列車に乗り込んで逃亡、通報を受けた保安官が彼らを追いかけて射殺するという物語だ。基本的にはフィックスのロングショット／ロングテイクで演劇的なシーンの連続ではあるものの、細部の演出からは視覚的な語りの欲望が見て取れる。映像それ自体が持つダイナミズムを技法によって生み出そうとしているのだ。まずは編集技法の変化が注目に値する。『アメリカ消防夫の生活』では場面転換にフェード・アウト／インが使用されていたが『大列車強盗』ではほとんど見られない＊5。むしろ異なる場所で起こっていることを示すクロスカッティングによって直接ショットをつなげている。四人組の強盗は二手に分かれて貨車と機関室を襲う。この二つの場面を暗転することなくつなぐほうが、別の場所で同時に起こっている事件の臨場感を与えられると気づいたのだろう。事実、こうしたクロスカッティングはこの後、D・W・グリフィスを中心に発展し、スリリングな場面の演出に重宝されてゆく。

もう一つ映像のダイナミズムにおいてこの作品が重要なのは、カッティング・オン・アクション（アクションつなぎ）の萌芽が見られる点である。機関車の上で強盗が機関士の助手を殴りつけ列車から放り投げる。その直後、ピストルを機関士に向けて列車から降ろす場面において、動作の途中で列車の上から地上へとカメラ・ポジションを変えてショットをつなげているのである。アクションつなぎとしてはぎこちないが、人物の動作の途中でショットを切り替えてつなげることで、最初期には見られなかった編集のダイナミズムが生み出されている。他にも動く機関車上にカメラを設置することによってカメラ自体が動く映像のダイナミックな効果が引き出されている。これは同時代に遊園地のアトラクションで流行していた「ヘイルズ・ツアーズ」（列車内を模した場所に座り、窓＝スクリーンに列車から撮影された動く映像を投影するスペクタクル体験）、その前の一九〇〇年前後から流行していた「ファントム・ライド」（列車など動く機械にカメラを積んで撮影した映像）とも関連する映像表現である。また列車から強盗たちが逃げていくところでは、カメラが首を横に振るパン、そのまま首を下に振るティルト・ダウンを使った動的なカメラワークも見られる。

さらに映画的空間の要素をあげれば、書き割りの演劇的な平面のシーンもあるものの、最後に逃げる強盗とそれを追う保安官の場面は、奥行きのある舞台を最大限活用して奥から手前まで人物を移動させ、縦の構図でスリリングな戦闘のアクションを描く。本作からは演劇的空間から離れて映画的空間を志向しようとする作り手の努力がいたるところで見出せるのだ。しかしながらこの作品にはバストショットの強盗がカメラ目線でピストルを撃つショットが付されている。これは当時の映画館興行主が自由に切り張りして作品の前後に使用することが許されたものだ。こちら側に向けて発砲する男のショットがいきなり現れると、観客は驚異を感じたに違いない。まさにアトラクションのシネマといえる歴史的な興行の実践である。

このようにこの時期の映画にはアトラクション性／物語性という二つの視聴モードが混在しているのがわかる。それが物語映画として確立していくには「ハリウッドの父」と呼ばれるD・W・グリフィスの登場を待たなければならない。ただし映画文法をグリフィスが独自に確立していったという見方は間違いである。同時代的に、さまざまな国で試行錯誤され、その中で「グリフィス」という神話が作り出されていったにすぎないからだ。そのような前提でグリフィスの数本のフィルムを確認していこう。

グリフィスと「古典的ハリウッド映画」

グリフィスは演出家を夢見てエディソン社のポーターに脚本を売り込むも、不採用となって役者として過ごした。その期間に映画製作を学び、一九〇八年にバイオグラフ社に入社、同年『ドリーの冒険』で監督デビューすることになった。小さな女の子ドリーは両親と三人で川に行くが、そこで一家と揉めた行商人が逆恨みをしてドリーを誘拐、樽に放り込んで移動する途中で川に落としてしまう。樽ごと流されるドリーだが、釣りをしていた少年に発見されて両親と再会し、ハッピーエンドを迎える物語である。

『ドリーの冒険』では、カメラそのものが動くことはなく、編集技法を駆使するまではいかないが、ドリーを探索するショットの切り替わりはアクションと場所が連続的につなげられ、クロスカッティングを使って誘拐されるシーンとは異なる場所で進行するドラマを描く。何より樽が川に流されていくショットが連続して編集される場面は観る者をサスペンス（宙吊り感覚）に巻き込んでゆく。明らかにここではアトラクション性よりも物語叙述が優位になり、観る者を物語に感情移入させようとする物語映画としての完成度の高さが見出される。

翌年の『淋しい別荘』（一九〇九）は主人の留守中にブルジョア家族の家に強盗が押し入って最後に救出される単純な物語だが、グリフィスはより洗練されたクロスカッティングで視覚的にスリリングな場面を作り出した。電話で助けを求める妻とそれを受けて自宅に救出に向かう夫の場面が交互に描かれる。ピストルを片手に強盗を必死で食い止めながら夫に助けを求める妻、扉の外でいまにも押し入ろうとする強盗、電話を受けて警官を連れて助けに向かう夫と異なる場面が切り返される。特に夫が救出しようと家に向かう場面は、さまざまなショットのサイズや多様なアクションで構成され、それが母子と強盗のショットに挿入されることでいっそうサスペンスを生み出しているのだ。

こうして一九一〇年頃から映画の文法は飛躍的に発展していった。さまざまなサイズやフレーミングのショットが連続的にダイナミックな映画的空間を構成し、一つのシーンが形づくられるようになっていく。クロースアップで人物の内面を表現するようにもなる。そうした試行錯誤が繰り返され、ついにグリフィスの超大作『国民の創生』（一九一五）と『イントラレンス』（一九一六）へと結実するのだ。映画研究では「古典的ハリウッド映画」と呼ばれる映画の型が築き上げられる。端的にそれは、観客が登場人物に感情移入できるようカメラは存在を消し、登場人物の心理を的確に観客に伝える撮影／編集技法を構築すること、安定した時空間／物語進行の混乱のない連続性——「コンティニュイティ」こそが古典期のハリウッド映画の根幹をなす規範となったのである。

この時期のいわゆる無声映画は、私たちの知っている映画とはかなり異なる。当時の映画館は上映に際し、楽団による生演奏が付く、ライブ空間だった。音声を同期させるトーキーが生まれるまでの間、映画は複製技術というより、複製技術としてのフィルムと、「いま‐ここ」にしかない一回性のパフォーマンスの複合体だったのである。やがてアメリカではフライシャー兄弟による初の短編トーキーアニメーション『My Old Kentucky Home』(一九二六)、アラン・クロスランドによる初のトーキー長編映画『ジャズ・シンガー』(一九二七)が公開され、一九三〇年代にトーキーが一気に主流になるが、ここでは視覚的な映像表現の話にとどめておこう。

次章からより詳しく述べていくように、一八〇度システムやコンティニュイティ編集などが「古典的ハリウッド映画」の文法を支える重要な要素になった。そして当然、前衛作家たちは規範化したその文法を揺さぶり、乗り越え、固有のスタイルを確立しようとしていく。次章から分析されるのは、さまざまな映画作家たちによる映像表現の実践である。

注

1 現在の3D上映やVRで使われている技術は、生理学から開発された視覚機器であるステレオスコープ——一八三〇年代初頭に発明されロンドン万国博覧会があった一八五一年以降、大流行した両眼視差を利用して立体感を得る光学機器——とも関連する。

2 こうした視点からメディア文化と人びとの経験を描き直していく「メディア考古学」の代表的研究は、エルキ・フータモ『メディア考古学——過去・現在・未来の対話のために』太田純貴編訳、NTT出版、二〇一五年。

3 Emmanuelle Toulet, *Discoveries : Birth of the Motion Picture*, Harry N. Abrams, 1995. を参照しながら長谷正人は、一八九五年に書かれた記事の筆者が樹木や前掛けが風に揺らいだことに家族の食事の光景と同等の価値を与えていると論じ、当時の観客が「微細な自然の運動を発見し、それを見て熱狂したこと」を分析している。長谷正人『映画というテクノロジー経験』青弓社、二〇一〇年、六四—六九頁。

4 トム・ガニング「アトラクションの映画——初期映画とその観客、そしてアヴァンギャルド」(中村秀之訳)、長谷正人・中村秀之編『アンチ・スペクタクル——沸騰する映像文化の考古学』東京大学出版会、二〇〇三年、三〇三—三一〇頁。

5 駅の通信士を縛り上げて強盗が逃亡するショット、住民と保安官たちがダンスを踊るショットではほんの少しだがフェード・アウトした形跡が残っている。

第2章 映画の視線

1 映画の文法とその解体——切り返しショット

視線の一致

まずはスタンダードな映画の文法から確認しておこう。古典的ハリウッド映画においてショット／リバース・ショット（切り返し）は、観客を違和感なく物語に没入させる有効な手段である。たとえば左にいる俳優Aと右にいる俳優Bが向かい合って話しているダイアローグの場面を撮るとする。このシーンをどう撮影し、編集するかによってまったく異なる映像ができあがる。

二人を画面におさめ、ロングショットで対話を撮り続ければ、編集や視線の一致を気にする必要はない。このワンショットでは、俳優たちの演技の時間と観客の視聴の時間は同じである。この場合はドキュメンタリー性が高まり、よりリアリズムに近い一方、編集でつながれる映像特有のリズムは失われる。もちろん、ロングテイク（長回し）が悪いわけではなく、場面や状況に応じて映像作家は使

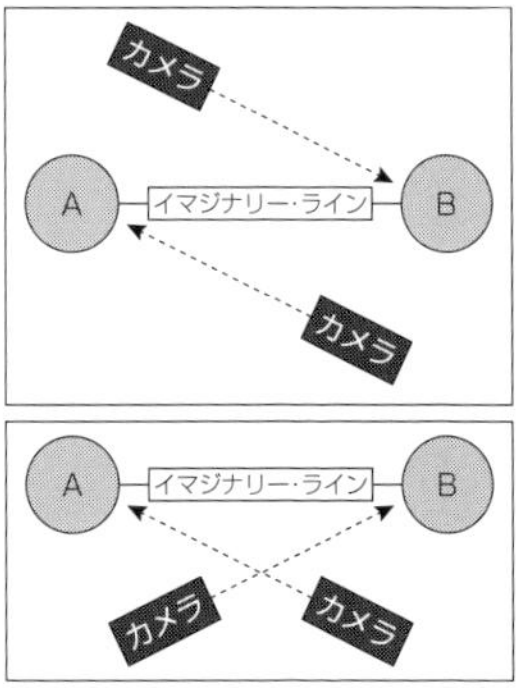

図2-1〜2-2
イマジナリー・ラインの構図例

い分けるのだが、定点からの長回しでは、観客は演劇に近い視点で映像を眺めることになる。これを細かいカット割りでつないでいく映画撮影のルールが、ハリウッドを中心として物語映画の勃興期に共有されていったのだ。

　仮に画面右側を向いて話している俳優Aの後に、同じく画面右側を向いている俳優Bを映したとしよう。これは実際の撮影現場では、①「俳優Aの手前から俳優Aにカメラを向けて撮影」、②「俳優Bの奥にカメラを置いて俳優Bを撮影」し、①→②の順につないでいることになる【図2-1】。しかしこの映像では二人が目を合わせて対話している映像にはならない。二つの連続するショットで、どちらも人物が画面右側を向いて話しているからである。カメラが二人の対話の場面を撮影するとき、この目線の不一致の問題を解消するには、俳優Aと俳優Bの間に想像的に線を引き、一度この線の手前から撮影したら、もうこの線の反対側にカメラを移動させずにこちら側から撮影する【図2-2】。この線を映画用語で「イマジナリー・ライン」（「想定線」または「一八〇度ライン」）と呼ぶ。つまり俳優Aが画面右側を向いて話したら、次のショットは俳優Bが画面左側を向いて話している構図にする。そうすると違和感なく二人が視線を一致させて対話しているように見えるのだ。

　二人の人物が見つめあっているとき、あるいは対立しているとき、こうした撮影技法は効果的に関係性を描き出すことができる。一例としてハリウッド映画『バニラ・スカイ』（キャメロン・クロウ、二〇〇一）でトム・クルーズとペネロペ・クルスが似顔絵を描きあうシーンを見てみよう。ペネロペ・クルスがノートを手にし【図2-3】、それをじっと見つめるトム・クルーズ【図2-4】、再び少しカメラ・ポジションを変えて彼女を映し【図2-5】、彼へと切り返す【図2-6】。続いて同じアングル

図2-3〜2-8
『バニラ・スカイ』
（キャメロン・クロウ，2001）

から彼女の微笑みを捉えると【図2-7】、そのアクションに対するクルーズの反応を描き出す【図2-8】。遠景から長回しで撮るよりも、イマジナリー・ラインに準じた技法で切り返したほうが違和感なく観客を没入させ、お互いに対等に惹かれてゆく場面を描くのに効果的である。

これはアニメーションでも普通に使用される。模範例として宮崎駿の『千と千尋の神隠し』（二〇〇一）の庭先に隠れて千尋とハクが対話するシーンを見てみよう。まずエスタブリッシング・ショットで二人が屋敷の庭先へ駆け出した状況を提示し、続いてマスターショットで二人の位置関係が示される【図2-9】。ハクが画面右側に、千尋が画面左側に位置し【図2-10】、実写映画で考えるとカメラは二人の間に引かれた想定線の手前に置かれているため、この一八〇度ラインを越えて反対側から撮影することはない。視線の不一致によって観客を混乱させてしまうからだ。だから交互に切り返し、二人の目線を一致させてつなげていく。この場面は怯える千尋に対して、ハクがどう行動すべきかを冷静に諭すシーンで、緊迫感を高めるためにも真剣さを演出するためにも二人の視線はぴったりと一致していなければならない。

まずはややハイアングルからハクを見上げる千尋【図2－11】、ローアングルから千尋を見下ろすハク【図2－12】、再び少しカメラを近づけて困惑する千尋【図2－13】、ハクのみを捉えたカットで切り返される【図2－14】。このように一八〇度システムのルールを守っている限り、カメラアングルやポジションは変えても問題はない。むしろ人物の心情にあわせて寄ったり離れたり、あるいは関係性を考えたアングルを対比的に使うことも可能だ。

ただし厳密にいえば、イマジナリー・ラインを越える方法はいくつかある。簡単な例をあげればカットを割らずにカメラを回したまま移動撮影でラインを跨いだり、【図2－1】でAを撮っている最中にBがカメラの前を通って反対側に行ったりする手法、あるいはアクションつなぎで反対側にカメラを移動させると位置関係の混乱を引き起こすことなくラインを越えられる。また【図2－1】のカメラの切り返しでもワイドスクリーンでもう一方の人物をフレームインさせて肩なめで撮ると、それほど違和感なく切り返しができ、現代の映画では稀に見られる。とはいえ多くの映画はこのルールに則って映画を撮ってきたし、いまでも映画を撮る基本的なルールと見なされている。

図2－9～2－14
『千と千尋の神隠し』
（宮崎駿，2001）

視線の不一致

映画でこの文法が守られていないとどうなるか。ハリウッド映画のヘゲモニー（覇権）に明確にアンチテーゼを打ち出して「文法」から逸脱する視線劇を構成した作家も多くいる。とりわけ戦前の日本では、小津安二郎、成瀬巳喜男、清水宏といった巨匠たちによってルールに反する切り返しが行われていた。戦前の成瀬巳喜男はかなり実験的なカメラワークや編集を試していた作家の一人だ。たとえば『二人妻 妻よ薔薇のように』（一九三五）で、二人が街を歩いて行く場面【図2-15】。突然、女性が立ち止まって話し始める【図2-16】。通常、画面左側に目線を送るこのショットの切り返しでは、男性の目線は右側に向けられるはずだが、女性と同じ方向で切り返されている【図2-17】。この対話を撮ったカメラはちょうど【図2-1】のように想定線を越えて切り返しているのだ。

続けて対話にしては珍しいローアングルから左側を向いた女性のショット【図2-18】、同じく左側を向いた男性の対話【図2-19】、再び同じアングルからの女性のショットが交互に映し出される【図2-20】。このダイアローグでは、二人が同様に画面左側を見ているので目線が一致しているように見えない。こうした実験的な手法は観客に違和感を与えるため、娯楽映画において使われることはめったにない。

図2-15〜2-20
『二人妻 妻よ薔薇のように』
（成瀬巳喜男，1935）

図2－21 『カビリアの夜』
（フェデリコ・フェリーニ，1953）

図2－22 『勝手にしやがれ』
（ジャン＝リュック・ゴダール，1960）

もちろん古典的映画の文法への挑戦は何も日本に特有の現象ではなかった。視線に関して付言すれば、ハリウッドを中心とした商業映画の視線の交換は、登場人物たちの間でのみ為されるべきものであった。すなわち、物語世界へと観客を巻き込むために、作品の内部だけで視線や感情のやり取りが行われる必要があるのだ。

だが、たとえばイタリアの巨匠フェデリコ・フェリーニは『青春群像』（一九五三）で美人コンテストに選出された女性が倒れるとき、カメラに向かって心配した群衆が必死に語りかける姿を描いた。当然、彼らの視線の先には女性がいるのだが、実際には私たち観客に彼らの眼差しは注がれている。『カビリアの夜』（一九五七）はもっと露骨である。ラストシーンでジュリエッタ・マシーナがカメラに注ぐ視線の先にもはや登場人物はいない。それは明確に私たち観客を見返している【図2－21】。ここでヒロインに同一化＝感情移入していた観客の眼差し＝感情は、行き場をなくしてしまう。

同じく古典的ハリウッド映画の文法を解体すべく新たな映像実践をしたフランス・ヌーヴェル・ヴァーグのジャン＝リュック・ゴダールは、長編映画デビュー作である『勝手にしやがれ』（一九六〇）の冒頭で、車の運転をするジャン＝ポール・ベルモンドにカメラを見ながら発話させた【図2－22】。助手席に向けられたその視線の先にはむろん誰もいない。彼が語りかけるのは観客以外にいないので

図2-23〜2-24『気狂いピエロ』
（ジャン＝リュック・ゴダール，1965）

ある。『女は女である』（一九六一）のアンナ・カリーナも冒頭で突如カメラに向かってウインクをし、『気狂いピエロ』（一九六五）では逃避行をする二人にあからさまな演技をさせる。

車を運転する主人公たちを背後から捉えるシーンでは、ジャン＝ポール・ベルモンドが唐突にカメラを見返して「お気楽娘だ」といい【図2-23】、アンナ・カリーナが「誰？」と尋ねると、「観客に語りかけた」と答える【図2-24】。ここでゴダールが企図したのは、「映画を観ること」それ自体を異化してみせることだろう。ちなみに日本では黒澤明も敗戦後の貧しい主人公のカップルを描いた『素晴らしき日曜日』（一九四七）の終盤で、中北千枝子に、「皆さんお願いです。どうか拍手をしてやってください」と何度もカメラに向かって連呼させている。

視聴者に向けて語りかけるテレビ的演出に慣れ親しみ、現代映画では決して珍しくなくなったカメラへと差し向けられた目線――それはゴダールや小津の時代にあって映画の文法に沿った常套手段では決してなく、むしろ規範から逸脱する奇異な映画的語りであった。だが、小津の作り出す視線はやはりゴダールのそれとは決定的に違っている。ほとんどタブーであったカメラを見返す人物を交互に映し出すこと、この「小津的な切り返し」はきわめて不気味であり、彼の映画において対話相手に向けられた視線は、同時に観客にも向けられている「二重化された眼差し」といえる。

2　小津安二郎による視線のダイアローグ――『小早川家の秋』『麦秋』

独自のスタイルの確立――小津の切り返し

日本映画における視線を考えたとき、欠かすことのできない作家は間違いなく小津安二郎だろう。小津映画が一目瞭然なのは、ローアングルからフィックスで被写体を捉えるという一貫したスタイルを持ち続けたことだけではなく、人物同士の視線のやり取りを異様としかいいようがない切り返しによって構成するからである。先にあげた成瀬のイマジナリー・ラインを逸脱したショットは、戦前から小津もたびたび実験していたが、小津は二人の人物の間に引かれた想定線上にカメラを置いて対話を切り返してしまうのである。

『小早川家の秋』（一九六一）の原節子と司葉子が対話するシーンでは、離れて会話する二人が捉えられ【図2-25】、司が席を立って原の向かい側に座る【図2-26】。その後は原節子の真正面のショット【図2-27】、続いて司葉子の真正面のショット【図2-28】、再び同じアングルの四角四面の空間で

図2-25～2-30
『小早川家の秋』
（小津安二郎，1961）

対話を反復させる【図2－29】【図2－30】。二人の想定線上にカメラを配置し、ミディアム・ショットで交互に切り返すのだ。当然、物語上では二人が向かい合って会話をしているのだが、画面上では視線が一致しているようには見えない。ホームドラマを繰り返し撮ってきた小津にあって、画面上の眼差しのズレは、常に家族の関係性の不一致やすれ違いと呼応していることはしばしば指摘されてきた。小津映画では物語の主題と映像技法が見事に一致し、映画の〈意味〉が構成されているのである。

逆にいえば、このような真正面からの切り返しは、「目線の不一致」を表現するのに最適な手法とも考えられる。石井裕也の『舟を編む』（二〇一三）ではこの撮影技法が効果的に使われている。真面目で人とコミュニケーションを取ることが苦手な男を演じる松田龍平が宮崎あおいに出会うシーンでは、シャイで不器用な男が目線を合わせられない様子が演出され【図2－31】【図2－32】、手紙を渡そうと部屋から出てきたシーンでもカメラは正面から二人を切り返す【図2－33】【図2－34】。

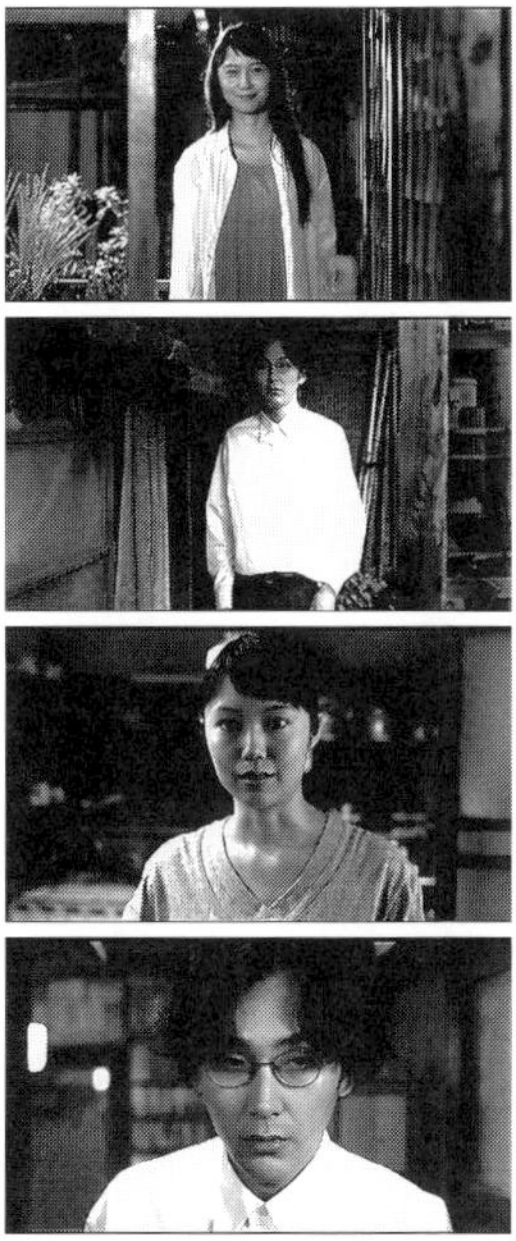

図2－31～2－34　『舟を編む』
（石井裕也，2013）

一八〇度ライン上に設置したカメラのほうに眼差しを注ぐ女性と、カメラを見ようにも視点を定められない男性を対照的に演出すれば、技法がより効果的にキャラクターを造形できる。ここに見られるのは、人物の関係性において目線が一致していないからこそ形式を使ってそれを強調する石井と、物語の語りのレベルでは一致しているはずの視線を形式を使って巧妙にずらしてみせる小津の演出の差異だ。

小津映画を観ていると、人物が私たちに向けて語りかけているような不思議な感覚に囚われる。ゴダールやウッディ・アレンの登場人物が現実世界の観客に語りかけるのに対して、小津の被写体から注がれる眼差しの先にいる話し相手が私たちとほぼ同じ地点に配置され、観客の身体と重ね合わされているからだろう。観客を見返すことでひとたび虚構の空間を破壊しておきながら、現実世界に虚構のキャラクターを亡霊的に立ち上げるのが「小津の切り返し」なのである。

『麦秋』の視線劇

名作として名高い『麦秋』(一九五一)は、小津が何度も描いてきた婚期を逃した娘が結婚するまでの過程を描いたホームドラマで、戦後というコンテクストが色濃く反映された作品である。ヒロインを演じる原節子のもとに縁談の話が持ち上がるも、戦死した兄の親友であり、近所に住む幼馴染の二本柳寛との結婚を勝手に決めてしまう。彼が転勤で秋田へと出発する前日の晩、挨拶へ行った原節子に二本柳の母である杉村春子が、息子と結婚してくれたらといつも思っていたと伝えると「私でよかったら」と突然の結婚を決断する。このあまりに唐突な展開を前に唖然として、不注意な観客は置き去りにされてしまう。だが、この直前のシーンにおける小津の視線劇は、彼女の心情の変化を明確に物語っている。この結婚の決断にいたるプロセスを直前のシーンから見てみよう[*1]。

秋田への転勤が決まった二本柳と原節子が、彼女の兄の到着を待つカフェの場面。ここではまだ縁談の話が進行している。だからこの場面では当然、自分たちが結婚することになるとは露ほども思っていない。まず二人が御茶ノ水あたりの歩道を一緒に歩いている。その直後、カフェの店内で座って話す二人のショットの間にニコライ堂の外観のショットが挿入される【図2-35】。次のカットで窓枠の先に見えるこの風景が、二人の視点ショットであることがすぐにわかる【図2-36】。彼女らが視線を送り続ける間、賛美歌が聞こえてくる。ニコライ堂は東京大空襲のあと、大聖堂に焼け焦げた遺体が大量に運び込まれた場所だ。聖歌隊のコーラスとともに一定の沈黙が流れる。その場所を見上げる二人の視線が召喚するのは、戦争で命を落とした戦死者たちである。だからここで二本柳から思いがけず「学生時分、よく省二君と来たんですよ、ここへ」という言葉が発せられるのだ。

「そう」と穏やかに微笑む原節子へ向かって彼は「で、いつもここへ座ったんですよ。やっぱりあの額がかかってた」と壁に飾ってある絵画を見上げる。すると、彼女は持っていたカップをそっと置き、後ろを振り返って絵画を眺める【図2-37】。ここで召喚されているのは戦没者としての不在の兄である。再び一定の沈黙――。「早いもんだなぁ」「そうね」と言葉を交わし、彼の方を向き直した原が「よく喧嘩もしたけど、あたし省兄さんとても好きだった」と嬉しそうな表情で語る。この台詞と同時に、聞こえないくらい抑制されていた聖歌隊のコーラスが再び大きくなる。明らかにタイミングを見計らった音響設計である。つまり、彼が「いつもここへ座った」「やっぱりあの額がかかってた」といって絵画を見る視線で呼び戻されるのは、「かつて-そこに-あった」省二とその眼差し――原節子は、亡き兄がかつて絵画を見ていた視線を兄の親友と共有しているのだ。

ここでいつもの真正面からの切り返しショットによる対話になる。彼は、日中戦争のときに軍事郵便で省二から麦の穂が入った手紙が送られてきたこと、ちょうど『麦と兵隊』を読んでいたことを語り始める。その瞬間、彼女の表情はそれまでフィルムでは見せることのなかった真剣な面持ちになる

図2-35～2-40 『麦秋』
(小津安二郎，1951)

【図2-38】。そして「その手紙頂けない?」と発する彼女に、二本柳は「あげますよ。あげようと思ってたんだ」と答える【図2-39】。それに対して原節子は「頂戴!」とこの上ない幸福な表情を浮かべる【図2-40】。二人ともが画面のやや左側を向いたことによるここでの視線の一致/不一致の揺らぎは、対話する相手と同時に死者を見ている視線にも読めてくるだろう。原節子/二本柳寛の座る場所に亡者としての兄が視線によって交互に重ね合わされるのだ。

この次の二本柳の家に原が餞別を届けにいくシーンで、彼の母に不意に「あなたのような方に、謙吉のお嫁さんになっていただけたら、どんなにいいだろうなんて、そんなこと思ったりしてね」といわれた彼女は、「私でよかったら」と唐突に結婚を決めてしまう。だが、この前のシーンで交わされた視線劇を目撃している私たちは、このあまりに突然の、劇的な展開を受け入れることができる。彼女は進行していく縁談に反対しているわけではなかったが、兄の友人とのカフェのシーンで、おそらく彼女は本当に幸福な時間を過ごしたことを実感した。だから猛反対された家族に対し、「だけどわたし、おばさんにそういわれたとき、すっと素直にその気持ちになれたの。なんだか急に幸福になれるような気がしたの」と答えたのだ。すなわち、視線によって不在の兄を手繰り寄せたカフェでの二本柳との時間を経て、彼女は自分にとっての幸福に気づいた。それは戦争で行方不明になった大好きな兄の記憶をその親友と分かち合って生きていくことにほかならない。

突然の結婚の決断は、この二つのシーンを見る限り、そうとしか読めない。映画のラストシーンでは無数の麦の穂が、小津にしては珍しい移動撮影で映し出される。ここで兄の省二から渡された麦の穂は、戦争で命を落とした無数の戦没者へと敷衍される。このことからもわかるように『麦秋』は、敗戦後の時空で忘却されつつある死者を抱擁し、救済する物語だったのである。

3　視覚の失効と〈逃走〉の物語――スタンリー・キューブリック『シャイニング』

視線と権力

技術の発明や発展は、常に映画に新たな表現の可能性をもたらしてきた。スタンリー・キューブリックの『シャイニング』（一九八〇）は、ステディカムの到来によって達成された独特な映像感覚を作り出したことでも有名である。当時、発明された初期ステディカムをこれほど作品世界に同期させ、巧みに使った表現はない[*2]。閉鎖されたホテルで次々と起こる超常現象の恐怖が、この新しいテクノロジーの浮遊感とともに映像化され、新感覚の映像体験をもたらした。『シャイニング』に関しては、数えきれないほどの解釈が溢れているが、「視線」を扱う本章でこれほどよい事例はない。ここでは近代を成り立たせてきた視覚の機制とともに、映像技法によって見る主体＝男性、見られる客体＝女性・子供が対照的に描き出されていることをジェンダーの視点から見ていこう。

『シャイニング』の原作はスティーヴン・キングの長編小説だが、キューブリックは物語内容や人物造形を原作とまったく違うものにした。ジャック・ニコルソン演じる小説家志望のジャックは、コロラド州の山奥にあるオーバールック・ホテルの冬期閉鎖の管理人の職に採用され、妻のウェンディと息子のダニーと三人で住み込むことになる。その後、ホテル生活が始まり、口を開かず会話できる超能力（シャイニング）を持っているダニーは超常現象を見るようになる。一方、筆が進まないジャックは次第に精神的に不安定になり、狂気に囚われて妻と息子を斧で追いつめていく。最終的に妻と息子は逃げ切り、ジャックがホテルのそばにある迷路の中で雪に埋もれて死んだところで物語はエンディングを迎える。

カメラは書斎として使われている大きな部屋のタイプライターとジャックの書く行為を何度も映し出す。書斎は書く行為の主体であるジャックにとって特権的な場所だ。物語の前半は「客観的」な描写が貫かれている。不自然なショットの連結を見せ始めるのは、妻と息子がホテルの庭にある「THE OVERLOOK MAZE」という迷路の中を散歩し、それとは対照的にホテル内部のジャックにショットが切り替わり、彼が外にある迷路の模型を俯瞰するあたりからである。この蛇行し入り組んだ〈外部〉の道を熟知することが、ホテルの〈内部〉に留まるジャックからの逃走を可能にする。書く行為によって創り上げられる小説は、カメラが世界を捉える映画と違って、作家がすべてを掌握し、神の様に振る舞う創作物だといえる。それは映画などのように「視覚的無意識」が入り込む余地をなくすメディアだ。

物語に明らかな転調が訪れる中盤のシーン、ホテルの外部にある迷路とホテル内部にある複製の迷路の模型が映し出され、ジャックはホテル内の模型の迷路を俯瞰する【図2-41】。その視点ショットの先には、模型の中を歩きまわる妻と息子の幻想的な描写【図2-42】、模型の内部を歩く妻と息子が彼の視線に捕捉されたことを示唆するショットである。まるでここからは小説の創作のごとく、彼の視点で物語が創造されることが暗示されているかのようだ。

図2-41〜2-42　『シャイニング』
（スタンリー・キューブリック，1980）

主人公の眼差しを使って奇妙な入れ子構造を示すこの不自然なショットこそ、本作における物語構成上の亀裂であり、この前後で決定的な断絶がある。すなわち、このシークェンスの後に「火曜日」というテロップが入ってからは、密室化したホテルで妻子を斧で惨殺したチャールズ・グレーディに自分を重ね合わせ、その残虐殺人を題材に、自分の妻子を襲うというジャックが書いている新作小説＝フィクションが観客に見せられるのである。厳密にいえば、ここからの映画内映画はジャックの夢や妄想も入り混じっているようにも思われる。現在進行形で小説を書いているため、ジャックの脳内とシンクロしながら小説、夢、妄想が混在してそのまま表象されるのだ。この二部構成の根拠となるのが、ショットのつなぎに表れるミザンセヌの不自然さである。客観的物語から映画内映画としての主観的物語へ。その転換を示す重要なシーンが、書斎で小説を書くジャックのもとに妻が訪れ、中断されたことに腹を立てるシーンだ。

まず書斎に入ってくる妻と話すジャックのショット【図2－43】。そして天気の話をする妻の顔に切

図2－43～2－54 『シャイニング』
（スタンリー・キューブリック，1980）

り替わり【図2-44】、再びジャックのショットになると、背後にあったはずの椅子が消える【図2-45】。さらに同じ構図の妻のショットになり、ジャックに戻ると、再び椅子が元の位置にある【図2-46】。映画を観ていれば多くの者がすぐに気づくこうした不自然なつなぎは、もちろん編集上の誤りなどではないだろう。客観的現実ではないことは明らかであり、小説家ジャックの主観的世界としか考えられない。あるいは、俯瞰や書斎のシーンの前後のジャックの寝室を比べてみてもその不自然さは明らかだ。問題の転換のシーンの前、妻が朝食を運んだときにドアの横に置かれていた赤いランプが、迷路を俯瞰するシーンの後には、消えてしまっているのである【図2-47】【図2-48】。

書斎での口論の後、雪が降りつもり、外で雪遊びをする妻と子をカメラが捉える【図2-49】。そして窓の外で遊ぶ自分の妻子を室内から獲物を捕らえるかのような目で凝視するジャックのクロースアップに切り替わる【図2-50】。この母と子のショットは父によるPOVショットであり、見る者/見られる者を明確に描き分けている――権力を持つ見る主体としての男性、そして見られる客体として遊戯する女性と子供（この視覚と権力の関係については後で触れる）。

またこの物語は〈二〉という分裂の記号を端々で伝えようとしている。物語構成と同様、人物も二つに引き裂かれていることが至るところで暗示されているのだ。たとえば、ダニーはトニーというもう一人の人格、あるいは想像上の「友達」と話している【図2-51】。その分裂したダニーは、ホテルで何度もグレーディが殺した双子の娘のイメージを見る【図2-52】。二つに引き裂かれるアイデンティティを明示するショット群は、主に鏡を使って何度も提示される。ジャックも背後からの姿と鏡に映った姿をカメラは同時に捉え、朝食を持ってくる妻【図2-53】、そして部屋に入るジャックも【図2-54】、鏡が身体を二つに分裂させているのがわかるだろう。

これまで見てきたように、人物を鏡によって二つに分裂させたり、〈二〉という記号を強調したりすることは、物語自体の二つの分裂と形態的に共鳴している。迷路の模型を俯瞰するシーンから書斎での妻との口論のシーンは、物語から小説の物語へと移行する重要な転換点であり、この物語も実像／虚像に分裂しているのである。書斎の口論のシーンの直後、何かを思いついたかのようにジャックはタイプライターの指を動かす。ここから新たなジャックによる物語が始まるのだ。その次のシーンでは、外で遊ぶ妻子が映され、続いてその姿を一方的にホテルの内部から凝視するジャックの眼差しのショットに変わることはすでに述べておいた。この連続するショットを奇妙な音が貫いている。迷路の中を歩く母と子を俯瞰するジャックの一方的な視線と、窓の外で遊ぶ母と子に一方的に向けられた父親からの視線――。キューブリック版『シャイニング』は、「見る／見られる」という「視線」を軸とした「場所をめぐる闘争」の映画なのである。

パノプティコンとしての「展望ホテル」（The Overlook Hotel）

本作が「眼差し」をめぐる映画であることは、主人公たちのドラマが繰り広げられるホテルの名前が「The Overlook Hotel」であることからも容易に理解できる。「Overlook」という語が眼差しとともに考察されたとき、「見渡す」や「見下ろす」という権力の作動を示唆するのと同時に、「見落とす」や「見過ごす」という視覚的権力の「非‐作動」の意味も持っていることは興味深い。ともあれ、この「展望ホテル」は、ジャックが眼差しを送る他者に見られることなく一方的な視線＝権力を保持できるパノプティコン（一望監視施設）であり、近代の白人男性中心主義的な社会の象徴として捉えることができよう。ジャックが模型を鳥瞰するショットや【図2‐41】、窓の中から一方的に窓の外の妻子を凝視するショットは【図2‐50】、イギリスの功利主義者であるジェレミー・ベンサムが構想したパノプティコンの空間政治学と親和性を持つ。パノプティコンとは中央に監視塔があり、周囲に円環状の独房を配置した監獄であり、塔の監視者は、囚人の一挙手一投足を一望のもとに見渡すことができる。ここで重要なことは視線の不均等＝非対称性である。中央の塔にいる監視人は見る主体であり、囚人の独房から見えないようになっているのに対して、囚人は監視人を見返すことなく、一方的に見られる客体となる。この構造は男性主体であるジャックと、妻子の眼差しの権力の非対称性にぴったりと重ねられる。

監視塔であるオーバールック・ホテルに住む男に、外で遊ぶ妻と子の情報が筒抜けなのに対して、妻が小説の中身を知ろうとすると男に怒られるか（書斎に入り「後でサンドウィッチを持って戻ってくるから、そのとき読ませて」といった妻にジャックは怒って、「気が散るから出て行け」という）、処罰される（書斎のジャックのタイプライターの原稿を勝手に読む妻は、ジャックに見つかり「一気に殺してやる」と襲われる）。ミシェル・フーコーがパノプティコンを用いて鮮やかに近代を「監視」のシステムとして分析したように、近代ヨーロッパの男性中心主義は、刑務所から都市計画へと、視線を遮るものを排除し、すべてを一望できる空間を欲望した。監視のシステムと啓蒙思想が共犯的に構想した近代社会とは、男性の視覚＝理性によって身体や感性が抑圧された社会なのである。

他にもホテル内部には近代的制度を暗示する記号がちりばめられている。ここで、メディアと場所、それらにともなう感覚器の関係から、ジャックがいかに妻や息子とは対照的に描かれているかを確認しよう。アトリビュートとしてジャックに割り当てられているのはタイプライターであり、ダニーに与えられているのは三輪車である。近代の監視者であり、視覚中心主義者であるジャックとタイプライターは徹頭徹尾〈静〉的に描かれて、書斎というトポスに縛られているのに対して、息子のダニーの中心的トポスは廊下である。彼が三輪車に乗って廊下を走り続ける姿は何度もカメラに捉えられている。男が視覚の特権的権力を保持する〈静〉的な主体だとすれば、女や子供は、見られる〈動〉的な客体。妻もまた終始、息子と外を散歩したり、走ったり、雪遊びをしたりと常に動いている。妻に与えられているのは、包丁と台所だが、料理を作るといった「労働」は描かれず、終始、配膳台を持って移動し、ダニーと走る。登場人物たちは、属する場所をめぐって闘争を繰り広げる。閉塞した家の空間における唯一のトポスとしてのキッチンの倉庫は、妻の特権的空間であり、だからこそ彼女は抵抗し気絶したジャックをまず食糧庫へと監禁したのだ。

　救世主かと思われる黒人の料理長ハロランの死は、原作から大きく変更され、ホテル内部に到着するや否やあっけなく斧で殺されてしまう。近代的なシステムの中では、周縁にいる女や子供、あるいは黒人は排除されてしまう。このような場所をめぐる闘争の中で、妻と子は何度もホテルの内部と外部を往復するのに対し、ジャックはホテルの外部へ視線を向けることはあっても出ていくことはない（妻が誘う散歩も拒否している）。それゆえ、ジャックが外の世界に出ていくラストシークェンスは、近代的システムの終焉、すなわち見る男性主体の死を予期させるだろう。

　ホテルの近代性を特徴づけるもう一つの要素が、ルネサンスの絵画を想起させる遠近法の構図である。マーティン・ジェイは、近代以降の「カメラ・オブスキュラに基づく支配的な視覚パラダイム」を、視覚芸術におけるルネサンスの遠近法と、哲学におけるデカルトの主観的合理性による「デカルト的遠近法主義」と呼んでいる*3。こうして特権化され、脱身体化した視覚は、理性とともに、近代以降、絶対的な権力を保有する感覚器として他の感覚器（たとえば触覚や味覚、嗅覚）を劣位に置くことになる。この近代の視覚と人物の関係性を示す象徴的なシーンがある。それが、覆っていた「視覚を解放」し（近代における啓蒙主義とは蒙を啓くことの謂いである）【図2－55】【図2－56】、人がいるはずのなかったホテルのバーにロイドという虚像を作り出して会話するジャックと、双子の霊のイメージを前に「視界を覆う」ダニーの対照的なアクションである【図2－57】【図2－58】。いわば、ジャックは視覚中心主義を信奉し、ダニーはそれを拒絶するかのような身振りを見せるのだ。

近代的権力＝男性中心主義からの逃走

息子の超能力「シャイニング」は五感を超えた能力であった。監獄と化したホテル内部では、もはやジャックの権力に打ち勝つことはできず、近代の産物である一点透視図法が至るところで多用されている（本作に限らずキューブリックが好んで使った構図である）【図2-59】～【図2-64】。この男性的・視覚的モダニティに立ち向かうため、妻と子は近代的機制から〈逃避〉することを選択する。すなわち、近代的監視塔の見る主体であるジャックを、塔の外部へと誘い権力が作動しないようにするのだ。妻

図2-55～2-66『シャイニング』（スタンリー・キューブリック，1980）

も息子も、ひたすら〈逃避〉することで最終的にジャックとの闘争に打ち勝つことができるのである。ラストシークェンスで、ジャックはダニーを追って迷路の中に入っていく。迷路からの脱出に成功するダニーは雪についた足跡を消去することによって、すなわち過去の痕跡である視覚情報を消去することによって迷路から抜け出し、未来へと継続する時間を生きることになる。それに対して、ジャックはダニーの残した過去の痕跡をたどり、迷路の内部で凍死する【図2-65】。この過去の情報への執着と、凍死という時間の停止は、近代という牢獄に閉じ込められる哀れな男性主体の死を表しているかのようだ。だからだろうか、男の死の画はそれまでの遠近法的構図に対して、エドゥアール・マネに代表される印象派の奥行きを欠いた「平面性」を強調する構図になっている。

映画全編を通して眼差しの近代的権力が機能していたのに対して、ラストシークェンスだけは、その主体が見られる客体に転換していることに注意すべきだろう。もはや鋭い男性的な眼差しは何かを凝視し権力を顕示することなく、ホラー映画とは思えない滑稽な表情と画面から逸らされた視線に取って代わられている。この過去＝近代／未来＝脱近代という構図が、男／女・子供に対応しているならば、いまだに議論の焦点となるジャックらしき人物が中央に映った最後の写真の意味も【図2-66】、キューブリックが原作の最後を変更し、その写真に一九二一年という時代を与えジャックをおさめたのも、写真というメディア性を考えれば理解できるかもしれない。なぜなら、写真は過ぎ去っていく現在を、過去として留めておくことしかできないのだから。

男性の視覚中心主義の終焉——。そのモダニティの権力を女性や子供が超えていくこと。最後のシーンでは近代という過去に捕らえられた男性主体が、写真の中央に配置されている。この写真の男性たちは、観客にその眼差しを投げかけ、権力を過剰に提示しようとしているようにも見える。写真というメディアに捕獲された近代の男性主体たちは、周縁にいた女性や子供の勝利の物語を通して、視覚的権力の無力さを露呈してしまうのである。

4 成瀬巳喜男の視線劇――『乱れる』のダイナミズム

成瀬映画の「目線送り」

成瀬巳喜男の晩年の『乱れる』(一九六四)は「追う者/追われる者」が激情を交差させる名作であり、時に「非メロドラマ作家」と呼ばれる成瀬映画にあって極上のメロドラマ映画といえる。換言すれば、二人の視覚的な距離感の操作によって物語は進行していく。大事なことは、この作品が夫に戦死された未亡人の高峰秀子と、彼女を恋慕する義理の弟である加山雄三の「禁断の恋物語」であり、この男女には越えてはならない一線があるということである。それゆえにメロドラマ映画としての『乱れる』では、その境界をめぐって二人が画面を移動し、視線を交わしあう。

嫁入りしてすぐに夫が死に、残された酒場を一人で切り盛りしてきた高峰秀子を、同じ屋根の下で暮らす加山雄三は愛している。だが、もちろん「家族」の関係にある義姉への恋は許されず、男はただ仕事もせずに遊び歩く毎日を送っている。ある日、警察沙汰になった弟を迎えに行った高峰は、彼と一緒に道路を歩いて帰路へ立つ。この斜めに二人が歩行する姿を移動撮影で捉えるショットは成瀬映画の特徴的スタイルである【図2-67】。急に立ち止まり、高峰は店番をする母に嘘をついて出てきたから別々に帰るよう提案をする。そして別れ際にご飯代を手渡し、彼女は去っていく【図2-68】。カメラはフレームアウトした高峰の移動をすぐには捉えず、歩き去っていく彼女を「追う者」の視線を映し続ける【図2-69】【図2-70】。次のショットに切り替わったとき、彼女は彼の元からやや離れた場所をすでに歩いている【図2-71】。加山は去る者の姿を見送り、来た道へと戻っていく【図2-72】。

図2－67～2－72　『乱れる』
（成瀬巳喜男，1964）

このようにアクションをする人物の動きを、それを見る人物の視線を媒介に、あえてフレーム外で想像させる成瀬の演出は「目線送り」と呼ばれる。この成瀬の視線劇の特徴はすでに指摘されているが、ここではもう少し具体的に物語を追いながら、こうした技法の効果としていかなる〈意味〉が作り出されているのかを探っていこう。

嫁ぎ先に一八年間も居続けた高峰を不憫に思い、加山の姉と母が再婚の話を切り出すシーン。居間に腰を下ろして話す姉と母とは対照的に、高峰はお茶を入れ、部屋の中を常に動く。その絶え間ない動きが二人の視線によって間接的に伝わってくる。続いて夜遊びして遅くに帰宅した加山と、心配して帰りを待つ高峰のシーンも、彼の視線と彼女の画面内／外の動きによって淡々とした日常を描きながらも動きの躍動感が生み出されている。

このシーンで加山は茶の間にどっしりと座り、ビールを飲みながら夕食の残りをつまんでいる。逆に高峰は立ったり座ったり、家の中を移動しながら会話をする。この二人が結ばれることの禁忌を決定づけているのは戦死した加山の兄、つまり高峰の亡き夫である。話題はその兄をめぐって進行する。

あの頃の私たちがどんな気持ちで毎日生きていたかわからないでしょうね、という高峰に対して、俺が毎日どんな気持ちで遊び歩いているか誰にもわからないのと同じだ、と答える加山。「何いってんの」と彼女は呆れた顔をし【図2-73】、立ち上がるアクションが途中でカットされる【図2-74】。次にカメラは加山の顔へと切り返す【図2-75】。そして座っている高峰が立ち上がって部屋の奥へと移動する動作は、もっぱら加山雄三の視線によって演出される【図2-76】（ちなみにこのシーンで高峰が立つ動作を追う加山の「目線送り」は二度目である）。

図2-73〜2-84 『乱れる』
（成瀬巳喜男，1964）

部屋の奥へ移動する高峰に「姉さん、この家の犠牲になったんだな、一八年間……」と加山が発すると、彼女は「犠牲？ ……そんなこと」とこぼして少しうつむき、襖を閉める【図2-77】【図2-78】。密かに義姉へ想いを寄せる加山に対して、繰り返される高峰の「襖を閉める」アクションは、彼女の人生に重くのしかかる戦争と愛する人の死で固く閉ざされた人生を代弁すると同時に、一八年間という途方もない月日を嫁入りした家に捧げてきた〈生〉の閉塞的状況をも示唆するだろう。そしてまた、この後に描かれるように、彼女を

「追う者」を頑なに拒み続ける凍てついた心も表現することになる＊4。

高峰は振り返ると、戦死の報が入った日にこの家が空襲で焼けたことを話す【図2-79】。するとカメラは加山に切り返し、高峰が部屋をぐるっと動いて反対側に行く姿を「加山の目線の動き」によって想像させる【図2-80〜2-82】。そして高峰はゆっくり彼の方へと歩いて【図2-83】、しゃがむ途中にカッティング・オン・アクションでつないで二人のショットになる【図2-84】。こうして戦没者を媒介とした圧倒的な距離が生まれ、一方は体を静止させて視線を注ぎ、もう一方は室内を動き続けて視線を受ける。心情の揺れ動きと一緒に二人の視線のやり取りはこの後も続き、微妙な関係性にサスペンスを作り出す。では、ラストシーンでこの視線劇はどうなるのか。

メロドラマとしての視線劇

義弟の告白に心をかき乱され、彼に惹かれつつあることに気づいた高峰は家を出ることを決意する。ところが加山も彼女を追って同じ電車で山形の新庄へ向かう。眠り込む彼の姿を見て堪らなくなった高峰は、途中で下車することを提案し、二人は温泉旅館に宿を取る。そこで明日の朝、バスで帰るようにと義弟に諭す。それを拒絶して手を握る弟。狭い宿屋の空間を巧みに使いながら、高峰は彼を避けて移動し、加山は追いかける。加山の身体はもはや、これまでのように静止した状態ではない。高峰の移動に合わせて、彼女のように部屋を「移動する者」としてフィルムに刻印される。画面からフレームアウトする高峰秀子、それを追う加山雄三。ついに二人は亡者が引いた境界を乗り越え、きつく抱きしめ合う。伴奏も高揚し、スクリーンは一挙にメロドラマ的様相を湛える。ところが、彼が接吻しようとした瞬間、かろうじて彼女は体をそらし、境界を引き直す――「堪忍してちょうだい」。泣き崩れる女を横目に、部屋から飛び出す男。彼は外で飲み明かし、翌朝になっても帰ってこない。

そしてラストシーン――。彼女がこれからどうしようと思っていたか定かではない。ただ荷造りをする手元には戦死した夫の写真【図2-85】、それをそっと裏返し、しまう演出が施される【図2-86】。次に高峰のフルショットになったとき、スクリーンの背後には温泉の蒸気が画面に立ち込めてくる【図2-87】。おそらくこの湯気は、義弟に向けられた、いまにも噴出しそうな女のエネルギーを代理しているのだろう。だが、この悲劇的メロドラマは、禁断の愛の成就を引き裂く凄絶な結末を用意する。

映画はこの最後のシークェンスになって、どこか不吉な様相を呈す。その要因となっているのが、やはり視線である。ここで重要なのは、彼女たちが取った温泉街の宿が三階建という点だろう*5。事実、三階に配置された高峰は窓辺に移動すると、外の光景を物語上初めて「見下ろす」。この上から下への視点ショットが突然作り出してしまう映画空間の拡張が、観ている者の心理に「不気味さ」をもたらすのだ*6。なぜならここまでずっと、カメラは地上から世界を捉え、移動する人物を水平にしか追うことはなかったからである。この俯瞰ショットの危うさは、それまで温存されていたからこそ効果を発揮する。世界は高峰によって、初めて上から斜め下に捉えられているのだ。

ふと外を見やると騒々しい雰囲気、彼女は怪訝な顔を浮かべる【図2-88】。嫌な予感は的中し、彼女の視点ショットの後に、担架で運ばれる死体が映し出される【図2-89】。再び高峰の顔にカメラが切り返す【図2-90】。すると今度は彼女の「目線送り」になって、義弟の死体の移動は途中から省略される【図2-91】。家のお茶の間では絶えず運動する女性として刻印されていた高峰が、ここでは静止を余儀なくされ、代わりに加山雄三が移動する。絶えず運動の相としてフィルムに現前していた高峰は、運動を奪われて一方的に視線を送る存在になる。見送る側だった加山は、見送られる側へと転じるのである。ところが、ここからさらに映画はメロドラマ化してゆく。

階段を降りるというこれまで抑制されていた垂直の移動＝下降の運動がフィルムにもたらされる【図2－92】。この下降の運動の直後、すぐに外へ飛び出した彼女は運ばれる遺体の方向へと疾走、その躍動する身体をドリーが追ってゆく【図2－93】。彼女の視点ショットで運ばれる担架が映され、今度はロングショットで立ち尽くす彼女が捉えられる【図2－94】。再び遠ざかってゆく担架のショット【図2－95】。この遺体を媒介にしたロングショットからクロースアップの異なる構図を使った巧みな編集は、掻き乱された女性の心情を体現するダイナミズムを生み出すことに成功している。そして遠ざかっていく義弟を立ち止まって見送ったまま、高峰は言葉にならない複雑な感情を顔（瞼や口元の微細な動き）だけで見事に表現する【図2－96】。彼女は諦念とともに静止するほかない。

図2－85～2－96 『乱れる』
（成瀬巳喜男，1964）

最後の場面は、序盤から積み上げてきた感情が一挙に放出される劇的なシーンだ。一八年間、「女」であることを封印してきた者が、「女」を自覚する瞬間、恋心と視線を送られ続けていた者が、送る者へと転じること。しかも、その眼差しの先にあるのは死者の姿であり、女が恋を自覚した途端、唐突に奪われ、対象は喪失される。この大メロドラマは、成瀬巳喜男が巧妙に積み重ねた視線の往還によって、緻密に構成されているのだ。
成瀬映画はスターであっても被写体にほとんど寄らない。『乱れる』や『ひき逃げ』(一九六六)など高峰秀子を主演に撮った晩年の作品はクロースアップが多いが、『流れる』など豪華スターが集結した豪華な映画であってもクロースアップは少なすぎるといってよく、基本はミディアム・ショットで対話が進行し、寄ってもミディアム・クロースアップである。それでも退屈させずに、観客を引き込むのは、不可視の空間(画面外)にダイナミズムを構成する「視線の語り」の巧さに因るのだ。成瀬映画のドラマは、画面上にはあまり現れなくともテクストに密やかに埋め込まれ、視線と編集によってメロドラマ的展開は、観客の心理に確かに届けられるのである。

注

1 以下の『麦秋』のショット分析は、北村匡平『スター女優の文化社会学――戦後日本が欲望した聖女と魔女』作品社、二〇一七年、三二五―三三六頁において、敗戦後の歴史的コンテクストとの関連で論じたものを参照している。
2 ステディカムはハル・アシュビーの『ウディ・ガスリー わが心のふるさと』(一九七六)で初めて映画の撮影に使用された。
3 マーティン・ジェイ『暴力の屈折――記憶と視覚の力学』谷徹訳、岩波書店、二〇〇四年、一八五頁。
4 この場面で高峰が次々に襖を閉めることと動線によって生み出される緊張感に関しては、塩田明彦『映画術――その演出はなぜ心をつかむのか』イースト・プレス、二〇一四年、十九―二三頁に詳しい。
5 中古智・蓮實重彥『成瀬巳喜男の設計――美術監督は回想する』筑摩書房、一九九〇年、二五四頁。
6 このシーンでの階段や高層の木造旅館の「高低差」がもたらすサスペンスに関しては、阿部嘉昭『成瀬巳喜男――映画の女性性』河出書房新社、二〇〇二年、三〇三―三〇五頁でも的確に指摘されている。

第3章 映画の編集

1 ヒッチコックの編集術を見極める――『汚名』『鳥』

『汚名』(一九四六)

通常の映画は1秒24フレームで構成され、映画の編集は1コマ単位での映像をコントロールすることで優れた表現が達成される。こうした肉眼では見えない映画の定量的な分析はこれまで驚くほど為されてこなかった。だが計量映画学(Cinemetrics)という方法論も存在し、デジタル技術の発展によってかなり高度な分析が可能になった[*1]。たとえば、バリー・ソルトは「計量アニメーション学の試み」と副題に付された論考で、ミッキーマウスのアニメーションの運動を計っている[*2]。私たちは「記憶と動体視力」の映画批評の時代から、記録/保存(アーカイヴィング)とデジタル技術の映画批評の時代へと移行しなければならない。

さしあたり映画史においてショットを厳密に操作し、視覚的な語りによって表現をアップデートしたのがアルフレッド・ヒッチコックである。特に観客の心理を操ってサスペンスを演出するための編集技術はずば抜けている。そのテクニックが優れてわかりやすく現れているのが『汚名』である。FBI捜査官のデブリン（ケイリー・グラント）が、スパイとして協力を求め、ターゲットと結婚までこぎつけたアリシア（イングリッド・バーグマン）をナチ一味の屋敷から救出する場面では、視線のやり取りと素早い編集技術で凄まじい緊張感が作り出される。屋敷の主であるセバスチャンはスパイを妻にしたことがナチスの仲間にバレると殺されてしまうため、母に相談してアリシアを密かに毒殺しようとする。それを知ったデブリンは屋敷に乗り込んで彼女を救出する。これから分析していくのは、セバスチャンと彼の母も、この救出劇に協力せざるをえなくなる状況を描いたラストシーンである。

デブリンとアリシアが屋敷の階段から玄関を出ていくまでの1分31秒に、ヒッチコックは47回もカットを割っている。この間のASL［Average Shot Length：一ショットあたりの平均時間］は約1・9秒、1時間41分9秒ある映画全体が822のショットで作られていてASLが7・4秒であることを考えると、この場面はきわめて短いショットで緻密に構成されていることがわかる。クライマックスにあたる救出劇は、映像のテンポを一気に上げて人物の視線と編集で見せていく。このサスペンスフルなシーンを解像度を高めて詳細に分析していこう【表3-1】。

最初に階段下の玄関ホールにナチ一味の一人が登場【図3-1】、次に毒入りコーヒーを飲まされ、意識が朦朧とするアリシアを抱きかかえて階段を降りようとするデブリンたち四人が映し出される【図3-2】。ナチの仲間が現れる空間は部屋のドアを真ん中に、超ロングショットでシンメトリカルな構図で捉えられるのに対して、四人は斜めに伸びる階段の上、画面では左上に配置され、彼らの心情にあわせて不安定な構図が作り出される。この後は階段を下降する四人とナチ党員たちが切り返されるが、ショット構成表からもわかるように、ヒッチコックはナチ一味を背景に溶け込ませるように、

表3－1　『汚名』のラストシーンにおけるショット構成表

番号	ショット	登場人物	フレーミング	アングル	時間(秒)
1	玄関ホール	ナチ党員（1名）	ELS	ハイアングル	1.9
2	階段上	アリシア＋デブリン＋セバスチャン＋母	ELS	ローアングル	1.6
3	階段上	アリシア＋デブリン	MCU	水平	1.2
4	階段上	セバスチャン	MCU	水平	1.2
5	階段	アリシア＋デブリン	MCU	水平	5.2
6	階段	セバスチャン	MCU	水平	1.7
7	玄関ホール	ナチ党員（3名）	ELS	ハイアングル	1.3
8	階段	セバスチャン	MCU	水平	1.6
9	階段	母	MCU	ローアングル	1.2
10	階段	セバスチャン	MCU	水平	1.7
11	階段	アリシア＋デブリン	MCU	ローアングル	1.9
12	階段	セバスチャン	MCU	水平	2.0
13	階段	母	MCU	水平	0.8
14	階段	アリシア＋デブリン	MCU	水平	4.2
15	階段	セバスチャン	MCU	水平	1.3
16	玄関ホール	ナチ党員（3名）	ELS	ハイアングル	1.2
17	階段	アリシア＋デブリン＋セバスチャン＋母	MS	ローアングル	2.7
18	玄関ホール	ナチ党員（3名）	ELS	ハイアングル	1.2
19	階段	アリシア＋デブリン＋セバスチャン＋母	MS	ローアングル	1.3
20	階段	セバスチャン	MCU	水平	1.3
21	階段	アリシア＋デブリン	CU	水平	1.7
22	階段	アリシア＋デブリン＋セバスチャン＋母	MS	ローアングル	1.8
23	階段	母	MCU	ローアングル	2.5
24	階段	セバスチャン	MCU	水平	1.6
25	階段	アリシア＋デブリン	CU	水平	1.7
26	階段	セバスチャン	MCU	水平	1.7
27	玄関ホール	ナチ党員（3名）	LS	ハイ→水平	4.0
28	階段	アリシア＋デブリン	CU	水平	1.1
29	階段	セバスチャン	MCU	水平	1.5
30	階段	アリシア＋デブリン	CU	水平	2.0
31	階段	母	MCU	水平	0.5
32	階段	セバスチャン	MCU	ハイアングル	1.2
33	階段	アリシア＋デブリン＋セバスチャン＋母	MS	ローアングル	1.1
34	階段	アリシア＋デブリン	CU	水平	2.2
35	玄関ホール	ナチ党員（3名）	ML	水平	1.2
36	階段	アリシア＋デブリン＋セバスチャン＋母	MS	ローアングル	1.7
37	玄関ホール	エリック	MCU	水平	1.5
38	階段	セバスチャン	MCU	水平	3.7
39	玄関ホール	エリック	MCU	水平	1.0
40	階段	セバスチャン	MCU	ローアングル	1.5
41	階段	アリシア＋デブリン	CU	水平	1.3
42	階段	セバスチャン	MCU	ローアングル	1.5
43	階段	アリシア＋デブリン＋セバスチャン＋母	MS	ローアングル	1.4
44	玄関ホール	エリック	MCU→CU	水平	2.5
45	玄関ホール	アリシア＋デブリン＋セバスチャン＋母	MS	水平	2.1
46	玄関ホール	エリック＋母	MCU	水平	6.1
47	玄関	全員	MLS	水平	4.5

【注記】超ロングショット＝ELS（extreme long shot）／ロングショット＝LS（long shot）／ミディアム・ロングショット＝MLS（medium long shot）／ミディアム・ショット＝MS（medium shot）／ミディアム・クロースアップ＝MCU（medium-close up）／クロースアップ＝CU（close-up）

図3-1～3-16 『汚名』
（アルフレッド・ヒッチコック，1946）

ほとんど超ロングショットで集団として捉えるのに対し、四人はミディアム・クロースアップを基本に個人間の視線劇で心理的に物語が語られていることがわかる。

まず階段を降りるデブリンとアリシアのミディアム・クロースアップのショット［3］で画面外からナチ党員の「悪化した？」という声が聞こえてくる（diegetic sound/offscreen）。このショットでデブリンが素早く視線を下（ナチ党員）から右（セバスチャン）に動かす【図3-3】。ショット［4］に切り替わると、下方から左に視線を動かし、デブリンを見返すセバスチャンのミディアム・クロースアップが続く【図3-4】。今度は、応答しない息子に代わって画面外から「ええ」と答える母の声が聞こえる（diegetic sound/offscreen）。この二つのショットで情報量が一気に増える。発話者が画面外の人物になると同時に素早い視線の交換が画面内の人物同士で行われ、視覚／聴覚情報が分離することで観る者にやや混乱を引き起こすのだ。とりもなおさずそのメディア的分散は、この救出劇の焦りと連動する。

しばらくアリシアを抱えてゆっくりと階段を降りるデブリン、毒殺しようとしたスパイの救出に協力すべきか葛藤するセバスチャン、息子を守りたいがために救助を手伝うよう諭す母の視線のやり取りが約1・5秒程度の短いショットで次々と切り返される。状況に屈した母に言葉をかけて優勢に話を進めるデブリンだが【図3-5】、この時点でまだセバスチャンは「死は怖くない」と強気の態度【図3-6】、フレーミングも彼を中央に配置してデブリンと対立するショット／リバースショットが繰り返される。一方、ロングショットで捉えられるナチ一味の三人はシンメトリーに配置され、堅固な統制力を感じさせる【図3-7】。彼らはまだ疑っているわけではないが、観客のみがこの状況の危うさを理解しているため、ヒッチコック映画の観客はいっそうスリリングな心境に陥るのだ。

ナチ一味にどこに行くのか問われると、四人のミディアム・ショット［19］からセバスチャンのミディアム・クロースアップ［20］へと素早いマッチカット。返答に窮する彼の様子を一瞬映すと、デブリンの「返事をしろ」というショット［21］では、画面サイズがクロースアップに変わり優位な立場と力強さが強調される【図3-8】。引きのショット［22］になって、答えないセバスチャンの代わりに母親が「病院へ」と発する。そして小声で早く何か話すようにと息子に促す母のショット［23］【図3-9】、彼らを見返すことなく無言で階段を降りるしかないセバスチャンのショット［24］が続く【図3-10】。次のショット［25］は、アリシアの顔を半分フレームアウトさせ、カメラがデブリンに近づいたまま彼の右→左下→右へと動く目線のみをフォーカスする【図3-11】。この差し迫った状況でカメラがセバスチャンに戻ると、険しい表情で下降する演技そのものは変わらないものの、ショット［26］では彼が画面の右端に配置されている【図3-12】。窮地に追い込まれた心境にあわせて形式を操作する見事なカメラワークだ。

　何も答えられないセバスチャンに痺れを切らしたデブリンが銃を撃つと脅しをかけると、驚きを露わにする母の瞬間的反応を示すショット［31］、ようやく焦って見返す反応を示すセバスチャンのショット［32］になる。四人の様子を映した後、どうしたと尋ねるナチ党員のショット［35］、ここまでナチ党員のフレーミングが超ロングショットからミディアム・ロングショットへと変化していったのは、階段を降りる四人の視点ショットになっているためだ。だから四人の素早い視線劇の一方、ナチ党員のショットは遠景から段々と近づくことで逼迫した状況が作られているのである。問いかけられたセバスチャンは一瞬、躊躇いの演技を見せ、その情報を逃さずに察知したナチ党員の詰問する視線のショット［37］へとつながる。党員の一人エリックがこのシーンで初めて単体のクロースアップでフレーミングされる【図3-13】。この男とセバスチャンのショット／リバースショットがここから明確な対立を表すが、鋭い眼差しを向け、画面中央に捉えられたエリックに対して、セバスチャンを画面右側に配置することで、劣勢を視覚的に伝える構図になっている【図3-14】。そして再び疑いを強めるように同じ構図でエリックのショット［39］と、どもりながら言い訳をするセバスチャンの切り返しショット［40］、そして彼が必死で嘘をつく声を継続させたまま、笑みを浮かべてセバスチャンに勝ち誇ったような視線を送るデブリンのショット［41］と切り替わっていく。

　葛藤していたセバスチャンがようやくここで彼女を介助しようと協力体制を取る。観客としてはこの先、ナチ党員の疑惑の目をくぐり抜けて、アリシアとデブリンがこの屋敷から外に出ることを期待するだろう。デブリンは階段の下あたりでセバスチャンの言い訳に付け加えて「すぐ病院に電話した」と話す。疑念を強く表現して緊張感を与えるために、ヒッチコックは、ショット［44］でカメラを固定したままエリックを画面手前に動かす【図3-15】。ここまで対照的に切り返されていたナチス仲間たちとデブリンたちだが、この後のショット［46］でエリックが歩み寄り、セバスチャンの母がフレームイン、次のショット［47］で同一画面に全員をおさめて玄関先のシーンへと続く【図3-16】。この後、約1分半のフィナーレで、部屋には病院にかけられる電話がなかったことから彼らの嘘が明らかになる。そして家の前の車から締め出されたセバスチャンは、アメリカのスパイと結婚してしまう大失態によって、ナチス党員たちに殺されることが示唆されてエンドクレジットとなる。

なぜヒッチコックはこれほど緊迫したシーンを作ることができたのか。もちろん、登場人物の状況を的確に表現する構図、台詞をほとんど排して交わされる視線、全編にはほとんど見られない高速のテンポによる編集が緻密にコントロールされているからである。だが単にワンカットを短くすればいいわけではない。ヒッチコックはあえてここで、答えなければならないのに答えられないという宙吊り状態を継続させたうえで、俳優のアクション＝歩行を異様に遅くしている。さらに緩慢な身体の移動にあわせて、ゆっくりと階段を降りる足音が刻むのろいリズムが聴覚的に記憶される。にもかかわらず、その遅い身体の運動と音響に反して、ショットを切り返す速度がどんどん加速化していくのだ。だからこそ、観客は役者たちの動きの遅さとショットが切り替わる編集の速さの間で引き裂かれて、宙吊り状態（サスペンス）にされるのである。

『鳥』（一九六三）

このようにヒッチコックは、ショットを細かくつなげていくことで、そのシーンにダイナミズムをもたらす編集技法を突き詰めた。現代のようにデジタル化によって細かいカット割りが容易に行える時代になり、改めてアナログ時代のヒッチコック映画の編集を見ると、その技術とセンスに驚嘆する。

図3－17〜3－18 『鳥』
（アルフレッド・ヒッチコック，1963）

ここでは晩年の傑作『鳥』の襲撃シーンを見ていこう。『鳥』は『サイコ』の次の作品であり、話題になったシャワーシーンをアップデートするように前作とは異なる技法で「恐怖」を創り出す。

『鳥』は、カリフォルニアのある小さな街で人びとが次々に鳥の大群に襲われるパニック映画である。オープニングのタイトルバックで画面を飛び交う鳥たちと引き裂かれるクレジットのデザインからすでに「突き刺す／切り裂く」ことが図像化される【図3－17】。物語が始まって最初の鳥による襲撃は、モーターボートに乗ったヒロインのティッピ・ヘドレンにカモメが突然襲いかかる場面だ。一羽のカモメの襲撃が短いワンカットで表現されるこのシーンで引き裂かれているのは、女性の身体というよりスクリーンそのものである【図3－18】。三浦哲哉がいうように「人間を襲う鳥たちは、ポストプロダクションにおける合成の産物」であり、鳥たちは「フィルムに直接、刻まれた切り傷であるかのような印象を与える」＊3。画面上を横断／縦断する鳥の運動が、幾度となくスクリーンそれ自体を引き裂くのだ。

次に庭でカモメが子供たちを襲い、家の中ではスズメの大群が襲いかかる。翌日には放課後、学校の外に出た子供たちを膨大な数のカラスが攻撃し、その後のレストランでも鳥の襲撃がある。これらのシーンでは、振り払おうとする登場人物と合成処理された鳥の格闘が、終盤に比べれば長めのショットで描かれている。最後の襲撃シーン以外は、まだ人間の身体を貫通するような衝撃はなく、ショット内部での攻撃が過剰になっていく。それではヒッチコックは最後のクライマックスの恐怖をどのように作り上げたのか。

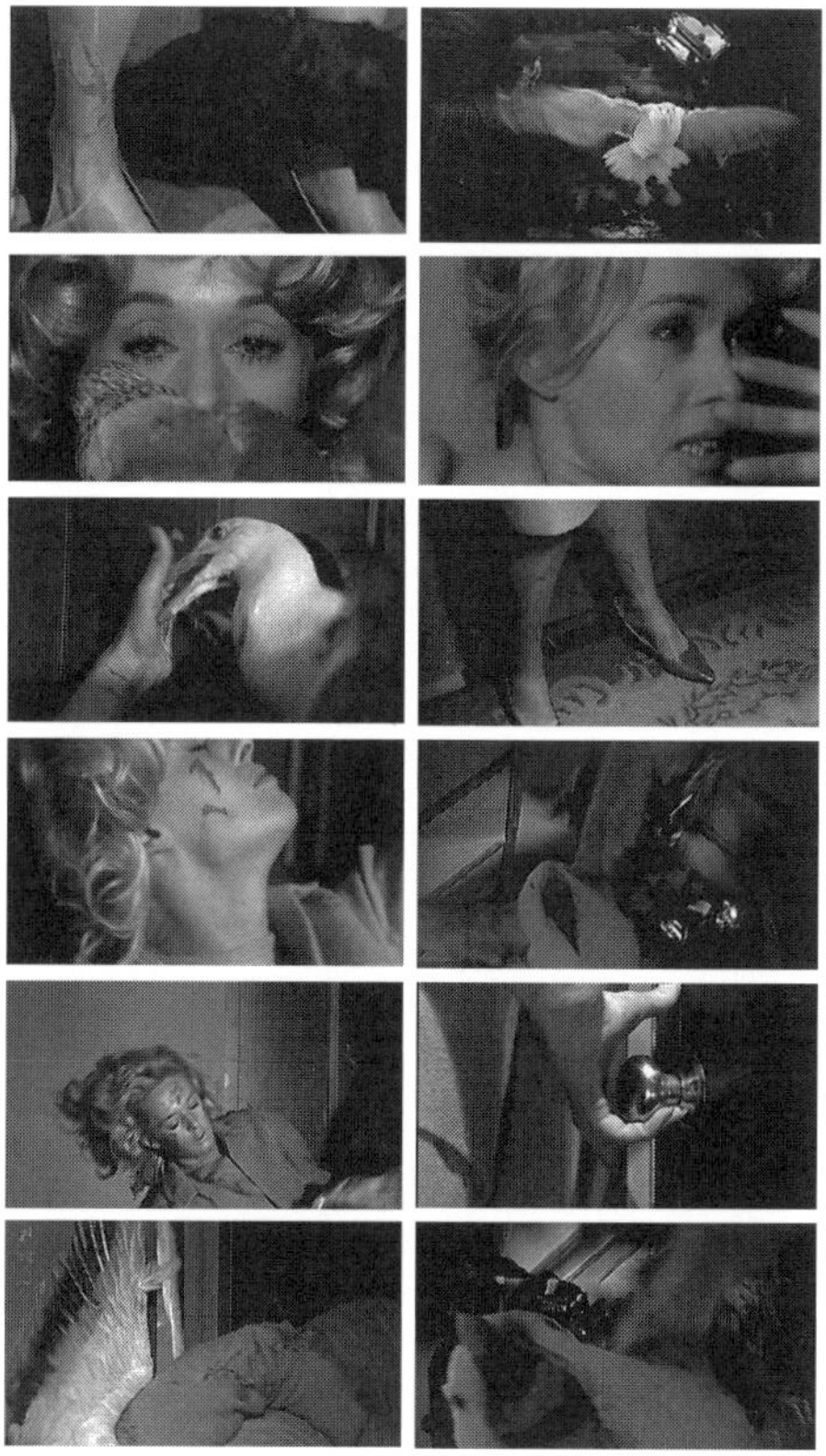

図3－19～3－30 『鳥』
（アルフレッド・ヒッチコック，1963）

舞台は窓やドアに板を打ち付けて閉じこもった夜の家の中。まず鳥たちの鳴き声によってスリルが演出され、次第に鳥たちは窓ガラスを割って室内に入り込もうとする。かろうじて阻止することに成功するが、徐々にドアに穴があけられていく。そして鳥たちの鳴き声がフェード・アウトして一抹の安堵が訪れる。急に襲いかかるショックより、遅延によって観客の心理に訴えかけるのがヒッチコック的な恐怖である。静まりかえった深夜の家の中、ヒロインがそっと二階にあがって部屋のドアをあけるところから最後の襲撃が始まる。

ここでは映像の作り方が根本的に異なる。カット割りが極端に短くなるだけではない。これまでのように、画面を横切ったり、身体に集団でまとわりついたりするのではなく、鳥が観客＝カメラに向かって飛んでくるショットの合間に、攻撃される身体のパーツがリズミカルにインサートされるのである。ヒロインの全身を映すのではなく、カメラに襲撃する鳥、襲われる女性の顔、脚、手と身体の部分をクロースアップで素早くつなげていく【図3-19〜3-30】。鳥がヘドレンの身体を切り刻んでいるのではない。言い換えれば、ここで切り裂かれているのは画面の皮膜ではない。カッティングという技術がショットそのものを切り刻んでいるのである。要するに、身体を分断しているのは、鳥のくちばしというよりも、ショットとショットの間隙であり、カッティングこそが切断の衝撃を与えているのだ。

このような編集技法によってヒッチコックは、ショット同士を衝突させて異なる意味を生成させるソビエト・モンタージュ理論に接近する。「モンタージュ」とは編集の意味でも使用されるが、厳密な歴史的概念としては一九二〇年代にソビエト映画の作家たちが展開していた編集法である。コンティニュイティ編集とは異なり不連続的なショットとショットを並置＝衝突させて単体のショットでは表せない新たな意味を生成することが目指されたのだ。『サイコ』や『鳥』の細かいカットの連続は、『汚名』のようなスムーズなコンティニュイティを目指すというより、その継続性を攪乱することで観客の心理にショックの効果を及ぼすのである。

2　ホラー映画を比較する――『リング』『ザ・リング』

中田秀夫――『リング』（一九九八）

編集の仕方によっていかに観客の心理への効果が異なるかを国境を越えたリメイク映画で比較してみよう。日本のホラー映画の金字塔である『リング』は、一九九一年に出版された鈴木光司のミステリー・ホラー小説を中田秀夫が映画化して大ヒットした。やがて、ハリウッド・リメイクされた『ザ・リング』（二〇〇二）も、低予算で製作されたものの予想をはるかに上回る興行成績を記録して、Jホラーブームを巻き起こすことになる。

興味深いのは、幽霊である貞子がテレビから出てくるクライマックスのシーンにおける「恐怖」を、アメリカのリメイク版ではまったく異なる編集で描いている点である。もちろん、観客によって受け取るホラー（恐怖）の感覚は違うが、結論からいえば、同じ物語を映像化した二つの映画は、編集の決定的な差異によって、各国のホラー映画の伝統や文化の違いを感じさせるほど異なるテクストに仕上がっている。

図3-31～3-38 『リング』
（中田秀夫，1998）

映画は小説や舞台では創り出すことが困難なものを表現するのに長けたテクノロジーであり、止め写しや大写し、多重露光などの技法を用いた幽霊表象は長い歴史のなかで実践され、恐怖映画という一大ジャンルを形成していった。日本の場合、歌舞伎や能、講談を翻案した怪談映画が戦前から戦後にかけて根強い人気を誇ってきたが、日本の怪談映画やホラー映画で描かれるのが主に「女の幽霊」であり、社会や男性に抑圧され、犠牲になって死んでいった女の怨念を描いてきたことは注目すべき文化表象だ。ハリウッド映画において、ホラー映画といえば、もっぱら吸血鬼やフランケンシュタイン、狼男といった「男の怪人」が恐怖映画の主流だからである。こういった恐怖に対する認識・文化の違いのなかで、ハリウッドはアメリカの観客へ向けて「女の幽霊」をいかにリメイクしたのか。まずは日本のオリジナル版から分析していこう。

観たら一週間後に死ぬという「呪いのビデオ」が出回って次々に観た人が怪奇な死を遂げる。ここで取り上げるのは、解決したかに思われたものの真田広之が自宅のテレビから這い出してきた貞子に呪い殺されるシーンである。自室で書き物をしていると突然、テレビの電源がつく。アナログテレビの画質の荒い映像に小さく映し出される井戸【図3-31】。それを凝視する真田の表情【図3-32】、じりじりと画面手前に歩み寄ってくる貞子【図3-33】、ゆっくりと運動を続ける幽霊と真田の驚愕する様子がカットバックされる。ここで電話が鳴る。「呪いのビデオ」を再生すると無言電話がかかってくるという約束事があるのだ（ただし、必ずではない）。ついに貞子がブラウン管の中からこちら側の世界へと這い出てくる【図3-34】。このあたりで一気にスリルを煽る音響が高まり、かつて井戸へ閉じ込められた彼女の怨念を伝える爪のディテールショットになる【図3-35】。幽霊は、人間の身体の動きにしてはぎこちない関節の動きとともに部屋を這い、続いて立ち上がって歩み寄る【図3-36】。逃げ惑う真田をカメラが捉えると【図3-37】、転倒した彼に向かって目を見開き、睨み殺してこのシーンは終わる【図3-38】。これに対してハリウッド・リメイクは同じシーンをどのように演出しているだろうか。

ゴア・ヴァービンスキー――『ザ・リング』（二〇〇二）

まずオリジナル映画のシーンと同様に突然テレビがつき【図3-39】、それに驚くマーティン・ヘンダーソンの表情が映される【図3-40】。日本版と同じく電話が鳴るが、ここで重要な改変が見られる。日本版が貞子の怨念による怪奇現象（無言電話）なのに対して、リメイク版はナオミ・ワッツが不審に思い電話をかけてくるのである。場面は戻って井戸から這い出して歩いてくるサマラ（原作の貞子）のショット【図3-41】、そして再びナオミ・ワッツが自宅から車で彼のもとへ向かう場面になる【図3-42】。つまりハリウッド版はここで、同じ時間に起こっている別の場所の出来事を挿入するクロスカッティングによって、間に合うか間に合わないかのスリルを煽るラスト・ミニッツ・レスキューへと変化するのである。テレビから出てくる貞子は正面と横からのアングルで捉えられ【図3-43】、立ち上がるといきなり彼の目の前に瞬間移動する【図3-44】。ヘンダーソンは怯えて逃げ惑うも敵わず【図3-45】、最後は幽霊というより怪物のようなイメージの幽霊の

図3-39〜3-46『ザ・リング』
（ゴア・ヴァービンスキー，2002）

顔と目のクロースアップで終わる【図3－46】。

幽霊の運動やカメラワークも異なる。貞子を映すカメラは基本的にフィックスで、じっくりと時間を使って幽霊にのろい動きを与える。一方、サマラの動きは貞子に比べて素早く超人的である。ＣＧを使ってテレポーテーションしながら一挙に間を詰める動きは、人間的ではなく怪物的な恐ろしさを創出する。また日本版は基本的に真田の視点に同一化させ、貞子を見る視点ショットになっているため、同じフレームに人間と幽霊を捉えることはなく、真田の表情と貞子の動きは正面から固定で切り返される。ハリウッド版のサマラはさまざまな角度から捉えられ、ドリーやパンを組み合わせたコンティニュイティ編集による流麗なカメラワークでテンポよくつながれる。

だが日本版とアメリカ版の同シーンのカット割りはそれほど劇的に違うわけでもなく、ショットの長さもさして変わらない。具体的に計測すれば、日本版は2分41秒のシーンが36のショットで構成され、ＡＳＬが４・６秒、アメリカ版は2分48秒のシーンが45のショットで構成され、ＡＳＬが３・８秒である。にもかかわらず、映像を観た印象はずいぶん違う。それはなぜか。

日本版は、真田の視点を介した切り返しのテンポがきわめて早い一方で、貞子そのものにはかなり遅い動きをつけている。だから余計にじわじわと迫り来る幽霊独特の恐怖を作り出せているのだ。サマラは、それ自体の動きも遅くなく、カメラも動き続け、編集のテンポも早い。さらに俳優もダイナミックな動きの演技が与えられているため、映画の三つの動きが相乗効果をもたらし、スピード感のあるシーンに仕上がっているのがハリウッド・リメイクの特徴だ。換言すれば、貞子の映像が恐怖の瞬間をどこまでも「遅延」させようとするホラーの美学なのに対して、サマラのシーンには「性急さ」が要請されているのである。

3　シーンを構成する——スコセッシ、成瀬巳喜男、清水宏

マーティン・スコセッシ——『ディパーテッド』（二〇〇六）

マーティン・スコセッシの『ディパーテッド』は貧困層が多く住むボストン南部を舞台にアイルランド系のマフィアに潜入捜査する警察官レオナルド・ディカプリオと、その組織の内通者で警察組織に潜り込む警察官マット・デイモンの関係を描いたサスペンス映画である。ディカプリオが演じるのは、静かな雰囲気をまとうがキレると手がつけられない粗野で凶暴な男だ。本作でもスコセッシ映画に頻繁に見られる特徴的な暴力シーンがある。

街角にある小さなコーヒーショップのレジの前で店主が二人の男に絡まれている。隣のカウンターで朝食をとっているディカプリオはそれを横目で見る。払わないと痛い目にあうと脅かす男たちの前に、彼はにこやかな顔で立って「プロヴィデンスから?」と話しかける。「ピザでも配達してろ」と罵倒されたディカプリオは、突如二人を殴りつける。この〈静〉から〈動〉への突発的な暴力はスコ

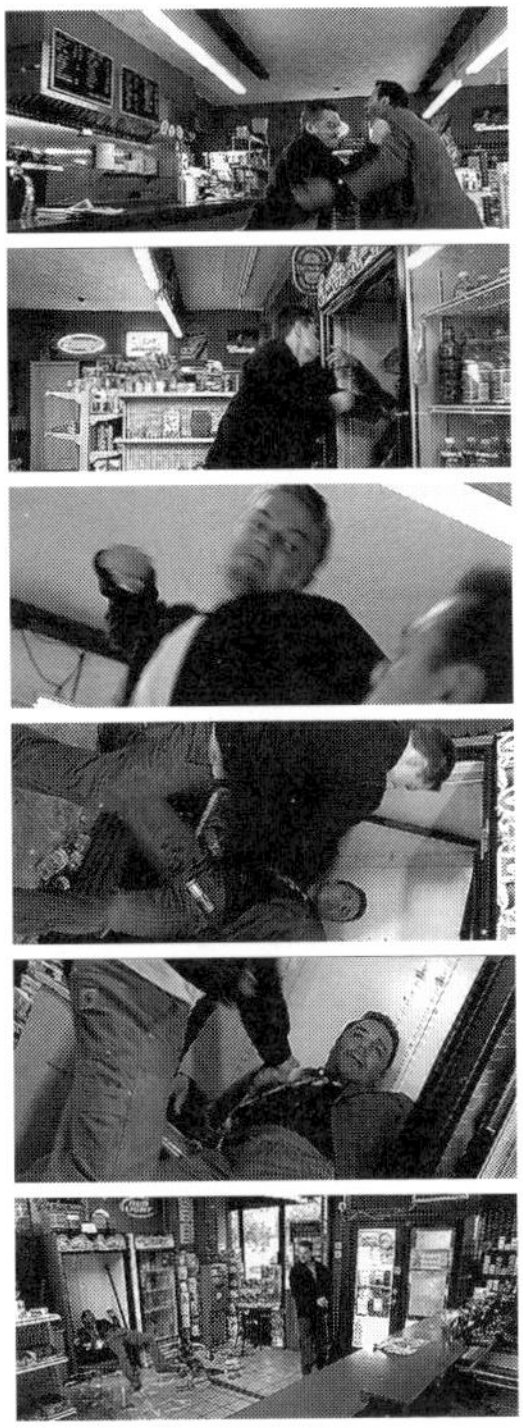

図3-47〜3-52
『ディパーテッド』
（マーティン・スコセッシ，2006）

セッシ映画に特徴的なアクションである。

まず一人ずつパンチと膝蹴りの細かいショットがつながれ、倒れこむ男たちが捉えられる。仰向けになった一人の男の顔を何度も踏みつけると、もう一人の男が立ち上がろうとする。すぐさま男を掴んで、飲み物が並ぶ冷蔵庫に向かって力いっぱい押し付ける【図3-47】。このディカプリオの左から右への移動にあわせたドリーショットは、彼の暴力の勢いを助長するための移動撮影である【図3-48】。今度はカメラがローアングルから男を何度も殴りつけるショット【図3-49】、そのパンチの途中でカットを切って次につなげるカッティング・オン・アクション。ただ、この二つ目のアクションを捉えたカットは、九〇度カメラを回転させたリアリズムとはいえないカットである【図3-50】。再びパンチするディカプリオに切り返すと、今度は二人のアクションを斜めのフレームにおさめる【図3-51】。カメラの角度を極端にしてフレーミングした短いカットの挿入は、この人物の破茶滅茶な性格とこの状況を形態的に表現しているのだ。カメラは彼の顔、背後、横と目まぐるしく視点を変え、スピード感のあるアクションと素早いテンポのカットでキャラクターが視覚的に構成されてゆく。

ディカプリオは一人の男をのしてしまうと、入り口にあるコートハンガーを手に取り、その先端をもう一人の男の顔に何度も打ち付け、暴力はいっそう過激になる。このショットもアクションにあわせてカメラを水平から斜めに動かして異様な状況を演出する。シーンの最後は、アップで被写体を狙っていたカメラがいきなり引いて、めちゃくちゃになった店内とそこに立つディカプリオを映す【図3-52】。ここまで人物をフレームいっぱいに入れて素早いアクションとテンポの速いカット割りで描いていた。その直後に一気にカメラが引き、どれだけ凄まじいことが起こったかを伝えるショットになる。すなわち、ディカプリオがキレて自分が見えなくなった後、我に返って冷静になったことを的確にカメラワークと編集技法が表現しているのだ。こうしたカメラワークにアクションが組み合わさって〈静〉↓〈動〉↓〈静〉と映像的な運動がリズミカルに構成された巧みなシーンである。

成瀬巳喜男――『めし』（一九五〇）

成瀬巳喜男が戦後のスランプを脱したといわれる作品『めし』は、夫婦の倦怠期を描いた女性映画である。当時のトップスター原節子と上原謙が共演したことでも話題になった。サラリーマンの夫と主婦の単調な暮らしの毎日のなかで、些細なことで争い、すれ違い、妻が描いていた夢の結婚生活は儚く消え去ってしまう。東京から離れ、大阪に夫と暮らす妻は自分の生き方に疑問を抱く。ある日、その生活に、血のつながっていない夫の姪・島崎雪子が東京から家出をしてくる。自由奔放な生活をする彼女は、夫婦の仲をかき乱す。妻は実家に家出をしてしまう。この作品のポイントは、家出をした妻が最終的に夫のもとへと帰ることになるのだが、その妻の心理的な変化をどう映像で説得的に表現しているかという点である。

少し時代背景を補っておけば、この映画が公開された年は占領期で、戦後民主主義の時代における女性解放のイデオロギーを受けつつ、独立回復前夜のいわゆる「逆コース」の流れにあるということ、つまり「家」から解き放たれた女性が、いかに「家」という共同体を積極的に受け入れ、家族を再生産していくかがイデオロギーとして重要な時期だった。実は、原作を新聞に連載していた林芙美子は未完のまま急逝し、妻が家へ戻ってくる結末は、映画製作者側が取り付けた結末になっている。この女性の感情の揺れ動きと「幸福の再発見」を成瀬は、脚本にはない映像表現によって構成し、観客を視聴覚的に説得する[*4]。

まず原節子が東京の川沿いを一人で歩いている。一瞬、目の前をカップルが横切る【図3-53】。それを横目に歩き続けると、次にカメラは彼女の背後に移動する。このショットで原節子は四方八方、カップルに包囲される【図3－54】。次に彼女は何かに目をとめ、不意に立ちどまる【図3－55】。この視点ショットで映し出されるのは、戦争で夫を失い未亡人になった旧友が新聞を売って働いているショットである【図3－56】。ここからカメラは水平にパンして柵の上に座っている友人の子供を捉える【図3－57】。そして原節子のクロースアップへとつながり【図3－58】、悲痛な面持ちで下を向いてその場を立ち去っていく【図3－59】。この一連のショットで悲しい音楽は最高潮に達する。この視点ショットが描出しているのは、男の「不在」である。映画の編集は、存在する情報だけを並べるのではない。そこに映し出されるものによって、そこに欠落しているものをも描き出すことができるのだ。

川沿いを孤独な状態で歩く原節子には、〈二〉という一対の記号が押し寄せる。自分の隣には「男」

図3－53〜3－60 『めし』
（成瀬巳喜男，1950）

が欠落しているといわんばかりに、「不在」が迫り来る。男を喪った未亡人はたった一人生活のために苦労している。妻と子供にとって「父の不在」は絶望的な状況だということを、この視点ショットは物語っているのである。私のそばには「夫＝男性」がいるにもかかわらず、それを手放そうとしている、そうこの映像と編集は伝えようとしているかのようだ。

さらに、この直後に唐突に祭りのショットがインサートされている【図3-60】。祭りのショットは、意味論的に彼女が日常の外部＝非日常の状態にあることを示すほかに、男性的な記号として機能する。川沿いを歩く原節子がロングショットで捉えられ、空間的に孤独が強調されているが、女性不在の祭りのショットは対照的に密度が高く男性の身体で埋め尽くされている。「男性の欠落」をヒロインと観客——女性映画の観客の多くは女性である——に思い知らせた直後、男性によるマスキュリニティで畳み掛けること。成瀬の編集技法が作り出す不在と存在、孤独と活力、静謐と躍動のコントラスト、原節子は他者の幸福、友人の不幸を通じて孤独を再確認する。

こうして彼女＝女性観客に男性が「不在」の「不幸な未来」を想像させると同時に、男性が「存在」することが、いかに幸福だったのかを「発見」させるのだ。このようなテクストはまた、男性観客をも満足させたに違いない。なぜなら、戦争責任が重くのしかかった戦後日本の時空にあって、この物語は男性の必要性を問い直してみせたからである。だからこそ、このイデオロギーに満ちた映画は、敗戦直後に男性批評家に大絶賛されてさまざまな賞を受賞することになったのだろう。

清水宏の「児童映画」

ハリウッドが規範化したコンティニュイティを実践的に覆そうとしたのが、ゴダールである。一九六〇年のデビュー作『勝手にしやがれ』の序盤、車を運転するジャン＝ポール・ベルモンドのシーンでゴダールはきわめて異質な編集技法を使った。音声は連続しているのに車内から進行方向を捉えた映像だけが飛躍する。あるいは同じアングルから映し出された、運転する彼の映像がジャンプする。いわゆる、唐突なカットの省略によって映像の一貫性を消失させる「ジャンプカット」である。よりあからさまなのは、中盤で助手席に乗るジーン・セバーグのシーンだ。

古典的ハリウッド映画では、時空間と物語進行の「連続性」が、とりわけ重要視された。観客を物語に没入させ、登場人物に感情移入させるために「自然」に見えることが何より目指されなければならなかった。ところがゴダール映画で同じアングルから捉えられたヒロインの映像は、時空間の安定的な連続性を断ち切り、幾度となく細切れに飛び、一貫性を喪失する。まるで不自然につなぎあわされたショットとショットの「間」を意識させるかのようだ。言い換えれば「編集」という人工性を顕在化させる。こうしたゴダールの実践は、一九世紀前半に写真が誕生し、その意義を問われた絵画が「平面性」を追求したモダニズムに擬えることができるだろう＊5。

戦前から活躍した日本映画の巨匠たちも、古典的文法には収まらないラディカルな編集で映画を作っていた。いまでは忘却されてしまったが、一九二四年に監督デビューして商業作品をいくつも成功させた清水宏は個性溢れる編集を試みた巨匠の一人だ。清水映画はドラマチックな展開を拝し、何気ない日常を淡々と描く詩情豊かな作風で知られる。『有りがたうさん』（一九三六）の実験的精神が大絶賛され、その後も子供を主題とした「児童映画」を撮り続けて独自の表現を確立した。

彼の映像では土着的な風景に人物が配置されるが、多くは超ロングショットが使用され、自然の雄大さに対して人間の無力さが印象づけられる。とはいえ清水映画最大の特徴は縦の構図を使ったカメラの移動撮影だろう。縦に移動する人びとを正面から狙うショットが多用されるが、カメラそのものも移動することが多い。移動するカメラが群衆を追い越したり、手前に走ってくる人びとがカメラを追い越したり、旅や子供、自然を主題とする清水映画の人びとは、絶え間ない移動を繰り返す。

ただし彼の縦の移動撮影は単にカメラと人びとが動いているだけではなく、その編集はリアリズムを志向していない。『花形選手』（一九三七）では、軍事教練の学生たちが軍歌『敵は幾万』を歌いながら田舎道を行軍する。縦の構図が強調され、道を練り歩く男たちの歩行がロングテイクで延々と続く。まずは頻繁に見られるまっすぐな道とそこを歩行する人物を捉える真正面からのショット。隊長が歌い、学生たちが同じ旋律を反復する【図3-61】。続いてカメラが一八〇度回転し、彼らの前方の光景を主観ショットで捉える。すると彼方から子供たちがこちらに駆けてきて、カメラはその群衆を引き裂いて前に進む【図3-62】。再び真正面から声援を送る子供たちと隊員たちのすれ違いを映す【図3-63】。次にカメラは学生たちとそれを追う子供たちのさらに後ろに移動し、歩行を追いかけてゆく【図3-64】。

もう一度カメラは行軍する隊長の主観ショットになって前に向かってゆっくりと進む。この間、軍歌は止むことはなく歌われる。行軍が追い越す人びとやすれ違う人たちが次々と現れ、カメラ＝学生たちに向かって微笑んだり【図3-65】、挨拶をしたりする【図3-66】。だが、音声は一貫して連続するにもかかわらず、映像がディゾルヴで切り替わっていく。つまり、音声は客観的に聞こえている一

図3-61〜3-66　『花形選手』（清水宏，1937）

方、主観ショットの映像は、経過を「省略」し、時間を「飛躍」させて行き交う人びとを捉えているのだ。旅や放浪を描き続けた清水にとってディゾルヴという技法は、道端ですれ違ってささやかなコミュニケーションを交わす他者との一期一会を演出するための、もっとも効果的な手段だった。

バスの運転手を描いた戦前の代表作『有りがたうさん』でも縦の構図を活かした移動撮影が多用される。この作品でもディゾルヴが多く使われているが、通常これは二つの映像を重ねる場面転換の技法であり、別の場所への切り替わりや時間の経過を印象づけるときに使われることが多い。しかし清水はディゾルヴの独特な使い方を試みた。バスの運転手からの主観ショットで道を歩く人びととのすれ違いが何度も描かれるが、道の真ん中を歩いている人を追い越す前／後の映像がディゾルヴされ、その追い越す過程――厳密にはバスの進路をよけて再び道に戻るというプロセス――がすっぽりと省略される【図3－67】【図3－68】。にもかかわらず二つの場面が重なっている映像でも運転手の「ありがとう」という声が響き渡っているのだ。バスが橋の上を通るときも手を振る人びとに向かって真っ直ぐに進み、素早いフェード・アウト／インでショットはつながれるが、ここでもバスが追い越す過程はいっさい描かれることはない【図3－69】【図3－70】。

「児童映画」の例も見てみよう。清水映画のカメラの前では、大人は「歩行」し、子供は「疾走」

図3－67〜3－70
『有りがたうさん』
（清水宏，1936）

するが、子供たちはどのように活写されたのだろうか。『風の中の子供』（一九三七）では、固定ショットで画面から垂直に伸びる道を奥に向かって駆けていく子供たちが何度もディゾルヴで重ねられ、ここでも叫び声は場面を超えて連続し、映像は二重化しながらジャンプしていく。だが最後のシーンでは、同じ構図を使いつつディゾルヴは使用されない。サーカスを見に行こうと子供の集団が全力で走る。カメラに向かって突進するかのような勢いで駆けてくると【図3‐71】、いつものように一八〇度カメラが回転してサーカス団を追いかける子供たちの後ろ姿のショットに切り替わる【図3‐72】。

図3‐71〜3‐72 『風の中の子供』（清水宏，1937）

だが、厳密にいうとこのアクションはつながっていない。ディゾルヴが使われていれば一時的な時間の省略だと了解されるが、カメラを貫通する間の疾走は、観客の想像力によって補われているのだ。すなわち、駆ける子供たちのアクションの飛躍は、ゴダールのジャンプカットのように断絶を露呈させるのではなく、観客が綻びを想像力で埋め合わせ、連続性を主体的に創り出すことになるのである。この「想像的アクションつなぎ」と呼びうる手法は、その後の『子供の四季』（一九三九）のオープニングでも使われている。清水映画における子供のアクションは、こうした技法との相乗効果によって瞬く間に躍動感を得て、これまでにないほど画面に活力を与えるのである。

4　フレームを解体する――黒澤明『羅生門』

映像を測量する

黒澤明の『羅生門』（一九五〇）は、宮川一夫の撮影技術と早坂文雄のボレロ調の音楽、黒澤の演出技法が見事に共鳴し、映画にしかできない表現を追究した映画史の金字塔である。芥川龍之介の「藪の中」を原作とし、「羅生門」の要素も加えてまず橋本忍がシナリオ化、それを大幅に改変した決定稿を黒澤自身が書いて映画化された。森の中で殺人事件が起きる。だが、四人の証言――盗賊の多襄丸（三船敏郎）、殺された侍の武弘（森雅之）、その妻の真砂（京マチ子）、最初は目撃者だったが最後に関係者であることが明らかになる杣売り（志村喬）――は自分に都合よく事件を解釈するため、話が食い違って何が真実なのかわからない。犯人探しのミステリーではなく、人間のエゴイズムを映像化した作品である。

黒澤映画は先述したような映画の三つの「運動」を最大限に引き出し、ハリウッド映画のようにダイナミックな映像を特徴とする。『羅生門』でもそれは大いに発揮された。ただすべての場面が躍動的なわけではない。黒澤映画がどのように構成されているかを、ここでは細かく見ていこう。1フレームごとにデジタル技術でデータを解析したところ、全体は420のショットで構成され、ASLは12・5秒であった。ただ『羅生門』はショットの長短の差が著しく、空間や場所に基づいてかなり異なる映像として設計されている。要するに、舞台となる羅生門の下、回想される森の中、証言する検非違使庁で、ショットの長さや撮影技法、編集がかなり異なっているのだ。

まず検非違使庁で証言をする三人（盗賊の多襄丸・殺される侍の武弘＝巫女・その妻の真砂）に、杣売り、旅法師、放免を加え、この場所に限定したASLを計測すると約2倍の24・6秒に延びる。さらにここを舞台とする全ショット中、カメラが移動するショットの割合は31％である*6。検非違使庁の映像はフィックスでの長回しが基本で、証人がカメラに向かって自分の主張を訴える形式となっている。ここでは動きよりも台詞が優位になり、説話によって物語が進行するのが特徴である。黒澤が本作の製作において、無声映画に立ち返って映画の原点を探りたいと述べたことは有名だが、ここではカメラが検非違使の眼となり、むしろ映画以前の演劇的空間に接近する。

主要人物たちによって時間の使い方や撮影技法が違う点も注目すべきである。たとえば、検非違使庁における多襄丸の場面のASLが26・4秒でほぼ平均と同じなのに対して、真砂が47・7秒と異様に長い。しかも多襄丸のカメラの移動率が33％なのに対し真砂は0％、野獣のように肉体を動かす三船敏郎とは対照的に、常に静的なカメラで京マチ子が映されるのだ。ちなみに全編の中で1分46秒におよぶ最長のショットは、この京マチ子の証言のシーンにある。

興味深いのは死んだ武士の声を代理する巫女の場面である。巫女を捉えるカメラの移動率は47％と約半分は動きのあるショットで構成されている。それに加え、巫女自身がクルクルと旋回したり、前後に激しく動いたりすることで過剰に運動性が強調される。一方、回想される武士のシークェンスの後半は30秒から40秒の長回しが多用されている。前半に10秒程度の短いショット群が集まっていることや、対比的に動的な巫女のショットが挿入

表3-2　『羅生門』におけるASL構成表

	ASL	移動率
映画全体	12.5秒	38%
羅生門の下	16.4秒	22%
森の歩行（杣売り）	8.0秒	86%
森の中（多襄丸）	7.3秒	44%
森の中（真砂）	10.4秒	30%
森の中（武弘＝巫女）	15.0秒	31%
森の中（杣売り）	13.5秒	41%
検非違使庁（多襄丸）	26.4秒	33%
検非違使庁（真砂）	47.7秒	0%
検非違使庁（武弘＝巫女）	13.5秒	47%
検非違使庁（合計）	24.6秒	31%

されることで、後半の彼の自殺の時間はいっそう引き伸ばされたように緩慢に感じられるのだ。

注意すべきなのは、多襄丸／真砂の検非違使庁での証言が回想シーンに切り替わると、しばらくカットバックされないのに対して、巫女の場面では、森で自殺する武弘のシーンの間に検非違使庁での巫女のショットが何度も挿入される。長回しとロングショットが基調となる森の中のシーンに、対極にある躍動的な巫女のショットがモンタージュされることで叙情的な自殺と静謐な時空間が印象づけられるのである。

映像を解体する

それでは多襄丸が真砂を強姦し、武士が死んだ森の中は、人物ごとにいかに描き分けられているだろうか。それを検討する前にまずは序盤、すなわち宮川一夫の撮影技術が絶賛された杣売りの森の歩行から見ていこう。冒頭、羅生門の下で杣売りと旅法師に下人が加わって話し始めるシーンは、豪雨による背景の動きはあるものの、静止画的ショットがつながれ、俳優の動きもカメラの動きもほとんどない。検非違使庁と同じく説話優位だが、カメラ・ポジションが動くため、演劇性というより、説話中心のトーキー映画のような佇まいである。そして杣売りによる事件の回想（森の歩行）でトーキー以前のアヴァンギャルドな無声映画に遡り、画面は突如として運動感覚を引き出す。

台詞がほぼなくなる4分弱の杣売りのシーンは、それぞれの証言が矛盾して何が本当かわからない『羅生門』の作品世界＝「藪の中」へと誘導する機能がある。このシーンの特徴は何といっても移動撮影の多さである。ＡＳＬは8秒、29のショットのうちフィックスはわずか5つ、86％の移動率で場面が構成されている。決定不可能性の深淵へと足を進める杣売りを多角的に捉えるショット群は天才カメラマンの面目躍如たる技術、見事というほかない。このシーンの素晴らしさは、作品の主題を体現するかのような撮影技法と編集の卓抜さである。通常、映画において目的地に向かって人物を進ませる場合は、スクリーンの方向づけによって一定の映像的力学を持たせることが多い。だが、この杣売りの移動とカメラはそうしたルールを破り、右左・前後・斜めの動線を引き、四方八方からパンやドリーで捉えることによって方向感覚を失わせる。観る者を混乱させる映像に、同一のリズムやメロディを反復するボレロ調の楽曲が加わることで、抜け出せないループの中に放り込まれたような感覚に陥るのだ。

続いて三人の証言者たちの森の中のシーンを比較してみよう。まず多襄丸の回想は、力づくで女を手に入れ、武士と勇敢に戦って殺した名うての盗賊として自己アイデンティティを創造するため躍動的で豪快なアクションが多い。本作における音響は回想者の心理を注釈する役割がある。したがって勇猛果敢な盗賊として描写される彼にはバスーンやパーカッションの力強い音（武弘にはクラリネットとチェロ、真砂にはフルートとハープ）が付される。映像技法もそれを助長してASLは7・3秒、杣売りを含む証言者の中でもっとも短く、カメラの移動率も44％と一番高い。森の中の疾走は、ショットサイズとレンズを変えてパンで撮ったショットが連結される。人物の手前にショットごとに異なる葉っぱを出し、木々の後ろを走らせたり、背後に林を流したりすることによって画面内はスピード感に満ち溢れる。

殺陣のアクションシーンでも編集に巧妙な仕掛けがある。先述したように映画は基本的に1秒間24フレームで構成される。肉眼では視認が難しく1フレームごとに見ていかないと気づかないが、たとえば縛られた縄をほどき二人の死闘が始まる場面を取り上げると、まず画面奥に多襄丸が武士を追いかけていく姿が超ロングショットで捉えられる【図3-73】。迎え撃つ武士が剣を振り上げ【図3-74】、一振りして相手が飛び退くところまでが描かれる【図3-75】。そしてカメラは彼の背後に移動し、反対側からミディアム・ロングショットでその一撃を映し出すのだが、そのコマは武士が一振りする前、盗賊が飛び退く前に戻っている【図3－76】。通常ならばこうしたアクションつなぎはその途中からショットを自然につなげていくことが多いが、ここではカメラ・ポジションを変えて一振りが繰り返されているのだ【図3－77】。素早い動きで大胆に視点とショットサイズが変えられるため自然に見えるが、再生スピードを落とすとそのアクションが反復されていることがわかる。

その直後に追い詰められた武士が相手を突き刺そうと反撃するショットでも、ミディアム・ショッ

図3－73～3－82　『羅生門』
（黒澤明，1950）

トから反対側に移動してロングショットでアクションつなぎをする。ここでもやはり一振りの途中でつながれる次のショットでは、アクションが少し前から繰り返されている。さらにその直後に奥に向かって歩いている多嚢丸が【図3-78】、振り返って一撃を食らわせようと腰をかがめて剣を振るうショットも【図3-79】、ハイアングルの超ロングショットからミディアム・ショットに切り替えつつ【図3-80】、アクションを反復させる【図3-81】【図3-82】。このシーンをフレーム単位で見ていくと【図3-79】と【図3-81】がほぼ同じアクションで、【図3-80】は【図3-79】よりも時間が巻き戻っている。すなわち、ここでのチャンバラのアクションは、意図して2~3フレーム前のアクションを重ねて観客に見せているのである。大胆なカメラ・ポジションの移動とショットサイズの変更によって成立するこうした編集テクニックは、瞬間的な動きを躍動的で力強いアクションとして描出する効果がある。

真砂が回想する森の中のシークェンスはASLが10・4秒、カメラの移動率が30%と平均的だが、途中からショットの性質とパフォーマンスが〈静〉から〈動〉へと変化していく。まず前半は強姦した盗賊が去っていくところから始まり、縛られた夫、突っ伏して泣く妻の姿をフィックスで捉える。静かに『ボレロ』の伴奏とともに二人が映し出された後、夫の蔑んだ冷酷な眼差しを前に短刀を手にして夫の縄を切ると、彼女は自己陶酔的に悲劇のヒロインへと変貌する。それとともにカメラは左右のパン、前後の移動ショットを開始し、反復するリズムを刻む『ボレロ』の音響が大きくなる。感情の昂まりを体現するかのように、〈動〉の京マチ子の映像に断続的にモンタージュされるのが1秒強の森雅之の冷酷な眼差しのクロースアップだ。陶酔感を体現する映像と、恍惚感を助長する音楽が、京マチ子のパフォーマンスと絶妙なアンサンブルを創出するのである。

武弘の回想の特徴は、詩的といってよい映像の冗長さにある。だが、これを体感させているのはあくまで相対的な映像との関係性である。先述したようにフラッシュバックがロングショットを基調に静的な空間を作り上げている一方で、それに言葉を与える検非違使庁での巫女の映像は動的である。武弘の回想のASLが15秒と森の中の場面ではもっとも長く静謐なシーンで構成されているのに対して、巫女の場面のASLは13・5秒と検非違使庁の中ではもっとも短く躍動的である。これもまた対極のショットを衝突させる黒澤的な映像技法だと見てよい。他の二人が検非違使庁ではショットが長く、回想される森の中は短いのに対して、武士＝巫女の場合は反転、つまり森の中よりも検非違使庁のほうがASLが短く、森の中の孤独な時間を引き伸ばし、映像の余白とともに自殺を叙情的に表現しているのだ。

最後に事件の目撃者から関係者であることが明らかになる杣売りの回想は、三人のフラッシュバックとはまったく性質が異なるものとして作られている。まずこれまでの三人の陶酔的な自己造形に添えられていた音楽がなく、聞こえてくるのはひぐらしの鳴き声、ASLは13・5秒と、多襄丸による回想の約2倍ほど長いショットで構成され、ドキュメンタリー的な映像として提示されるのだ。人物によって楽器を使い分け、過剰なフィクション性が前面に押し出されていた三人の回想とは異なり、明らかに第四の証言者はリアリズムを志向している。だからこれまで三人にあった、回想する当事者の映像のモンタージュと声＝ナレーションは排除され、過去の映像はそれ自体として切り離されているのだ。むろんだからといって、これが「真実」である保証はなく、むしろありのままを物語ろうとしている杣売りの欲望の投影だと見たほうがよいだろう。

映画史を包摂する

記憶を歪めて自己を外在化（美化）して物語ること――。作り手にとって『羅生門』は、創造力の源泉であり、複数の創作を映像化する技術の実践の場である。自己イメージを虚構化する創作行為を支える撮影と音響、演出と編集、本作ではこうした映像技法が絶妙な効果を発揮していることを見逃してはならない。映画『羅生門』の魅力は、場面や空間ごとに、「異なる映画」といってよいほど鮮明に描き分けられたテクニックの洗練にあるのだ。

杣売りや旅法師が語る羅生門の場面では、樹木の垂直の線とティルト・アップ／ダウンするカメラの「縦の移動」が中核を担い、検非違使庁の場面では人物に合わせたカメラの前進・後退の移動が一貫して使用されている。ここでは巫女の場面でわずかに横のパンが入るが、地面と水平に「前後の移動」が中心となる。森の中は一変、ショットサイズとカメラの移動は豊富なヴァリエーションを見せ、とりわけパンや移動ショットによる「横の移動」が水際立っている。

複数の主観的な語りの形式は、作品に「反復」の構造を盛り込む。そして殺人現場を多元的な視点から回想＝反復することで差異が立ち上がってくる。こうした差異化を決定づけているのは反復するストーリー自体ではない。ナラティヴを構成する、あらゆる映画技法である。だから黒澤は、事件の語りだけではなく、反復を構造化する。たとえば盗賊の回想に、「同ポジション」の構図を使って四番目の証人である杣売りが傍観した視点ショットをインサートしている。あるいは太陽の木漏れ日を見上げる風景のショットを撮影技法や構図を変えて繰り返す。音楽も同様で、黒澤が覚えやすい旋律と反復されるリズムが特徴のラヴェルの『ボレロ』のレコードを早坂に差し出して音楽を作らせたのは必然であったといえよう。

『羅生門』に関しては黒澤の言明通り、これまで「無声映画に立ち返る」ことばかりが強調されてきた。確かに序盤の杣売りの森を歩行するシーンは無声映画に違いない。だが、この作品の真の豊かさとは、それにとどまらず舞台＝演劇的な検非違使庁の場面、トーキー映画の魅力に満ちた森の中のシーン、活動弁士のようにオフスクリーンから声が与えられる映像が織りなす場面、いわば「映画史の総括」と見なせる包摂力にある。事実、本作の演技はリアリズムというよりオーバーなアクションの無声映画に接近し、統一された画調を破壊しかねないワイプやディゾルヴなどあらゆる技巧を駆使している。初期映画に特有の刺激、バラバラの画と声で観客の視聴覚に訴える活弁時代の無声映画の魅力、アヴァンギャルド映画の前衛表現、洗練されたアメリカの物語映画の技巧――『羅生門』には半世紀にいたるフィルムの歴史を包摂する映像的力学が宿っているのである。

5　ショットを操作する――黒沢清『CURE』

ラストシーンの衝撃

『リング』を代表とするホラー映画が日本を席巻した一九九〇年代は、黒沢清という映画作家が、それまでとは違った独自の〈恐怖＝ホラー〉を描いた時代でもあった。黒沢は映画で表象されるホラーに関して、「なぜ襲ってくるのか全く意図不明の暴力的存在」*7を出したかったと語っている。彼にとってホラーとは、映画というメディア固有の美学的効果と結託しながら創り出される狂気／暴力である。それを代表作『CURE』（一九九七）から見出していこう。

胸がX字型に切り裂かれる連続殺人事件が起こる。犯人を追う刑事の役所広司は、解決しない捜査と、精神を病んでいる妻との生活に苛立ち、摩耗していく。犯人の萩原聖人は、他者をマインドコントロールして殺人者に変え、間接的に猟奇殺人を繰り返す青年。記憶喪失の殺人鬼と関わりあうなかで疲弊しきった役所は捜査の末、犯人を撃ち殺す。カメラは、精神病患者の妻を抱えながら、解決しない連続殺人に苛立ちを抑えられない刑事が病的に変貌していく様子を捉え続ける。映画では、犯人を殺してファミレスで食事をする役所自身が、最終的に「怪物」＝死の伝道師となっていることが示唆される。そして驚くべきラストシーン——役所と会話をしたウェイトレスは、包丁を持ったまま画面を横切って映画は終わる。

黒沢清は、北野武と並んで九〇年代を代表する映画作家である。この二人の映画作家に通底するのは、映像が放つ特有の「不気味さ」だ。まずは『CURE』の映像に潜む独特の「不気味さ」に触れておこう。犯人である萩原と接触した小学校教師が自分の妻を殺害する。男は捕まって医師の立ち会いのもと尋問される。役所が聞き取り調査をしたアパートの二階から階段を降りてくるとき、映画は転調するかのような変化を見せる。

ここまでカメラはほとんど動いていない。動いたとしても人物の移動に合わせて移動ショットが使われる程度だ。黒沢映画に多用される長回しでは、カメラは固定され、ワンカットで何か恐ろしいことが起こる（たとえば妻を殺した小学校教師が家の二階の窓から落下する場面）。だが、役所が大家と思しき男と階段を降りて、二人が話し始めるシーンでは、まだ会話をしている最中に、はからずもカメラが右側へとパンして通りを映すと、誰も被写体がいないまま後退しだす。その直後、勝手に動き出したカメラにフレームインして手前に役所が歩いてくるというショットで構成されている。カメラは突然、意志を持ったかのように自律的に運動を開始し、あたかもそこに被写体がいるかのように「空」を捉えようとするのだ。

その移動撮影の途中、役所は何かを察知したのか後ろを振り返ると、踏切で明滅する赤い光が彼のPOVショットとしてクロースアップされる。続いてビルの屋上で遠くに光る明かり、明滅する蛍光灯、そして部屋の机で作業する刑事の妻のショット。この妻を家の廊下から狙ったカットは、リビングのドアによって二重フレームとなり、彼女を小さな空間に封じ込めているような印象を与える。彼女は立ち上がり、画面の左側へと移動し、姿を消す。そして今度は、内側のフレームの左から右へと「横切る」。ところが、この横に歩くアクションの途中で画面がいきなり次のショットに切り替わる。映画のスムーズな語りとは異質なテンポ、あるいは唐突なる切断であり、外在的な力が働いたかのように感じられる。ここから一挙に物語は加速して次々に猟奇殺人が重ねられる。その後、犯人が精神科の学生だったことを突き止め、精神科医の佐久間と催眠法を考案したメスマーについて電話で話すと、視認するには短すぎるカット——猿や彫刻や妻——が、奇妙な音とともに瞬間的にモンタージュされる。説話による論理的な恐怖ではなく、こうした形態としての異質なショットの積み重ねによって名状しがたい「不気味さ」が醸成されてゆく。

犯人が捕まった後、役所が尋問する5分強におよぶ圧巻のシーンが始まる。だが、犯人と対話することによって、感情を抑制していた役所は解放される。精神がおかしくなった妻が重荷であること、妻の面倒を一生見なければならないことの苦悩、抑圧していた本心をぶちまけることになるのだ。佐久間も犯人に接触して謎の死を遂げる。こうして役所が犯人を撃ち殺し、ラストシーンの食事の場面へとつながっていく。

「肉」の映画

それにしてもなぜこのエンディングがこれほど恐ろしいのか。私たちはここで、役所広司がファミレスで「肉を食べる」というそれだけの場面がなぜかくも恐ろしいのかを考える必要があるだろう。このラストシークェンスは、役所が鉄板に乗った「肉」を「食べ終える」ところから始まっている（このショットが食べ始めるところからではないことに注意しよう）【図3-83】。最後の一切れをフォークで口に運ぶと、彼はタバコをくわえ、差し出されたコーヒーを美味そうに飲み、煙を吐き出す【図3-84】。

これまでに見せたことのない穏やかな表情だ。

そして最後の驚嘆すべきショット【図3-85】――。それは、おそらくウェイトレスが役所と少しのコミュニケーションを交わしただけで、ナイフを取り出し、画面を横切るというラストシーンだったからだけではない。そうではなく、犯人を殺した役所が真っ黒なスーツに身を包み、穏やかな顔と、脱力状態で食べる「肉」の塊を、観客は寓意的に見せられているからだ。どういうことか。

全編を通して観客は、役所の「食べる」という「動物」的行為を観ることが禁じられていた。実際、映画の中盤で同じ席に座り、同じウェイトレスと接触したときは、何も手をつけられず残した料理をさげられている【図3-86】。

ところが、感情を殺して「健全」であろうとし、「妻よりも休養が必要だ」といわれた病的表情の彼が、初めて余裕のある柔らかな表情で、「肉」を食すという本能的＝「動物」化する場面に私たちは直面しているのである。『CURE』を観た者ならば、このラストシーンの前で同じような「肉」の塊が、生々しく登場していたのを忘れてはいないだろう。役所が帰宅すると食卓の皿には、精神を病んだ妻が準備した、ただの生の肉（ステーキ用の生肉）が置かれてあった【図3-87】。「生肉」の塊は、食されるのではなく、苛立ちを抑えきれない役所によって思い切り壁に投げつけられる【図3-88】。この直後、役所は寝室に行って、妻の眠る顔を苛立ちの表情で眺めている【図3-89】。彼の視点ショットで眠る妻が映され【図3-90】、再び役所のフルショットになる【図3-91】。ここで、ほんのわずかの時間だが、包丁を掴もうとする彼の手のショットが挿入されていることを見過ごすべきではない【図3-92】。この後すぐ、空を飛ぶバスのファンタジーのようなシーンになるが、妻が精神病院へと連れていかれることからもわかるように、彼は包丁で殺してはいない。とはいえ、このシーンは重要である。最後に役所が食べる「肉」と、妻が用意した「生肉」がシーンを超えて緊密な関係を取り持つからである。要するに、この皿に置かれた「生肉」と、ファミレスの鉄板の上の最後の一切れの「肉」は、私たち観客の脳裏で連想され、結びつくはずなのだ。

しかも、驚くべきことにこの「生肉」とファミレスの「焼かれた肉」の間には、おそらく役所と話したナースが振り返り【図3-93】、彼女によって殺されたと思しき妻の死体の非常に短いショットがモンタージュされているのだ【図3-94】。それによって私たちは「生肉」、妻の死体、ステーキ＝「肉」を食す役所というショットの連鎖から、怪物化した役所が間接的に、煩わしかった妻という「肉」の塊を食べてしまう感覚を「編集」によって抱かされる。ショットが衝突することによって形づくられるその恐ろしさ――。私たちはここで、犯人よりも進化した「怪物」を目の当たりにするの

図3-83～3-94 『CURE』
（黒沢清，1997）

である[*8]。

「感染」と死の「軽さ」

黒沢映画における恐怖の伝播という主題。ショットの編集によって観客の頭で形成される恐怖。おぞましき恐怖を観客へ接近させることは、黒沢映画の重要な映画原理である。蓮實重彦は、『アカルイミライ』(二〇〇三)を論じる文章で「接触の禁止。そして離れていることの要請。それは、黒沢清にあっては、物語を始動せしめる能動的な記号にほかならない」と記している。

触れあうこともなく、離れたままの状態で何かが存在から存在へと感染してしまうことの恐怖に、黒沢清の演出は賭けられたといってよい。例えば、『CURE』がそうであるように、彼にあっては、危険な人物とみなされる者と素肌で接しあったわけでもないのに何かが着実に伝搬しており、その思考と行動の自由を奪ってしまう。[*9]

『CURE』という映画、あるいは『カリスマ』といった黒沢の代表的作品が生成する社会的コンテクストにも目配りしておく必要があるだろう。何かをきっかけとして周囲の世界が一変してしまうこと、私たちは、それを黒沢映画と同時期に体感しているはずである。気づかぬうちに周囲に忍び寄り、世界をテロルの中に巻き込んでしまったオウム真理教による地下鉄サリン事件、日常の平凡な風景を一挙に変えてしまったカタストロフィとしての阪神・淡路大震災、これらは、黒沢が上記の映画を撮る数年前の一九九五年に起こったことである。

改めて確認すれば、『CURE』の犯人は他者の望む言葉を与え、いえなかった言葉を引き出す。それによって内部に侵入され、癒されると同時に、いつの間にか殺人者に変貌する。あるいは、『カリスマ』において、「カリスマ」と名づけられた一本の木が、周囲の人間を変質させ、世界全体を混沌へと導く。黒沢は盲目的に狂信するテロリズムのロジックを九〇年代という時代を体現しながら巧妙に描き出していたのだ。

ワンカットで描かれる「死」は、作品を超えて黒沢映画に登場する。その「死」の描写は、きわめて「軽い」。九〇年代はファミコンの後継機としてスーパーファミコンが全盛期で、多くの子供から大人がゲームのヴァーチャル空間に熱狂した時代でもあった。ゲームは「死」を呆気なく、圧倒的な「軽さ」とともに表象し始めたのだ。死が希薄化されるがゆえの「恐ろしさ」。北野武の暴力が重い痛みをともなうのとは対照的に、黒沢の描く暴力表象にはゲームにおける軽やかな死とも通底する「ゲーム的暴力性」が見出される。『CURE』の冒頭、サラリーマンが売春婦をワンカットで殺すシーンでは、ホテルでベッドの脇を歩いていた男がさりげなくパイプを取り出し、女の頭を数回殴りつける。この一連の描写は、軽快な音楽とともにあっという間にゲーム的なリズムで成し遂げられる。私たちは異化的な距離を与えられ、あまりにも軽々しく描写される女の死を前にただ立ち尽くす。

あるいは、犯人の催眠を受けた警察官が同僚を殺すシークェンスを思い浮かべてもよい。朝の穏やかな晴天の中、警察官二人は普段と変わらない日常を生き、いつものようなありふれた会話がなされている。しかし、一方の警察官が自転車に乗って巡回に行こうとしたとき、犯人に催眠をかけられた警察官が銃であっさりと打ち殺してしまう。ここでもやはり小鳥のさえずりや優しい風などの、のどかな自然音とともに、軽やかな死がシークェンス＝ショットで描かれている。

最後にヒッチコックへのオマージュにも触れておこう。映画の序盤、『サイコ』でヒロインが切り刻まれるシャワーシーンへのパスティーシュ（既存の作風の模倣／借用）が見られるが、エンドクレジットで名前がナイフに切り刻まれるようなデザインも、『CURE』で、身体が×に切り刻まれることのメタファーとなっており、『サイコ』でソール・バスが手がけたデザインを意図的に借用している。このような映画の内容と一見関連していないように見えるクレジットでも、映画の主題を形態として支えているのである。

注

1 計量映画学とは、映画の構造や内容を定量的データによって統計分析する手法である。一九七〇年代からバリー・ソルトはASLを調査することが映画のスタイルの変化を研究するのに有用であることを主張していたが、アナログ時代には限界があった。デジタル化以降、ユーリ・ツィヴィアンは二〇〇五年に映画の量的調査をするためのウェブサイト「Cinemetrics」を立ち上げ、研究者が映画を計測するオープンソースのソフトウェアにアクセスして使用できるようになっている。

2 バリー・ソルト「ミッキー・マウスの息吹を計ること――計量アニメーション学の試み」(川本徹訳)、加藤幹郎編『アニメーションの映画学』臨川書店、二〇〇九年、一九七―二四三頁。

3 三浦哲哉『サスペンス映画史』みすず書房、二〇一二年、二〇四頁。

4 北村匡平、前掲『スター女優の文化社会学』、三五六―三六〇頁を参照。

5 クレメント・グリーンバーグは先にもあげた有名な論文「モダニズムの絵画」において、絵画がモダニズムのもとで自らを批評し、定義づけていく過程で、もっとも本質的なものとして残ったのは、支持体に避けられない「平面性」を強調することだったと論じている。

6 移動が含まれているショットを1とカウントし、検非違使庁の全ショット数で割って算出。ここでのカメラの移動とは、パン/ティルト、ドリーショットなどカメラが移動することによってフレームが動くショットすべてを含んでいる。

7 黒沢清『黒沢清の映画術』新潮社、二〇〇六年、一一八頁。

8 同前、一八七頁。黒沢清は、刑事は犯人を殺すことで、彼と同じ怪物になるのではなく、ワンランクグレードアップした怪物になる設定にしたという。犯人は自分が空っぽになって記憶を喪失することが怪物への必須条件だったが、グレードアップした役所は、自分が元通りの自分であることを知っていながら、犯人と同じようなことをするという設定にされているのだ。

9 蓮實重彥「「善悪の彼岸」に――黒沢清『アカルイミライ』」、『ユリイカ』二〇〇三年二月号、七三―七四頁。

第4章

映画の音響

1　黒澤明の対位法──『酔いどれ天使』『野良犬』

黒澤明──『酔いどれ天使』（一九四八）

音に対する大胆な実験をした作家としてまずあげられるのは黒澤明である。彼が手がけた作品群の中でも音の表現実践として特筆すべきなのは早坂文雄と組んだ『酔いどれ天使』と『野良犬』だろう。黒澤と早坂の音の理念は「モンタージュ」の概念を思想として練り上げたセルゲイ・エイゼンシュテインなどソビエト映画の理論化たちに端を発する。「対位法」（コントラプンクト）とは簡単にいえば、音は映像に付属するものではなく、その逆でもない。音を視覚的モンタージュの異なる単位として対位的に使用すること。すなわち、「非同時的」なモンタージュによる音と映像を掛け合わせて新たな効果を生み出すことである。

『酔いどれ天使』はデビュー間もない三船敏郎が黒澤と初めてコンビを組み一躍スターダムにのし

上がった作品で、批評家からも一般観客からも高い評価を獲得した。若いヤクザを三船が演じ、彼の結核を治療しようとする貧しい町医者を志村喬が演じている。三船は虚勢を張りながらも次第に志村を受け入れていくが、結局は出獄してきた兄貴分と情婦や縄張りをめぐる確執が深まり復讐に行くも返り討ちにあう。ダークヒーローとしての三船の悲哀が観る者の心を揺さぶる作品である。

黒澤はこの破滅的な闇の英雄をいかに音響を駆使して演出したか[*1]。単純なメロドラマは、悲痛な場面では悲しい曲を、楽しい場面では明るい曲をつけて観客の感情へ訴えかける。しかしながら黒澤と早坂は、それとは逆の音をぶつけた。親分から裏切られたことを知った三船はショックを受け、絶望して闇市を彷徨う。その悲愴なシーンで「物語世界の音」(diegetic sound)として流れるのは、街の拡声器から鳴り響く『カッコウ・ワルツ』である。花屋の前を通りがかり、一輪の花を手に取る三船。彼の縄張りだったこの場所では飲み代も花代も払う必要がなかったが、すでに兄貴分のものになっている。だから従順だった花屋も今や彼に逆らって花代を請求する。絶望する彼の表情とともに陽気な『カッコウ・ワルツ』が大音量で流れる。そうすることで独特な悲愴感が画面を覆い尽くす。突然の病魔に襲われ、仲間にも裏切られた孤独な男の心情に容赦なく陽気な音楽が鳴り響く。彼の悲しみは「ちぐはぐ」な映像と音響によって、通常以上の効果を発揮するのである。

兄貴に復讐をして三船が死ぬクライマックスのシーンでも「対位法」による音響効果が見られる。決闘の場面は最初、伴奏はなく、ガラスが割れたり物に激突したりとリアリズムに徹した音響を際立たせる。そして三船が壁に追い詰められ、へたり込むとストリングスを基調とした崇高な音楽が「非物語世界の音」(non-diegetic sound)として流れてくる。すると音楽はそのままでシーンが切り替わり、街で買い物をする志村の姿が映し出される。三船に飲ませてやるための卵を購入している場面だ。きわめて平凡な日常の光景を、殺し合いという非日常のシーンに衝突させるクロスカッティングである。

続いて三船が廊下を這いつくばって進む演出でも美しいメロディが付される。およそ死闘にはそぐわない音響によってその場面を異質なものとして作り上げるのだ。ここで黒澤は三船の死を描く「非日常」の決闘に、それとは対照的な「日常」の風景／神聖な音楽を衝突させ、強烈な印象を作り出すことに成功している。

黒澤明――『野良犬』（一九四九）

『酔いどれ天使』の音の実践は、日本映画史において普通なら合致することのない映像と音楽が相乗効果を生み出した歴史的瞬間であった。そして再びコンビを組んだ黒澤と早坂は『野良犬』でさらなる実験を試みる。本作ではピストルを盗まれて犯人を追う若い刑事を三船敏郎が演じ、彼と組んで捜査を進めるベテラン刑事を志村喬が演じている。

この映画の終盤には、犯人のホテルをつきとめた志村が、犯人の恋人のアパートに電話をかけるシーンがある【図4-1】。そこにいる三船と連絡を取るためだ。緊迫したこのシーンは豪雨の音をバックに進むが、ホテルの従業員がラジオのスイッチをつけ、南国風の陽気な『ラ・パロマ』が聞こえてくる。パンフォーカスで後景には電話ボックスで受話器を持って焦る志村、近景には戯れ始める女性従業員と支配人【図4-2】。ショット内で視覚的に「衝突」が作り出されると同時に、緊迫した場面にはそぐわない陽気なラテン音楽がモンタージュされるのである。物語の構成上、この音楽はもちろん志村の耳に届いていると観客は理解する。だから音楽に乗せて体を揺らす二人をガラス越しに見て苛立つ志村に感情移入する【図4-3】。さらに次に挿入されるのは感づいて階段をゆっくりと歩く犯人の脚のクロースアップだ【図4-4】。

一方、犯人の恋人と三船がいるアパートでは、耳の遠い管理人が、志村が話そうとしている三船ではなく犯人の恋人を誤って呼びにいってしまう。彼らは犯人が恋人に電話をよこしたのかと勘違いし、電話口に緊張した面持ちで向かっていく。だが、受話器から流れてくるのは陽気な『ラ・パロマ』だ【図4-5】。「物語世界の音」として聞こえてくる音楽が画面を異様な空気で包み込む。想像できない状況にいっそう緊迫する空気。彼らは黙って受話器を見つめるしかない【図4-6】。交互にカットバックされるホテルとアパート、この二つの空間はいま、一本の電話線によってつなげられている。シーンに合わせてラジオから流れる音楽と受話器から聞こえる硬質な音響を見事に使い分け、観客を聴覚によって異なる空間に導いてゆく。

恋人はゆっくりと訝しげな表情を浮かべて電話を取る【図4-7】。ここでも黒澤は縦に対照的な空

図4-1～4-12 『野良犬』
(黒澤明，1949)

間を視覚的に構成する。切迫した状況の三船たちに対して、光景の中央に何かつまみながら茶をすする管理人が配置されているのである。映像と音響を総動員して日常／非日常を一つの画面で衝突させているのだ。

続いてホテルのシーンになると、志村がいる電話ボックスのガラス越しに一瞬、犯人が逃走するのが映される【図4－8】。すぐに追いかけるとアパートに切り替わって受話器から銃声が鳴り響く【図4－9】。再び受話器から聞こえてくる『ラ・パロマ』【図4－10】。犯人に撃たれる姿をあえて見せずに、別の空間にある受話器の硬質な音響で間接的に伝える手法は、後に北野武が発展させる、不可視化することで観客の想像力に訴える映像技法にも通ずるだろう。続いて音楽はそのままにホテルのぶら下がった受話器をカメラが捉える【図4－11】。ゆらゆらと揺れる受話器が『ラ・パロマ』のリズムと重なってくる。従業員たちの驚愕する視線の先にあるのは、銃撃を受けて悶え苦しむ志村の姿だ【図4－12】。視覚・聴覚に訴える「対位法」を使って、それまでには見られなかった実験が功を奏したシーンだといえるだろう。

この「対位法」がもっとも顕著に現れているのが有名なラストシーンの決闘であり、現代の映像表現にも大きな影響を及ぼしている。駅構内で三船が犯人を見つけ追いつめてゆく。舞台となるのは林の中である。犯人が三船にピストルを突きつける。向かい合う二人。息が詰まるような沈黙が流れる【図4－13】。すると不意に緊迫したムードを突き破るピアノの音色が聞こえてくる。気怠そうな主婦がピアノレッスンで奏でるクーラウの『ソナチネ・アルバム』第1巻第1番である。軽快なテンポの明るい楽曲が死を目前にした場面を異化する。犯人は聞こえてくる日常のピアノレッスンの音に感化されて痛ましい表情を浮かべる。そして発砲——銃弾は三船の腕を撃ち抜く。その音に反応してレッスンを中断し、主婦は外を見やるも眠そうに目を擦ってピアノの前に戻っていく【図4－14】。

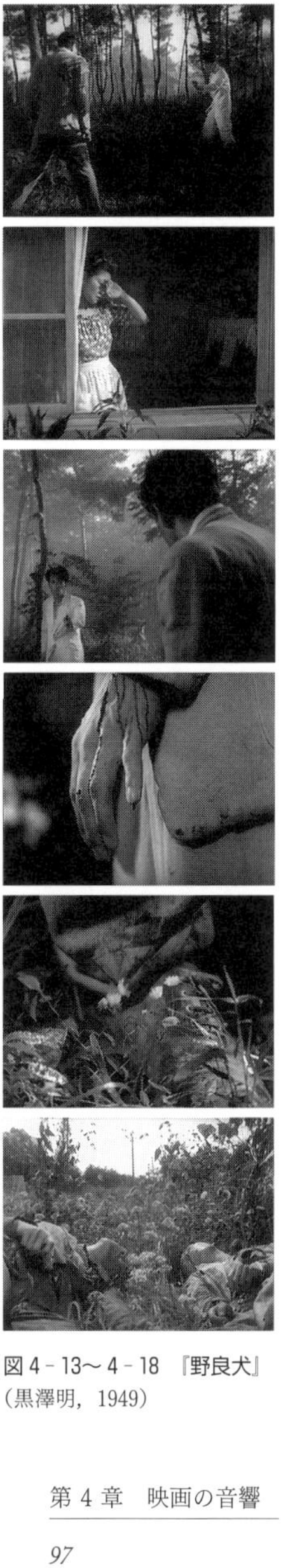

図4－13〜4－18　『野良犬』（黒澤明，1949）

再び林の中に戻ると、今度は刑事と犯人が反対に配置された構図になる【図4－15】。黒澤はイマジナリー・ラインを破ることはほとんどないし、このシーンでも主婦のショットが挿入されていることから厳密に文法に違反しているとはいえないが、この反転はやや意表をつかれる。犯人／警官に分かれた二人のこの入れ替わりの構図による演出は、元復員兵だった三船と犯人が一歩間違えていたならば立場が逆転していたかもしれないということに関係しているだろう。本作では映像と台詞でその反転性が描かれている。ここでは構図によって人物の宿命の置換可能性を描出しているのである。次のショットも血が流れる三船の手【図4－16】、足下に咲く小さな花という対立のモンタージュになっている【図4－17】。この間、再びレッスンを開始した主婦のピアノが聞こえ、それに犯人が発砲する銃声が重なる。「ピアノ／銃声」、「主婦の退屈な時間／男同士の死闘」という「日常／非日常」のショットがモンタージュされ、異質なものの衝突が異様なテンションを作り上げて観客の聴覚／視覚に訴えかけるのだ。

弾をきらした犯人は再び逃亡、それを追いかける三船。二人は小川の中でずぶ濡れになって格闘する。そして行き着くのが花畑である。この場面にはいっさい伴奏はついていない。死闘の息づかいだけが緊迫感を煽る。やっとのことで手錠をかけると二人は倒れ込む。そのシンメトリーの構図が、刑事／犯人という二人の立場の違いを無効化するかのようだ。そして画面手前の並んで倒れた二人のショットに童謡『蝶々』を歌いながら歩く子供たちの一団がフレームインしてくる【図4－18】。犯人がふと空を見上げると光に照らされた野の花が風に揺れ、蝶々がその花にとまる。子供たちの無垢な歌声をバックに突如、犯人は慟哭する。絞り出される痛ましい犯人の泣き声と高らかに聞こえてくる純真無垢な子供たちの歌声――。黒澤と早坂の「対位法」の強烈な効果が発揮されて映画はクライマックスを迎える。

黒澤以降も「対位法」はしばしば試みられてきた。現代の観客ならば『ヱヴァンゲリオン新劇場版：破』（二〇〇九）をあげる者が多いかもしれない。アスカが搭乗していた起動実験中のヱヴァ参号機が使徒に乗っ取られて暴走、シンジはアスカが乗っていることを知って拒絶するが、初号機がダミープラグで参号機を破壊する無惨なシーンで『今日の日はさようなら』が流れる唐突な違和感。あるいは疑似的サードインパクトが発生し、人類が滅びかけているところにも、明らかにその場面とはそぐわない『翼をください』が付される。こうしたシーンは、「対位法」による異質さを醸成することはできているが、やや「あざとさ」を感じさせるのも事実だ。黒澤は「対位法を意図した時、その音源を写したカットを入れて、音がどこから出ているかを必ず説明している」*2。事実、「現実に聞こえてくる音じゃないと、ああいう効果は出ない」*3と黒澤自身も語っているように、黒澤映画では意表をつく音楽を「対位法」として使うときには「物語世界の音」として演出しているのだ。『ヱヴァンゲリオン新劇場版：破』の二つのシーンは、楽曲の不自然さに加え、伴奏として処理していることが、唐突すぎると感じられるのかもしれない。

ソビエト映画『狙撃兵』（一九三二）を初めて観たとき黒澤も早坂も狂喜したという。彼らが影響を受けたのが馬の死骸に隠れているドイツ軍の狙撃兵を、ロシア兵士が刺し殺そうとじっと待っているところに、塹壕からレコードの音楽『サ・セ・パリ』が流れてくるシーンだ。豪雨の中じっと敵を殺す瞬間が来るまで耐え忍ぶ男に付される陽気な音楽の効果。音楽だけではない。たとえば『野良犬』における前景の逼迫した状況にある三船たちと後景で茶を啜るアパートの管理人、手前で悶える犯人と刑事の奥に横切る無垢なる幼児。あるいは『酔いどれ天使』の死闘の場面で不意に挿入される買い物をする医者のシーン。黒澤映画では一つのショットの内部、シーンとシーンの間、映像と音の間で、頻繁に異質なものが「遭遇」する。そのようにして生み出された対立＝衝突が黒澤映画の独自の世界観を形づくっているのである。

2 北野武の音響設計――フレームによる（不）可視化

可視化される暴力と音像

図４－19～４－20　上『用心棒』(1961)，下『椿三十郎』(1962)ともに黒澤明

黒澤明は、監督デビュー作である『姿三四郎』（一九四三）のアクションシーンですでにスローモーションを試みていた。その後、『七人の侍』（一九五四）などの時代劇映画における殺陣の場面でも効果的に使用し、国内外の作品に影響を与えたことはつとに知られている。また『用心棒』（一九六一）では、グロテスクで生々しい殺傷の瞬間を可視化した【図４－19】。こうしたアクションシーンでの生々しい傷跡の可視化とスローモーションの効果的な使用が、アメリカン・ニューシネマの『俺たちに明日はない』（アーサー・ペン、一九六七）や『ワイルドバンチ』（サム・ペキンパー、一九六九）に少なからず影響を及ぼしていることは明

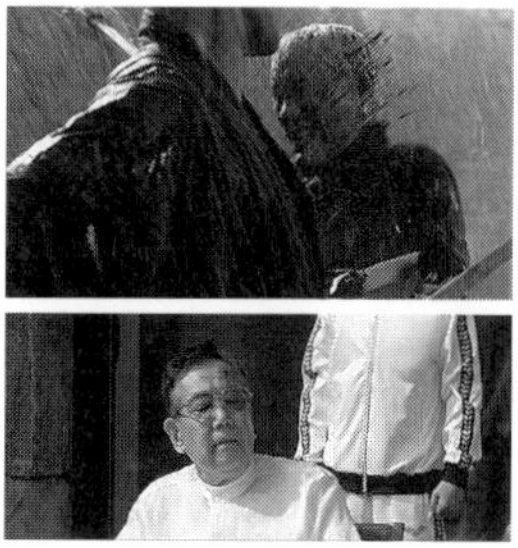

図4-21〜4-22　上『座頭市』（2003），下『アウトレイジ』（2010）ともに北野武

らかである。

　黒澤のチャンバラのシーンにおけるもう一つの画期的な音響の使用は、刀で切ったときのバサッという凄まじい斬撃音を使ってそれまでにはなかったリアリティを生み出したことである。実際に切ってもそのような音はしないが、『椿三十郎』（一九六二）の凄惨な効果音は、主流だった様式的な時代劇を否定し、「残酷時代劇ブーム」をもたらしたのである【図4-20】。彼は殺陣で踊りの道具として美しく振り回されていたにすぎない刀を、「音」を媒介にすることによってリアルな凶器として観客に実感させた＊4。黒澤時代劇は、後世に多大な影響を与える映画的リアリズムを確立したのだ。

　北野武は黒澤映画の感性を継承している現代の映像作家の一人である。たとえば『座頭市』（二〇〇三）の冒頭の殺陣の場面。市が振るった刀が相手を切るや、凄まじい斬撃音が鳴り響き、『椿三十郎』のごとく血しぶきが吹き上がる【図4-21】。ここでもアクションはスローモーションによって印象づけられている。あるいは『アウトレイジ』（二〇一〇）のラストシーン、暴力団の山王会若頭を演じる三浦友和が裏切りを働き、杉本哲太と北村総一朗を射殺する場面は、銃を取り出して発砲し、弾が身体に直撃する様子を、黒澤の『用心棒』のごとくありのままに見せる【図4-22】。ここでもやはりスローモーションの効果が存分に発揮されている。こうした技法は映画ならではの視覚・聴覚に訴える表現だが、北野は常にこのような「見せる」美学を貫いていたわけではない。むしろ「見せない」ことによって観客の想像力に訴えかける映画技法を駆使していたのだ。

不可視化される暴力と音響の前景化

『BROTHER』（二〇〇一）のラストシーンでは、ビートたけしがマフィアに蜂の巣にされる。ここで北野が採ったのは、『俺たちに明日はない』の最後の場面で主人公たちが待ち伏せされ、蜂の巣にされるような銃撃をひたすら観客に見せつけるのではなく、その傷を徹底して「不可視化」することで凄絶さを演出する手法である。ビートたけしは死を覚悟し、酒場の扉を開け放ち、銃を構えるマフィアたちのもとへと向かっていく。ただし、カメラは背後からビートたけしを追いかけるものの、扉の手前で静止し、そのまま銃でぶち抜かれる扉を映し続ける。短くモンタージュされるのは、けたたましい音を立てて振動するマシンガンのディテールショットだけで、観客は扉に次々に空いていく「穴」と凄まじいライフルの「音」によって彼が犬死するのを屋内から間接的に知覚することだけが許されている【図4－23】。

図4－23『BROTHER』
（北野武，2001）

むしろその「穴」と「音」の媒介性／間接性によって、想像力が掻き立てられ、死を視認する以上の効力を発揮するのである。この間、黒澤明のようにスローモーションでアクションを描きながらも、カメラはいっさいビートたけしの身体に打ち込まれた銃弾を捉えることはない。

他の作品でもこうした手法は使われている。『アウトレイジ ビヨンド』（二〇一二）の終盤のシーンで、ビートたけしは山王会元会長を演じる三浦友和にパチンコ屋で復讐を果たす。この場面がどのように視覚的／聴覚的に構成されているか。まず店内のパチンコ台に座る三浦友和を横からドリーショットで捉える【図4－24】。店内の騒音が響くなか、続いて同じく横からのミディアム・ショットに切り替わる。何でもない光景にもかかわらず、この辺りからスローモーションが使用され、観る者はどこか違和感を覚える。パチンコ台と三浦の間にある空間（ルッキングルーム）に、ゆっくりと座る人物が映し出される。復讐にやってきたビートたけしである。とはいえ、この時点で三浦の奥に座るたけしにはフォーカスは当てられない【図4-25】。そして音響が止み、まったくの非リアリズム的空間が立ち上がる。

図4-24〜4-27
『アウトレイジ ビヨンド』
（北野武，2012）

店員を装う李（白竜）が口を塞ぎ、たけしが包丁で三浦の腹を突き刺す【図4-26】。この間の描写では、スローモーションはずっと続くものの、繰り返し包丁が抜き差しされるその部位は徹底してフレームアウトされる【図4-27】。これは通常、残忍なシーンやグロテスクな場面を演出するのとは逆の発想からくる画面設計だ。店内の雑音がすっと消え、スローモーションで単調な殺傷行為が反復する。そして、ただ生々しくグロテスクな包丁の音響だけが鳴り響く。北野武は視覚的情報を縮減し、急遽、聴覚を集中的に刺激しながら観客の想像力を最大限に引き出すことによって、黒澤明とは異なる手法で、この行為の残忍さを演出しているのである。北野映画には、このような視覚と聴覚、フレームと演技を駆使した、「映画的」としかいいようがない手法が満ち溢れているのだ。

3　〈音〉と映像の表現――マーティン・スコセッシ『ディパーテッド』

声／聴覚を駆使する

映画における音響は、想像以上に大きな効力を持っている。たとえば主人公のナレーションを終始挿入して物語ると、映画はその人物から見た一人称の世界に感じられるし、映像がコミカルな描写であっても悲愴な音楽が添えられると、まったく楽しいシーンにはならない。映画がサイレントからトーキーになり、映像にさまざまな音響が付けられるようになったとき、映像作家たちは苦心して「音」と映像の効果を思考してきた[*5]。

忘れてはならないのは、無音と思われがちな「サイレント映画」に音がなかったわけではなく、生演奏がついた上映形態が基本で、映画館は音に満ちていたという事実である。さらにいえば、日本の無声映画の時代には、楽団の演奏に加えて活動弁士という独自の存在が登場人物の台詞やナレーションをスクリーンの外部からリアルタイムで与えていた。このような日本特有の活弁は、人形浄瑠璃などの伝統芸能との連続性が指摘されているが、いずれにせよ、日本におけるサイレント期の映画館は、ライブで添えられる声と音楽に満ち溢れたライブ・パフォーマンス空間であった。活動弁士にはそれぞれ個性があり、シリアスな作品を喜劇的にすることも、喜劇に悲哀をもたらすこともできた。カリスマ的人気の活動弁士は、映画スターを超える人気を保持していたともいわれ、スクリーンのそばから物語を支配する強力な存在だったのだ。ともあれ、ここで見ていきたいのは、トーキー以降の映画の「音」についてである。

マーティン・スコセッシが撮った『ディパーテッド』のオープニング・シーンは、マフィアのボスであるジャック・ニコルソンと、彼に育てられ、後に内通者となって警察組織に潜り込むマット・デイモンの関係が描かれている。この場面では残忍なニコルソンの人物造形が描かれると同時に、幼少期のデイモンを教育する支配者と被支配者の関係も描写する。むろん、演じているのは子役である。長い時間、顔が影で覆われていたニコルソンは【図4-28】、次第に暗闇から顔を見せる【図4-29】。会話の途中でショットが子供へと切り返され【図4-30】、大人になったデイモンの姿を捉えるクロースアップへとマッチカットでつながれる【図4-31】。このとき、ニコルソンは次のように語る。

ガキの頃言われた／警官か犯罪者になるとな／俺ならお前にこう言う／銃と向き合えば、違いはねえ／そうだろ［When I was your age, they would say we could become cops or criminals. Today what I'm saying to you is this: when you're facing a loaded gun, what's the difference? That's my boy.］

図4-28〜4-31『ディパーテッド』
（マーティン・スコセッシ，2006）

改めて確認すると、このシーンはニコルソンが語りかける幼少期のコリンの顔のクロースアップから、大人になって警察学校で訓練するマット・デイモンの顔へと切り替わる。重要なことは、少年から青年へと時空が一気に飛ぶにもかかわらず、少年に語りかけたThat's my boyという声だけは、時空を超えて持続する点である。ここではまったくリアリズムは求められていない。むしろボスの「声」がそのまま大人のデイモンのシーンにもかぶされることによって、彼がずっとボスのもとで育ち、大人になって警察学校に行っても支配下にあることを的確に伝えている。映画の視覚・聴覚情報をあえてずらすことで、人物の関係性が心理的に感受されるのだ。

酒場のシーンにおいても、音に関わる興味深い表現が見られる。潜入捜査のため警察学校を追い出されたことにして犯罪歴を作ったディカプリオが刑務所から出てくると、ニコルソンの組織に近づこうと酒場に赴く。通常なら位置関係がわかるようにエスタブリッシング・ショットかマスターショットで始まるところだが、このシーンは前の場面のディカプリオが売人のいとこと車で音楽をかけて走るショットから【図4-32】、いきなり酒場の内部の場面に切り替わる。最初に映し出されるのはニコルソンの手下二人が並ぶツーショット【図4-33】。音楽が止み、唐突に静けさに覆われるショットだが、二人の男のミディアム・ショットのため、観客はそこがどこだか初めはわからない。

そのショットのまま「サツじゃない。ムショに入ってた」という声が聞こえてくるが、声を発しているのは画面の中のどちらでもない。ディカプリオのことを噂していることだけが伝わってくるが、あらゆる情報が制限されているため観客はやや混乱する。そしてディカプリオの視線を捉えるクロー

図4-32〜4-37
『ディパーテッド』
（マーティン・スコセッシ，2006）

スアップが続く【図4-34】。彼についての話はまだ音声として継続して聞こえてくる。再び手下のショットに戻ると、ようやくそのうちの一人が「親父を知ってる。ジャッキーは伯父だ」と話し、画面の人物と音声が一致する。だが、カメラが寄って背景の情報を示さないため、人物同士がどのように配置されているのかもわからない。

次のショットでやっと最初から聞こえていたのが、いとこの声だと確信でき、彼らがいる場所もバーだとわかる。画面と音声がバラバラになり、マスターショットがあえて後ろに挿入されていることで位置関係を探ろうとする観客を巻き込んでいく。一気に情報が開示されるとディカプリオが彼らとはやや離れたカウンターにいることがわかる【図4-35】。いまだディカプリオの話題は尽きない。全体が可視化されたショットはディープ・フォーカスだったが、次の瞬間、カメラ・ポジションを大きく変えたシャロー・フォーカスで手前の酒瓶だけぼかしつつ、その間から覗いた遠景に座る男たちにピントをあてたショットになる。ここで挿入されているのは「聴覚的主観ショット」というべき秀逸な技法である【図4-36】。

微妙に離れた位置にいるディカプリオが一味の集う酒場に入り、警戒するように自分を噂する話の内容に聞き耳を立てていることを間接的に映像で伝えているのだ。その証拠に次のショットで鋭い視線を画面右側に送るディカプリオの顔のクロースアップに再び戻る【図4-37】。遠景で話す男たちのみを焦点化したこの「聴覚的主観ショット」は、ディカプリオの「意識の視線」、あるいは「盗み聞きショット」とも表現できるかもしれないが、ともあれこの場面のショットは音声が主導権を握り、全体像が示されたかと思えば、突然、聴覚的な意識を視覚的に語る秀逸な表現である。そしてこの直後にはスコセッシの作劇的特徴ともいえる〈静〉から〈動〉へと瞬時に画面が変化する圧巻の暴力シーンが続く。

4 〈声〉のメロドラマ――篠田正浩『心中天網島』

篠田正浩――『心中天網島』（一九六九）

一九六〇年に監督デビューし、前衛的な現代劇を連続して撮った篠田正浩は、松竹ヌーヴェル・ヴァーグという称号を与えられるが、一九六六年に松竹を離れてフリーになると、翌年、独立プロダクション表現社を設立した。ちょうど一九六〇年代中頃から篠田は初期の文体から距離を取り、次第に時代劇や古典芸能を掘り起こしながら独自のスタイルを構築していく。特に近松門左衛門の人形浄瑠璃を原作として、黒子を登場人物として可視化しながらスタイリッシュに翻案した低予算映画『心中天網島』は、篠田の確立した映像表現の一つの到達点であり、キネマ旬報ベスト・テン第一位にも選出された。

まずはあらすじを確認しておこう。妻子ある身である大阪天満御前町の紙屋治兵衛（二代目・中村吉右衛門）は、曽根崎新地紀伊国屋の遊女・小春（岩下志麻）と愛し合っていた。二人の情死を案じた治兵衛の兄は武士に扮し、小春に会いに行って治兵衛と別れるよう諭すが、彼女は治兵衛と死ぬつもりはないという。それを立ち聞きしていた治兵衛は、怒り狂って小春からの起請文を投げつけ、帰って行った。数日後、悔し涙を流している治兵衛を見た妻のおさん（岩下志麻：小春との一人二役）は、小春の心変りは自分が手紙で頼んだからだと打ち明ける。おさんは小春が自害するのを恐れ、治兵衛に身請けの金を用意させようとする。ところが、おさんの父が家にやってきて強引に治兵衛とおさんを離別させ、彼女を連れて行ってしまう。それから間もなく愛を確かめ合う治兵衛と小春は網島の大長寺で心中した。

映画は人形浄瑠璃の稽古と思しき場面から始まる。だが、まず驚かされるのが、そのシーンに付される音声である。電話のベルが鳴り響き、受話器が取られると「富岡さんですか。篠田です」と監督である篠田正浩と本作の脚本家の一人である富岡多恵子の打ち合わせの対話が流れるのである。すなわち、終わりのシークェンスをどうするかという作品以前の「製作のプロセス」をそのまま可視化することから物語を開始しているのだ。奇抜なアイデアはそれだけではない。映画には黒子が登場する。観客は黒子が出てくると「慣例」に従ってこれを「見えないもの／いないもの」として観ることになる。ところが、こうした約束事はすぐに無効化される。なぜなら黒子の眼差しや白い吐息までもがクロースアップされ、無視して観ることはもはや不可能だと気づかされるからだ。むしろ黒子は映画が進むにつれて積極的に物語に介入し始めるのである。

不可視なものの可視化――映画の舞台裏（製作過程）は通常見せないものであり、文楽・浄瑠璃では黒子は「見えないもの」として鑑賞される。だが、篠田は「舞台裏」という「見えないもの」を可視化し、黒子という「見えない存在」を登場人物に仕立て上げた。公然と慣例を破って不可視化されたものを暴露してしまうのだ。この黒子の役割について、まずは考えておこう。

この作品における黒子は、物語に介入し、登場人物の秘密を覗き見したい観客の代行者である。たとえば治兵衛の兄が小春が持っていた手紙を開けた瞬間、人物の動きが止まり、背後に位置していた黒子がその手紙を取り上げてカメラ＝観客に見せる。手紙の内容が見たいと思う観客の欲望のままに黒子は物語を中断し、代行する存在になる。私たち観客はスクリーンという境界を突き破り、黒子を媒介にして物語に介入することになるのだ。この時、登場人物は物語を進行する役割を奪われ、黒子の支配下に反転する。

このように考えると黒子は観客にとどまらず、監督の代行者にもなるだろう。すなわち「黒子―俳優」という「支配—被支配」の関係は、「監督—俳優」にも置換できるということである。人形浄瑠璃とはそもそも人形遣いが人形を操って芝居をさせるものだ。本作が近松門左衛門作の人形浄瑠璃を原作とし、オープニングが文楽の稽古の場面で始まっていたことを思い出そう。この作品は人形遣いである演出家と人形＝俳優を相似的に語る物語でもあることが見えてくるだろう。事実、序盤で主人公が河庄へ赴く場面では人物が突として静止し、マネキン（人形）のようになる。治兵衛と小春の芝居も操られているかのように嘘っぽく棒読み、明らかに不自然な演技をしているのだ。

本作における黒子は舞台の補助的役割から物語世界の主役、人形（俳優）たちの運命を司る死神へと変貌してゆく。いわば黒子は「運命」の現前化である。ラストシーン、心中を決意した二人を橋の上で手招きする黒子。小春を斬った治兵衛は黒子たちに導かれて高台にしつらえられた鳥居へと向かっていく。梯子を登って治兵衛の首に巻く紐を結び、踏み台を蹴飛ばすのは黒子である。もはや心中とはいいがたい公開処刑——。最後には俳優が人形のごとく非主体化し、黒子のほうが主体化するのである。

音楽の話に戻ろう。この作品は日本の古典を前衛的な表現で映画化したものだが、アヴァン・タイトルで挿入されるのはインドネシアの民族楽器ガムラン、不安を煽るような音が作り出す混沌と狂騒のサウンドデザインによって観客は一気に異世界へと誘われる。タイトルバックの直後、橋を渡る治兵衛が団扇太鼓を叩く僧たちとすれ違う。さらにラストシーンで治兵衛の死に重ねられるのは、トルコの笛と太鼓のコラボレーションだ。音をデザインした武満徹は、浄瑠璃を連想させる三味線をほとんど使うことなく、むしろ日本の伝統芸能の世界にはおよそそぐわない民族楽器の異色の組み合わせでエキゾチックな音色を組み合わせた。こうした異種混淆性はプリミティヴな欲動を代理するかのように、本作の愛慾と悲劇の物語世界を見事に表現している。

音響設計の面で特筆すべきは二人の逃走のシークェンスである。この場面で「火の用心」が遠くから聞こえてくるあたりから音が極端に制限される。橋を駆け抜ける二人の足音も、かなりの勢いで降り注ぐ雨音もいっさいが奪われ、聞こえてくる音が二人の吐息や会話のみに限定される。他の環境音はすべて映画から排除されてしまうのだ。このシークェンスに響き渡っているのは「二人だけの対話」である。この不自然な音響設計からも、「無音」がどれほど効果的な映画の「音」かはいうまでもない。ハイライトとなるこの場面における音のデザインは、世界（社会）から切り離された二人の愛や逼迫感を視覚と聴覚の相乗効果によって的確に演出することに成功しているのだ。

注

1　西村雄一郎『黒澤明——音と映像』立風書房、一九九八年。以下の黒澤映画の分析は本書を参照しながら発展させた。
2　同前、八五頁。
3　同前。
4　長谷正人「占領下の時代劇としての『羅生門』——「映像の社会学」の可能性をめぐって」、長谷正人・中村秀之編『映画の政治学』青弓社、二〇〇三年、四六頁。
5　映画の音／音声に関しては、ミシェル・シオンが『映画にとって音とは何か』川竹英克訳、勁草書房、一九九三年や『映画の音楽』小沼純一ほか訳、みすず書房、二〇〇二年で体系的に理論化を試みているので参照のこと。

第5章

映画の境界

1　境界で物語は生起する――宮崎駿、大林宣彦、溝口健二

宮崎駿――『千と千尋の神隠し』（二〇〇一）

映画やアニメにかかわらず視覚的な表現媒体は、小説など文字中心のメディアとは異なる表現を追求する。すなわち台詞や文字ではなく、画で語ることを重視するためにさまざまな視覚的な装置を使用するのだ。本章では「境界」によって画面内を意味づける視覚的な語りを見ていくが、まずはわかりやすい例として宮崎駿のアニメーションを取り上げてみよう。

『千と千尋の神隠し』の序盤、千尋が両親と車で引越し先へと向かって山道を走っていると奇妙なトンネルに行き着く。そのトンネルは現実世界と八百万の神々が住む異界をつなぐ「境界」の役割を果たしているが、この場面では千尋のすぐ横に石像が置かれている。これもまた明確な意味を担う。興味本位でトンネルを通り抜けようとする父親に対して、嫌な予感がしたのか「戻ろうよ」という千

尋。そして彼女のＰＯＶショットで示される視線の先に映し出されるのが、二つの顔を持つ石像である【図5-1】。

もちろんここには重層的な意味が込められているだろうが、真っ先に想起されるのは前後に顔が二つあるローマ神話の双面神・ヤヌスだ。入口／出口の扉を司る守護神であるヤヌスは、過去／未来、内面／外面、始まり／終わりのシンボル――境界の門番である。二つの世界の境界としてトンネルを配置するだけでなく、この二つの顔をもつ石像を加えた効果は大きい。これがあるとないとでは、境界の意味がまったく異なるからだ。

図5-1　『千と千尋の神隠し』
（宮崎駿，2001）

ヤヌスとしての石像は、現実／夢（虚構）の二つの世界を描いた物語や、千／千尋、すなわち「千」と名付けられるヒロインが「千尋」という本当の名前を取り戻す物語（ハクがコハク川の神であることが明らかになる物語）、あるいは靴を拾おうとして川に落ちた喪失した記憶を千とハクが思い出す過去／現在の物語を象徴する存在なのだ。

映像に埋め込まれたガジェットやセット、あるいは切り取られた背景は、物語においていかなる意味を代理表象しているのか。こうしたフレーム内部に映し出されたあらゆるモノの機能や効果に敏感になれば、作り手は作品をもっと豊かにすることができ、観客は作品をより豊かに享受することができるだろう。

大林宣彦――『転校生』（一九八二）

尾道三部作の一作である『転校生』は大ヒットした大林宣彦のジュブナイルＳＦドラマである。サトウ・ハチローの「あべこべ玉」（一九三四）に着想を得たと思われる山中恒の『おれがあいつであい

図5-2〜5-3　『転校生』
（大林宣彦，1982）

つがおれで』（一九七九〜八〇）を原作とする本作は、一夫（尾美としのり）のクラスに転校してきた幼馴染の一美（小林聡美）と肉体が入れ替わってしまう奇想天外な性転換物語である。異性の肉体を手にした二人は、苦難の末にようやく最後に元の身体に戻り、今度は一夫が転校することになる。映画は尾道を去ってゆく一夫と一美の別れを描いてエンドロールを迎える。

この作品の肝要な部分は、思春期における未知なる異性の身体の経験であり、換言すればそれは自明だった世界からの旅立ちである。「一線を越える」ことを映画は視覚的にいかに表現するか。『転校生』では体が入れ替わってそのことに気づく直前【図5-2】、そして物語の終盤で元に戻る直前に二人が踏切を通過するショットが挿入されている【図5-3】。後述する境界としての「橋」と同じように「踏切」は、映画史において何度も描かれた越境のクリシェである。

踏切は本作のように通過儀礼として一線を越えて向こう側へと渡る「越境」のメタファーとして機能する場合もあれば、小津安二郎の『麦秋』のように家族の離散を悟ったヒロインの父が線路を渡りかけたときに目の前に降りてくる遮断機のように、その先へと進むことができない「分断」を代弁することもある。リュミエール兄弟の『列車の到着』から新海誠のアニメーションまで、電車や踏切は映画史の中で何度も繰り返し描かれてきた。ずっと続いていく線路や運動を刻印する電車、停止を表す遮断機や踏切は、〈意味〉を視聴覚的に語る有効な物語装置なのである。

溝口健二――『瀧の白糸』（一九三三）

映画に現れる無数の「線」――。映画は「境界」を描くのに長けたメディアである。これから語られようとしている映画の「境界」とは、スクリーンに現れる多義的な意味での「線」のことである。その一つにフレームがある。フレームとしての映画の「線」は、スクリーン上に「見えるもの／見えないもの」を分離する。これは映画や写真に特有のメディア的性質であり、平面上のフレームをもたない演劇には見られない「線」である。

もちろん、フレーム以外にも、セットや風景――ドアや障子、テーブル、道、線路――によってスクリーンの内部にも線は引かれる。あるいは人物が移動することによって引かれる「線」、ロケットが飛んだり、隕石が落下したりすることで得られる「線」、いわば一見して捉えがたい「動線」もある。映画を作る者や観る者は、この「映画的な線」（cinematic line）に敏感にならなくてはならない。映像の「線」は説話とは別の次元で画面上を境界づけて物語の〈意味〉を生み出しているからだ。

日本の映画作家でスクリーンの境界や線に自覚的だったのは溝口健二である。泉鏡花の小説を映画化した『瀧の白糸』は何度も翻案されているが、溝口版は時の大スター岡田時彦と入江たか子が共演して大いに話題になった。日本初の本格的なトーキー映画は、一九三一年の『マダムと女房』だが、一九三〇年代は無声映画とトーキーが並行して製作されており、無声映画である溝口版『瀧の白糸』は活動弁士が声をあてて上演された。したがって、人物を画面のどこに配置し、いかに動かすかが物語上の〈意味〉を伝えるのに非常に重要だった。

『瀧の白糸』は水芸人を演じる入江たか子が、学問の道を志す貧しい岡田時彦に惚れて仕送りの約束をするものの、金の工面に際して人を誤って殺してしまい、検事になった岡田に法廷で裁かれる悲恋物語である。最後に二人が自殺する新派のメロドラマだが、ポイントは学生と芸人とが住む世界が

図5-4〜5-7　『瀧の白糸』
（溝口健二，1933）

まったく異なる身分違いの恋という点だ。明治維新後の新時代、大学生は数少ない本当のエリートであり、芸人とはまったく交わることのない別世界の人間であった。こうした絶対的な身分の違いがある二人を、溝口は橋を媒介に再会させる。

序盤にある再会のシーンはまず、月夜の晩、心地よい風に誘われて入江が金沢の浅野川に架かる橋のたもとで佇んでいるショットから始まる【図5-4】。彼女は橋上で眠っている一人の青年の姿を認めて見上げる。このロングショットでは橋の上に男子学生を、橋の下に女芸人を配置し、橋の線が階級の違いと、二人の愛を切断するかのような境界線を形づくっている【図5-5】。入江は自分の立つ場所から彼に話しかけるために上にあがってゆく。ところが岡田はそれが以前、馬に乗せて走った女性だということにまったく気づかない。前半の二人のダイアローグは切り返しでつなぐか、二人を画面におさめてもロングショット／ミディアム・ショットだが、入江が相乗りをした女であることがわかるとカメラは寄りになって、二人がバストショットで捉えられる【図5-6】。余白が狭くなり、親密感が画面上に作り出される。今度は岡田が歩き出し、入江が先ほど立っていた橋の下に降りてゆく【図5-7】。境界線が引かれた二つの領土をお互いが越えることを上下の運動によって映像化しているのだ。上下の空間を効果的に使った演出は、この後に展開される愛の物語を予見している。

映画に現れる「橋」は、異なる二つの場所や領域を結びつける役割を果たす。橋によって引かれた境界線は二つの場所を分断し、あるいは結びつける媒介として機能し、人物の関係性を視覚的に物語っていくのである。

溝口健二――『西鶴一代女』(一九五二)

溝口健二は戦後においても階級の差とそれを越えようとする人間のドラマを視覚的に描こうとした。たとえば『雨月物語』(一九五三)の貧しい農民の藤兵衛は地位や名誉を欲して武士になろうとする。その過程で身分の高い殿や武士を上方に、藤兵衛は低く頭を下げた状態で描かれているが、彼が褒美に馬と鎧と家来をもらって武士に成り上がると画面内の上に、侍衆や町人を下に配置することで人物の関係性を描く。このような空間を使った演出の最たる例は『西鶴一代女』である。

この作品では身分の高い田中絹代と低い三船敏郎の恋愛が描かれている*1。彼の求愛のシーンでは、まず女の住まいに赴いた男が部屋の前でひざまずく。目の前には障子がある【図5-8】。むろんこれは二人の間に引かれた境界線だと思ってよい。この不義密通のドラマに溝口は、視覚的なラインをいかに組み込んで空間設計したか。境界としての障子を若い武士が開け、先日渡した手紙を読んでくれたかと問いかける。そんなものは焚いてしまったと答える田中絹代。相思相愛だが身分の違いからその気持ちを押し殺している彼女は、男の想いが綴られた手紙を読んでいないと嘘をつく。この時点で二人は同じ地平にいてはならない。田中絹代は、土の上にしゃがんだ状態の三船に対し、地面より高い位置の部屋に立つ。ここでも身分の差とそれによる境界が視覚的に構成されていることがわかる【図5-9】。

図5-8～5-15 『西鶴一代女』
（溝口健二，1952）

次に三船の正面に切り返したショットでも、画面手前に立つ女性をミディアム・ロングショットで、画面の奥に座った男性をロングショットで捉え、二人の階級差が高低の構図で描かれている【図5-10】。自分の真心を伝えながら次々に障子を開け放つ三船敏郎。逃げるように部屋を往復する田中絹代。そしてついに男は、自分の身分の卑しさに触れると同時に、外と内の境界を越えて部屋の中に入り込む【図5-11】。長回しで二人の視覚上の身体の運動と台詞の掛け合いが捉えられ、垂直関係から水平関係を経た後、三船が謝ろうとして再び垂直関係へと戻る【図5-12】。

だが、今度は田中絹代のほうが若い武士のいた地面へと降り立ってしまう【図5-13】。この場所で彼女はようやく真実を語り始める。男の手紙を読んだこと、どれだけ思ってもらっても一緒になれないこと、彼女は男と同じ低い場所に立ち、本心を打ち明ける。それなら逃げて所帯を持とうと訴える男の気持ちを受け、二人はきつく抱擁する【図5-14】。すると彼女は気を失って地面に倒れてしまう【図5-15】。このシーンの後、男は打ち首にあって殺される。

このシーンでは、お互いの想いを伝えたり、受け止めたりと身分違いの恋のスリリングなドラマが、外／内、地面／部屋を分かつ境界線上で展開する。次々と開け放たれる障子が身分の異なる二人に引かれた心の境界を溶かしてゆく。身分の違いとして境界づけられた映画的な線を、二人は越境しながら、男は女の領分に、女は男の領分に入り込む。そのようにして破壊されていく境界が消滅すると、二人は同じ高さの地で、融合するのである。長回しでありながら、この二人が空間を移動して緊張感を作り出す視覚的ドラマは見事というしかない。

2　フェデリコ・フェリーニの〈断絶〉の線——『女の都』『道』『甘い生活』

『女の都』（一九八〇）

イタリア映画の巨匠フェデリコ・フェリーニは、視覚的にも意味的にもスクリーンに〈断絶〉の線を引く。それは男／女であったり、大人／子供であったり、あるいは理性／本能であったり、フェリーニ映画の登場人物たちは、決定的にお互いに理解ができない断絶を抱え、スクリーンには心を通わせることが不可能であるかのような絶望的な境界線が立ち現れる。

違う世界への入口として映画に頻繁に描かれるのがトンネルである。そして同時に、暗闇であり巨大な穴でもあるトンネルは性的なメタファーとしても機能してきた。フェリーニの『女の都』は、青色を背景にしたオープニング・クレジットが終わると、動く列車の先頭からの視点でトンネルの穴が映し出される。その穴に突入すると映像がいったん暗くなって車内で眠るマルチェッロ・マストロヤンニのショットに切り替わる。列車の揺れで激しく律動する身体。続いてボックス席の向かい側に座る、サングラスをかけた美しい女性の顔のクロースアップになる。ゆっくりとカメラが真っ黒なサングラスにズームインしていくと、レンズにはぐっすりと眠り込んだマストロヤンニが反射して映り込む。続いて同じ列車内の六人の子供たちが二人を見て飛び跳ねているショットが挿入される。

トンネルを抜けると、激しい揺れによって目覚めたマストロヤンニの視点ショットで女の脚が捉えられる。カメラ＝男の視線は、ゆっくりとティルト・アップして女性の身体を脚から顔まで見渡す。車窓から外を眺める女を、メガネをかけて凝視する男。再び男／女／子供が交互に描かれる。いつしか振動は心地よい揺れに変わり、カメラが風で窓いっぱいに拡散する水滴を捉えると、続くカットで恍惚とした女性の表情がクロースアップされる。この一連のショットに声はまったくない。ただ視覚情報だけで、性的な隠喩がスクリーンに形づくられるのだ。

『女の都』は、男が列車で遭遇した美女に惹かれ、列車を降りた彼女を追いかけていくと、フェミニスト大集会を開催するホテルに紛れ込み、その後も次々に現れてくる色んなタイプの女性に翻弄されていく話である。性の世界に迷い込んだ男の幻想＝夢だと言い換えることもできるだろう。事実、エンディングでは男が迷い込んだ女の世界が夢であったことが、眠りから覚める演出で明かされる。ともあれ、このオープニング・シーンは物語の〈意味〉を凝縮した導入になっている。

男性器としての列車が女性器としてのトンネルに突入する。フェリーニは二人の身体の律動を交互に映し出し、不自然にも複数の子供たちまでインサートしている。密着した子供たちが閉塞的な空間に閉じ込められていることからも、トンネルの暗闇が母胎であるということを物語っている。さらに窓ガラスに飛散していく水滴は明らかに射精を示唆するショットであり、その直後の恍惚とした女性の表情はオルガズムに達したことを意味する演出になっている。むろん、それは男性の一方的な眼差しによる幻想でしかない。とはいえフェリーニが水の飛散と女性の顔の快楽を描いているのは明白であり、それぞれのショットと編集が男女の性行為のメタファーとして機能していることが見て取れる。境界としてのトンネルに列車が入った瞬間に男女の性の交差が描かれ、視覚上の物語とは別に、境界上で〈意味〉が創出されているのである。

『道』（一九五四）

フェリーニにとっての浜辺は、境界を指し示す特権的な場所として設定されている。『道』は、野蛮で乱暴な大道芸人のザンパノ（アンソニー・クイン）と、頭が弱く純粋なジェルソミーナ（ジュリエッタ・マシーナ）の物語である。大道芸人は、芸の手伝いのために貧しいジェルソミーナをはした金で買い取り、旅に同行させる。粗野で横暴なザンパノの態度に嫌気が差し、彼女は街へと逃亡、そこで綱渡り芸人のイル・マットに出会い、ラッパの吹き方を教わる。彼女は哀切な調べを教えてくれた綱渡り芸人に心を寄せるが、見つかって連れ戻される。陽気なイル・マットは事あるごとにザンパノをからかって逆上させ撲殺されてしまう。純真なジェルソミーナが、彼の死に放心状態となり、大道芸の役に立たなくなると、ザンパノは彼女を見捨て海辺の町に置き去りにする。数年の時を経て、見知らぬ海辺の町で彼は耳慣れた音楽を耳にする。その哀切な調べは、ジェルソミーナが綱渡り芸人から教えられて、よくラッパで吹いていた曲だった。ザンパノは、ジェルソミーナが誰にも省みられることなく死んでいったということを知り、夜の海岸で号泣する。

『道』は野蛮で人間的感情を喪失した「獣」と貧しく思考力が劣るジェルソミーナいわば「人間未

満」のザンパノとジェルソミーナが、綱渡り芸人の「音楽」という媒介項を通過することで、人間愛に目覚める物語だと一般に認識されている。彼はジェルソミーナに暴力をふるい、欲望のままに性欲を満たす「野獣」のような男であり、人間の持つ優しさや悲しさといった感情が欠落している。その男が「音楽」を媒介に、いつもそばにいた彼女への愛に気づき、喪失した悲しみに慟哭するというのである。だが、はたして『道』はお互いに必要としていたことに気づいたり、獣としての男が人間愛に目覚めたりする愛の物語だといえるだろうか。

むしろ私たちは、この物語を献身的に付き添ってくれたジェルソミーナを愛せなかったことに絶望する、ヒューマニズムの喪失の物語だと受け取るべきではないか。そのように考えればイル・マットの奏でる「音楽」は、ザンパノを「人間」に昇華するメディウム＝媒介ではなく、愛情のある「人間」に変わることなどできないことを認識させ、徹底した孤独と絶望を与える暴力的な装置である。

ザンパノは「人間」になれたのではない。『道』が視覚的に物語っているのは、海／陸の境界に配置されたザンパノが、人間／獣の境界にとどまり続けるしかないという絶望である。フェリーニはラストシーンでザンパノをいったん海へ向かわせる【図5－16】。だが、そのすぐ後で海辺に引き返させている。彼は浜辺から海へと境界線を越え、再び戻るモーションを刻印するのである。そしてカメラはザンパノを一人砂浜に取り残したまま、ゆっくりとクレーン・ショットで上昇し、彼はうずくまって慟哭する【図5－17】。何度も打ち寄せる波、多様な変化が見られる動的な海に対して、変化のない夜の砂浜は静謐なまま圧倒的な空虚さで埋め尽くされている。こうして

図5－16～5－17　『道』
（フェデリコ・フェリーニ，1954）

フレーム内で図像的に対照化され、喪失と虚無、圧倒的な救いのなさが生み出されるのだ。このラストシーンは図像（視覚）とニーノ・ロータの音楽（聴覚）、俳優のモーションによって孤独な男のヒューマニズムの喪失が最後のショットに結晶化し、観客のエモーションを揺さぶってやまない。

『甘い生活』（一九六〇）

『甘い生活』の冒頭は、キリスト像を吊り下げたヘリコプターが古代ローマの廃墟の上空を通過するシーンだ。マルチェッロがヘリコプターから、マンションの屋上で日光浴をするブルジョア婦人たちへと声をかける。だが、ヘリコプターの騒音で彼の放った声は相手にまったく届かない。ここで視聴覚化されているのは、二つのグループに引かれた境界であり、掻き消される「声」が意味づける断絶である。このコミュニケーションの失敗は、ラストシーンでも浜辺に舞台を変えて反復される。

ゴシップ記者のマルチェッロは、同棲する婚約者がいるが、大富豪の娘とナイトクラブで出会い関係を持ったり、取材で迎えたハリウッドのグラマー女優を追いかけたり、上流階級の不健全なパーティに毎晩のように出かけたりと退廃的な生活を送っている。ある日、海のそばの豪邸で、富豪たちの乱痴気騒ぎに加わったマルチェッロは、いつも以上に酔っぱらう。明け方、彼は快楽に溺れ、疲れ果てた人びとと一緒に外に出て、海辺に打ち上げられた巨大な魚を見る。悪臭を放つ腐敗したグロテスクな怪魚。小さい川を挟んだ対岸にいる少女がマルチェッロに何か叫んでいるが、波の音に消されて「声」はまったく聞こえない。少女は何度もジェスチャーを交えてマルチェッロに訴えかける。だが、何度聞こうとしても聞き取れない。仕方なく彼は仲間とともに戻って行く。

冒頭のヘリコプターのシーンと浜辺のラストシーンの対話の断絶は、反復されているものの決定的に異なっている。どちらも「音」によって声が掻き消されてしまうのだが、前者がヘリコプターの音、後者は波の音が原因となっている。婦人たちがヘリコプターの男たちに手を振る【図5－18】。数回の切り返しショットで対話が進行するが、「機械の音」が声を遮断する。にもかかわらず、ヘリコプターの中にいるマルチェッロはジェスチャーで婦人たちに連絡先を聞いていることが容易に伝わって断られる【図5－19】。換言すれば、ここではいくら機械の雑音がうるさくとも、ブルジョア的生活を共有している者同士の相互的コミュニケーションは難なく成り立っているのだ。だが、最後のシーンでは川の向こう側にいる少女との対話が「自然の音」で断絶され、お互いのコミュニケーションはまったく成立しない。

冒頭のシーンではコミュニケーションの断絶はあってもラストシーンのような境界線は存在しない。なぜなら、「機械の音」に邪魔されていても、記号化社会の中で類似するコミュニティに属する者同士、身振りで容易く意味は伝わるからだ。記号としての身振りを社会的コンテクストが暴力的に処理してしまうこと、すなわち、逆説的だがこれは言葉や感情を介したコミュニケーションの否定とも捉えられる。だからこそマルチェッロは、最後のシーンで純粋なものの象徴である少女の「声」も「身

図5－18～5－23　『甘い生活』
（フェデリコ・フェリーニ，1960）

振り」も、何もかもを受け取り損ねるしかない。

表層を美しく飾り立てるブルジョアジーたちの社会の内面に潜在するグロテスクな狂気、あるいはマルチェッロの腐敗した心を、いみじくも象徴していたのが、突如として打ち上げられる怪魚であり、その眼差しからマルチェッロは自らの内面を見るのである【図5-20】。二人の間には大きな断絶の境界線が引かれる【図5-21】。少女は一生懸命、対岸にいるマルチェッロに何かを伝えようとしている【図5-22】。だが記号化されていない少女の「声」を、身振り手振りを、彼はまったく解することはできないままコミュニケーションは「失敗」し続ける【図5-23】。換言すれば、記号化されない世界の住人の「声」や「身振り」が「伝達不可能」であること、すなわちコミュニケーションの不可能性のみが認識される。だからこそ、二人の目の前には絶望的な境界線が引かれなければならなかったのである。

3　海辺の境界線——阪本順治、相米慎二、北野武

阪本順治——『半世界』（二〇一九）

二つの世界の断絶——。映画はこれまで幾度となく波止場を物語のクライマックスに設定してきた。おそらくそれは陸と海、此岸と彼岸、生と死を接続／切断する境界として有効だと見なされてきたからだろう。阪本順治の『半世界』は、三人の中年男性が久しぶりに再会を果たし、自分や家族と向き合っていく物語だ。炭焼き職人である稲垣吾郎が住む山中の小さな町に、自衛官を辞めて妻子とも別れた中学からの旧友・長谷川博巳が八年ぶりに地元に戻ってくる。中古車販売店を営んでいる同級生の渋川清彦に声をかけ、三人で酒を酌み交わすことになる。長谷川は暗く重い面持ちで、ひたすら心

を閉ざしているように見える。その彼の閉ざされた心は、母が亡くなって長い間、誰も住んでいない家を片付けるときの視覚的イメージによって明白に伝えられる。

ここでの古びた家は長谷川の心そのものを代理する空間である。彼の過去について何も問わない二人の態度は友情からくるものだろうが、構図と一連のアクションは彼らの気持ちを視覚的に表している。稲垣と渋川は家の中をせわしなく移動しながら、開かれた扉の境界を何度も越え、中に溜まったゴミを運び出しているからである【図5-24】【図5-25】。長谷川の心に入り込もうとする友人たちに対して長谷川は、家の内／外の境界を越えることはなく、ほとんど静止に近い状態で存在する。不意に慟哭する長谷川には明るい光は与えられず、襖を画面に取り込んで作り出されるもう一つのフレームは閉塞的な長谷川の心境を表現している【図5-26】。このシーンの最後のショットは長谷川がむせび泣く姿のクロースアップだ【図5-27】。画面いっぱいに悲愴感が充満する。ここでは、光を取り込んだ開放的なカットに対して、狭く暗い空間に封じ込められた閉鎖的なカットが対比して切り返さ

図5-24〜5-31『半世界』
（阪本順治，2019）

れる。稲垣たちの明るさと移動、長谷川の暗さと静止によって彼の孤独感がいっそう引き立てられるのである。

続く家の修理のシーン。家の中に立つ長谷川は、外にいる稲垣らと会話をしながら次々に扉を閉めていく【図5-28】【図5-29】。「雨戸閉めますね」というとカメラは稲垣の正面からの切り返しになって目の前でぴしゃりと扉が閉められる【図5-30】。長谷川の外部からの侵入の遮断、心の閉塞感が扉の動きによって鮮明に画面に刻印されるのだ。反対に、この次のシーンで自分の家に戻った稲垣は、玄関の戸を開ける者として対照されている【図5-31】。とはいえ、この時点での稲垣の開放の行為は、傾聴する態度を欠いているようだ。事実、この直後に家に遊びにきている学校の友人たちに挨拶しようと息子の部屋に無神経に入り込み扉を開け放つものの、息子が彼らにいじめにあっていることにまったく気づかない。というよりも、息子の世界に無関心なのである。その証拠に彼は息子に対して「明、いい子たちじゃないか」とまでいってしまうのだ。父親の無関心を察知した息子の睨みつける目が、彼への拒絶を物語っている。ここで稲垣は、他者の住む世界に表面的には興味を示しつつも、長谷川の世界と息子の世界からは閉め出されているのである。そうはいっても木を伐採し、窯で備長炭を製炭する仕事を一人でやってきた彼もまた、他人に理解されているわけではない。稲垣もまた、後で長谷川に「こんなこと、一人でやってきたのか」といわせるほど、辛く先行きの見えない仕事に疲れ果てているのだ。

日々閉じこもっている長谷川のもとを稲垣が訪れ、自分の仕事を手伝うようにいう。「おせっかいはいい」という長谷川に対し、「違うよ。きついんだよ、一人じゃ」という稲垣。「俺のこと雇う金ないだろ？　お前のとこ大変で」と冷たくあしらう長谷川に「ボランティアで頼んでんだよ」と稲垣が言い放つ。長谷川は体を使って作業を手伝う。金を得るためではない。ただ友と共に時間を過ごし、一緒に飯を食べる。二人は海を見ながら弁当を食べ、母の思い出を、過去を手繰り寄せる。この行為が長谷川の閉ざされた心を開き始める。他者との間に敷かれた境界が決壊したのが、次のシーンで飲みながら見せる笑顔、海へ行こうと提案して三人で毛布に包まって語り合う姿からわかるだろう。

ところが渋川の店が因縁をつけられ、長谷川は乱闘事件を起こして塞ぎ込んでしまう。再び自分の居場所を喪失したと感じた彼は、稲垣に「お前らは世間しかしらない。世界を知らない」といって失踪する。自衛隊員として海外で目の当たりにした壮絶な光景を、田舎町に住む職人は当然、理解することなどできない。かなり時が経ち、長谷川が漁港で働いていることがわかると、稲垣は会いにいく。「世界を知らない」といわれた稲垣はこの波止場のシーンでいかに返答するのか。

船の上で作業をする長谷川と、波止場に立つ稲垣のマスターショット【図5-32】。二人の間には、はっきりとした境界線が引かれている。稲垣はすでに長谷川の部下が海で自殺してしまい、その責任を感じて塞ぎ込んでいることを知っている。そのことを長谷川に伝えるこの超ロングショットの後、二人の対話は真正面からの切り返しによって進行する。部下の母親に連絡したことを責める長谷川に【図5-33】、「自分の責任だと思っているのなら違うと思うよ」という稲垣【図5-34】。「責任はお前じ

図5-32〜5-37 『半世界』
（阪本順治，2019）

ゃない」といわれた後に放つ長谷川の「俺の責任だ。それから、お前たちの責任だ」という言葉は重い【図5-35】。頷くことしかできない稲垣が、かろうじて言い返す【図5-36】。「こっちも世界なんだよ」——。そして、最初の構図に戻り、波止場を去っていく【図5-37】。二人の間には先ほどはいなかったカモメの群れが飛び交っている。反復と差異。分断されていた二つの世界に何らかの変化が起こった証拠だろう。

この一連のショットは、船上／波止場と境界づけられた別の世界に立つことを伝える客観視点から始まる。続く二人の対話は切り返しショットの反復で構成されている。視線が合いそうでずれていること。すでに述べたように、小津的な正面からの切り返しは目線の不一致を促す。このシーンにいたるまで一八〇度ルールが守られた切り返しだったが、あえてシステムを逸脱する切り返しショットがここぞとばかりに使われる。それぞれの世界＝「半世界」が独立して存在していることをここで初めて二人が相互に認識するからである。さらに、船上にいる長谷川から見た稲垣のショットは海の上にいるせいで画面そのものが揺れている一方、地上の稲垣からのショットは長谷川の身体が揺れている。つまり、この二つのショットはお互いの主観ショットになっているのだ。言い換えれば、この重要な台詞のやり取りの間、私たちは第三者の客観視点ではなく、二人の人物の主観を共有し、複数の主観があることを体感する。この主観ショットの連続は、まさに世界が複数の主観が交錯して成り立っているという映画の主題＝半世界と共鳴しているのである。

去り際に長谷川が、海の上にいると落ち着く、嘘じゃないと伝える。妻子と別れて情緒不安定な元自衛官の立つ場所は、部下の命に触れられる海の上でなければならなかっただろう。逆に、父からの仕事を継ぎ、わかりあえないながらも妻と子とその土地に根ざした生活を営む稲垣は、しっかりと地上に立たせなければならなかった。浮遊しながらも長谷川は親友を媒介に自分の居場所と、友人の立つ「もうひとつの世界」を認識したのだ。稲垣もまた同じである。自分の住まう世界と「もうひとつの世界」――親友や息子の世界――に半分だけ、きちんと足を踏み入れることができたのである。

相米慎二――『魚影の群れ』（一九八三）

『魚影の群れ』は、吉村昭の短編小説を原作に相米慎二によって映画化された。津軽海峡に面する本州最北端の大間を舞台に、マグロの一本釣りに命を懸ける緒形拳とその娘の夏目雅子、そして彼女との結婚を望んで漁師になると弟子入りする佐藤浩市の生きざまが描かれる。苛酷な大間の海で生きる男と女を長回しのカメラが徹底したリアリズムで捉えていく。相米慎二といえば長回しで有名な映画作家で、同年に撮られた『ションベン・ライダー』（一九八三）や、『台風クラブ』（一九八五）でも圧巻のシークェンス＝ショットが俳優の身体／運動を映し取っている。『魚影の群れ』の見どころは、三人の愛憎のドラマだけでなく、ほとんどカットを割ることなくクレーンの移動ショットと長回しで捉える一本釣りの凄絶なシーンだ。

緒形の船にようやく乗り込むことが許された佐藤は、船酔いと戦うことしかできない。不漁の日が続くなか、やっと大きなマグロの群れに遭遇、釣り糸に食いついたが、緒形の腕は凄まじい勢いで引っ張られる。ここで予想だにしなかった事故が起こってしまう。傍で見ていた佐藤の顔にテグス（釣り糸）が巻きつき、瞬く間に血だらけになるので

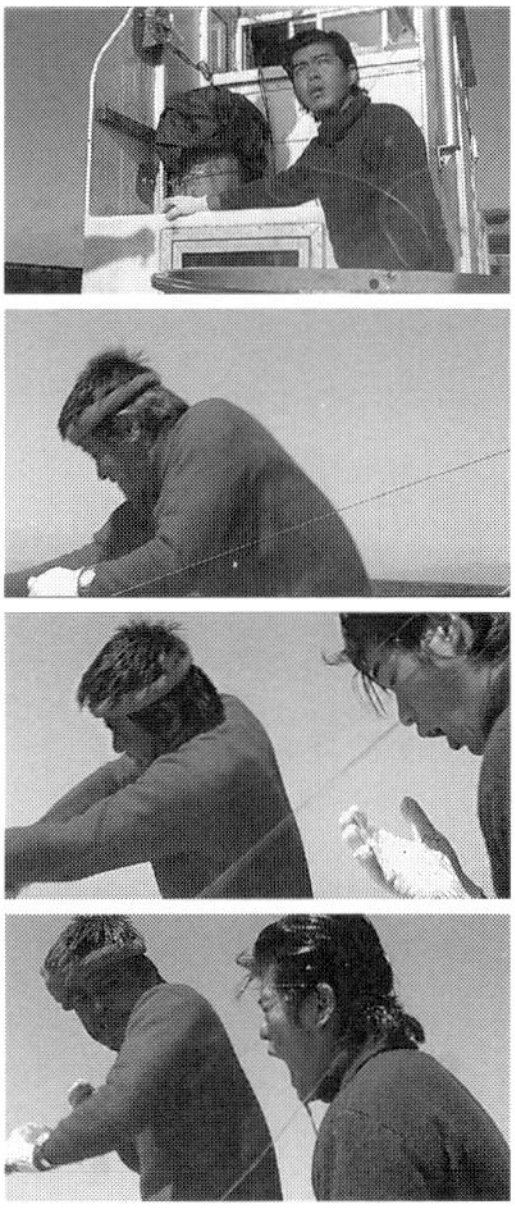

図 5 - 38～ 5 - 41 『魚影の群れ』
（相米慎二，1983）

ある。

まず佐藤の目の前でマグロに引っ張られるテグスが激しく動くショットを見せ【図5-38】、カットを割って緒形が懸命に糸を引く姿をしばらく映す【図5-39】。画面右側にいる佐藤の姿はフレームアウトしている。そして突然、顔中に糸が巻きついた状態の佐藤がフレームインしてくる【図5-40】。画面の中で事故が起こるのではなく、フレームの外で起こった事故を事後的に、さらに唐突に見せること【図5-41】。『魚影の群れ』は、大間の海のように荒々しく、マグロしか見えない無骨者の孤独な物語であり、主人公の人物造形は、こうした表現が創り出す唐突な暴力性と共鳴している。

実際、この事故でも、緒形はいったんは血だらけの佐藤を助けようと応急処置をして漁協に救急車の手配を求めるも、テグスが激しく反応すると再びマグロとの死闘を続けてしまう。再び、周りが見えなくなって壮絶な戦いを繰り広げる緒形。マグロ一筋で生き抜いてきた男にとって、世間の倫理など入り込む余地はない。マグロを仕留め、やっとのことで港に戻るが、出血多量の佐藤は手遅れ寸前で大手術を受けることになる。娘の夏目雅子は父を激しく罵倒し、運よく生還を果たした恋人と家を出て新しい生活を始める。

もう一つ、この作品には「映画的」としかいいようがない見事なシーンがある。娘とその恋人が町を出ていった後、北海道の伊布港に行った緒形が二〇年ぶりに、逃げられた元妻・アヤに偶然再会する場面だ。暴風雨のなか裸足で逃げる女をマグロを追いかけるように執拗に追い詰めていく男。自分が経営するバーで酒を酌み交わしたアヤは深夜、港に停泊している緒形の船を訪れる。波止場に立つアヤが船の上に立つ緒形に、そっちへ行ってもいいかと尋ね、男は無言でそれを受け入れる。二人は船内で束の間の情事にふけるが、その現場にアヤのヒモである新一がやってくる。

相米はこの波止場と海を分かつ境界線を効果的に使う。まずアヤが緒形のもとへやってきて境界を挟んで対話する場面【図5-42】。彼女は酒と靴を船に放り投げると自分も飛び乗って男に抱きつく。それを受けて欲情した男は激しく口づけをする【図5-43】。ここで女は一線を越えて男の領域である船の上へと侵入する。二〇年という途方もない時間が作った境界は、彼女の越境によって決壊する。それは今の生活を捨てて男のもとへ戻るという意志である。事実、船室で娘と恋人の話をしながらセックスに興じる女は「帰ってしまおうかな……」と漏らす。男は過去を後悔する女を許し、女は明日の晩に荷物をまとめてくると伝える。酒に酔った二人は、そんな不確かな約束を交わす。

情事を終えて船室を出ると、花火を両手に持って火花を散らすアヤの恋人の姿がある【図5-44】。花火を船に投げつけ、唾を吐き、小便をかけようとする新一を止めようと、アヤは波止場に戻るため、再び陸地へと越境する。女を引っ叩いた新一に向かって緒方もまた船頭から岸へ飛び降り、女の住まう土地へと境界を越える。だが、一度火がついたら周囲が見えなくなる緒方は、マグロを仕留めるのと同じように、我を忘れて男を立ち上がれなくなるまで殴りつける【図5-45】。死んでしまうといって必死でアヤが止めに入るが、緒方は彼女も突き飛ばす。ここで真っ暗だった背景の、空中に吊るさ

図5-42〜5-47　『魚影の群れ』
（相米慎二，1983）

れた二〇個を超える花火が一気に点火する。男のエネルギーが爆発する瞬間、それと相関する「映画的」なスペクタクルが、これしかないというタイミングで観る者を圧倒するのだ【図5-46】。昂揚を煽り立て、「マグロと人間の区別がつかないんだ」「終わりだ」といわれた緒方はようやく正気に戻る。アヤが去った後、火花は消え、男は画面に一人取り残される【図5-47】。

明日の晩、船を停めておくと去ってゆく女に叫んだ緒方は翌日、漁に出るも生まれて初めてテグスがマグロに切られてしまう。その日の夜、アヤは波止場で荷物とともに待っているが、緒形は現れない。糸をマグロに切断された男は、船舶していた船も切り離し、女との関係も断ち切ったのだ。この重ね合わされた切断は、まさに波止場の境界線上で生起するのである。

北野武――『ソナチネ』(一九九三)

北野映画では、浜辺が北野武の死生観を表象する特権的な場所として描かれてきた。また、彼のフィルムにおいては生と死を分かつ抽象的な境界線としての海辺のみならず、フレームが身体を切断する境界線もまた自覚的に使用されている。

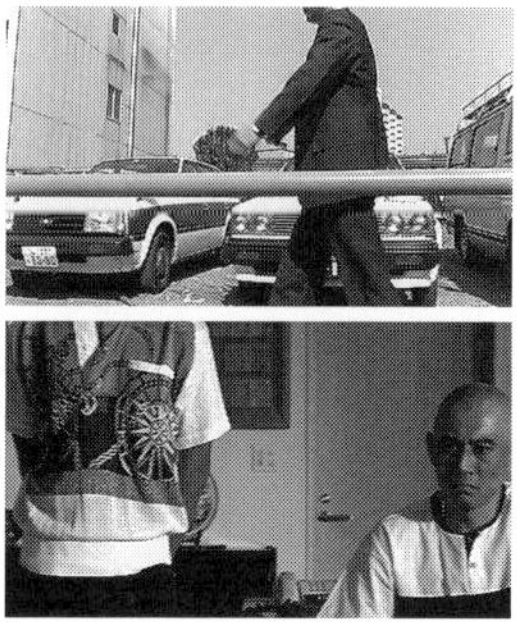

図5-48～5-49　上『その男，凶暴につき』(1989)，下『ソナチネ』(1993)　ともに北野武

身体を異様な部分で切り取ってしまう北野武の個性的なフレーミングは、初期から『アウトレイジ』シリーズ(二〇一〇~二〇一七)にいたるまで強烈なインパクトをもたらしてきた。たとえば監督デビュー作『その男、凶暴につき』(一九八九)の冒頭のシーンで、倫理観を喪失した凶暴な刑事を演じるビートたけしが横に歩行を続けるところを、頭部を切断し

た状態のフレーミングでガードレールの手前から映した移動撮影【図5-48】。このような撮影技法は、主人公の異様な存在感と彼が迎える死を徴づけていた。

あるいは『ソナチネ』の序盤にある四人の組員が自己紹介する場面では、カメラが座った状態の男たちをパンで順番に捉え、最後の一人は立ったまま肩から上がフレームで切断されたまま挨拶をする【図5-49】。『アウトレイジ ビヨンド』（二〇一二）における刑事、小日向文世と松重豊が廊下で言い争うシーンでもこのような暴力的フレーミングでお互いの顔の半分が切断されている【図5-50】【図5-51】。独特な構図で被写体をフレーミングし、その境界線によって暴力的に身体を切断する手法は、北野映画の端々で確認できる。

図5-50〜5-52　右2枚『アウトレイジ ビヨンド』（2012），左『3-4x10月』（1990）ともに北野武

北野武が国際的評価を確立した一九九〇年代のフィルムのほとんどの作品では、海辺が重要な舞台となっている。とりわけ北野映画にとっての浜辺は、多くの映画で投影される美しい場所ではなく、常に死が迫り来る遊戯的空間である。一般社会から取り残され、周縁に追いやられた者たちが、海辺を代表とする生死の境界線上に配置され、遊びに興じる場面が決定的に重要な役割を担うのだ。多くの場合、浜辺はビートたけしが周縁の地へと移動することにともなう、死と戯れが渾然一体となる幼児退行的トポスとなる。麻雀やパチンコなどの「大人の遊び」をする北野映画の登場人物たちは、浜辺に移動すると「子供の遊び」に興じる。『3-4x10月』（一九九〇）で、最後に殺されるビートたけしは、主人公たちと

浜辺で野球をして遊ぶ【図5-52】。このシーンではゴダールも好んで使用したジャンプカットが多用され、これまでの映像のリズムを転調させる。ただし、スクリーンが解放的な雰囲気を湛えるこの場面は、単に楽しく遊戯するだけの空間ではない。この前のシーンで弟分に自分の愛人と寝るように強要しておきながら、機嫌を損ねたビートたけしは「子供」のように遊びに興じる一方、終始、愛人に対してはゴムボールをぶつけたり、頭を叩いたりと執拗に暴力を振るう。女性をモノとして扱うミソジニー（女性嫌悪）は北野映画にしばしば見られるが、快晴のもとで延々と描かれる遊戯に、こうした狂気が入り混じることで観客は「不安」を覚えるに違いない。

北野映画のこうした遊戯空間は、常に生／死、美／醜、解放／拘束が隣り合わせになっている。北野武の四作目『ソナチネ』は、初期の名作であり、彼の作家性がもっとも凝縮されたフィルムだといえる。自分の所属する組内の権力抗争の罠に嵌められ、東京から沖縄へ向かったビートたけしは、することもないまま仲間たちと海辺の家で過ごすことになる。この作品が大半の時間を使って描出するのは、暇を得た男たちが「子供化」してひたすら浜辺で遊戯する姿である。

阿波踊り、ピストルでの缶撃ち【図5-53】、ロシアンルーレット【図5-54】、紙相撲【図5-55】、砂浜での相撲【図5-56】、落とし穴【図5-57】、花火の打ち合い【図5-58】、フリスビーの狙い撃ち等、次々に遊戯の時間が映像化される。拳銃を撃ち合う浜辺の場面は、悦楽と狂気が混淆し、生と死を身近に感じさせる。実際、この浜辺は殺し屋がやってきて仲間が射殺される場所である。大人がやるには不自然な紙相撲や落とし穴、花火の打ち合い。冒頭で麻雀という「大人の遊び」のシーンがあったことに注意しよう。幼児退行化していく遊びのなかでもっとも感動的なのが相撲のシーンである。『3-4x10月』の浜辺ではゴムボールと木の棒を使いながら野球をして遊ぶように、『ソナチネ』での相撲は紙相撲へと形を変える。手作りでこしらえられた土俵で戦うのは、もはや主体的な人間で

図5－53～5－58　『ソナチネ』（北野武，1993）

はない。砂浜で紙相撲のごとく律動する身体は、誰かに操られているようにコマ落としで画一的に描かれている。

此岸／彼岸の境界線上で、彼らは解放のなかで遊んでいるのか、強大な権力の駒として操作されているのかわからなくなる。北野映画にとって海辺は、生死の狭間にある、遊戯と狂気、生と死が渾然一体となった場所であり、作家性がもっとも表出されるのである。

4　〈分裂〉するスクリーン——川島雄三の映像空間

川島映画の画面構成

川島雄三が構成する画面は過剰に〈分裂〉を孕んでいる。多くの場合それは、格子や窓枠、柱や障子を使った映画の線をスクリーンに取り込むことによって、俳優よりも前に、画面いっぱいに全面化し、ドラマの進行を遮断することさえある。舞台装置とカメラ・ポジション／アングルを工夫しながら、画面内部で複数の線が俳優たちを取り囲む。川島映画の画面の特徴は、この「線」との戯れであり、人物までも境界となることもあるのだ。

ガラス張りの床をこしらえて下から人物を捉えた『昨日と明日の間』（一九五四）【図5-59】や『飢える魂』（一九五六）【図5-60】、格子の手前にカメラを置いて、その向こう側で演技をさせる『人も歩けば』（一九六〇）【図5-61】や『接吻泥棒』（一九六〇）【図5-62】など、川島的空間の例は枚挙に遑がない。その空間設計は、檻の中に入れられた人間を眺めるような効果とともに作品を異化し、観客の物語の没入を妨げて徹底的にテクストとの距離を取らせる。

だが、それ以上に特異なのは、人間の身体までもセットの一部としてオブジェ化し、画面を〈分裂〉させてしまう点だ。たとえば、公団住宅の一室を舞台にしたブラック・コメディ『しとやかな獣』（一九六二）の序盤、長回しで撮影された公団住宅の一室では、真ん中に若尾文子の身体――顔から上半分をフレームアウトした状態の背中――が大きく映し出される【図5-63】。固定カメラで2分

図5-59〜5-62　上から『昨日と明日の間』（1954），『飢える魂』（1956），『人も歩けば』（1960），『接吻泥棒』（1960）すべて川島雄三

図5－69～5－72　上から『あした来る人』(1955)（1枚目と2枚目)，『真実一路』(1954)，『風船』(1956) すべて川島雄三

図5－63～5－68　上から『しとやかな獣』(1962)（1枚目と6枚目)，『貸間あり』(1959)，『雁の寺』(1962)，『女は二度生まれる』(1961)（4枚目と5枚目）すべて川島雄三

55秒もの長さを使った、異様としかいいようのない構図で会話は続く。一言も発することなく中央に据えられた若尾文子の身体は、登場人物というよりも、芸能プロダクションの男たちと中年の夫婦を隔てる壁＝モノといったほうがよい。

　これに類似するショットは他の作品でも散見される。『貸間あり』（一九五九）の終盤にも、桂小金治を正面においたダイアローグが長回しで撮られている【図5-64】。短いショットながらも『雁の寺』（一九六二）の若尾文子の背中が画面を占有するショット【図5-65】、『女は二度生まれる』（一九六一）のフランキー堺の頭部を真ん中に置いたショットも【図5-66】、人間の身体が遮蔽物となってスクリーンを中心から二つの世界に分断している。当然、『女は二度生まれる』の扇風機や【図5-67】、『しとやかな獣』における敷居のように【図5-68】、モノ自体が画面の中央に配置されて物語世界を引き裂くことも多い。川島が創造する映像は、モノへのフェティシズムで満ちているのだ。観客の視線はこの中央に配置された物体（モノ）によって切断された世界、すなわち右と左の空間を交互に見ることになるだろう。隔てられた空間を往復すること、川島雄三は作品を超えて、執拗に物語空間をモノによって〈分裂〉させた作家なのだ。

図5-73〜5-74　上『箱根山』（1962），下『女は二度生まれる』（1961）ともに川島雄三

川島映画の注視の拒絶

　だが、川島映画にあって、画面の中に境界を引きながら複数の空間に分裂させる方法は何も左右に限られたことではない。『あした来る人』（一九五五）の手前で料理の支度をする月丘夢路と奥で会話する三國連太郎と三橋達也【図5-69】、奥で働く

女性たちが手前にいる山村聰の様子を窺っているショットなど【図5-70】、パンフォーカスで縦の構図を使い、画面内に二つの世界が形づくられる。『真実一路』（一九五四）の場合などは、中央で深刻な会話を交わす桂木洋子らよりも、話の途中で急に明かりを灯して慌ただしく作業をする後景に視線は奪われてしまう【図5-71】。あるいは、縦の構図に人物をずらしながら配置した『風船』（一九五六）のショットは、前景・中景・後景と三つの層が引かれ【図5-72】、『箱根山』（一九六二年）にいたっては、四つのレイヤーが画面内を多層化し、異様な人物の配列を試している【図5-73】。

シネマスコープの横長のサイズと奥行きを使った「注視の拒絶」は、とくに大映作品で過剰になる。『女は二度生まれる』の若尾文子の部屋を訪れた潮万太郎との対話の場面では、画面の右奥で隣人の作業する姿を終始うっすらと映し出し、画面の左奥でアパートの階段を女性たちが横切っていく、非常に手の込んだ演出である【図5-74】。観客の視線は、前景から後景、後景から前景へと絶え間なく動かされる。川島の画面は「注視」を禁じて、視線の持続的な運動を促すのだ。

その極致は『しとやかな獣』における鏡を使った実践である。中央に配置した鏡の前で、化粧をする娘の後ろ姿と正面の動作を同時に可視化しながら、鏡の向こう側で対話する夫婦、さらに奥で着替える息子を捉える【図5-75】。まるでベラスケスの《ラス・メニーナス》やマネの《フォリー・ベルジェールのバー》のように、スクリーンは観る者の視線を攪乱する。川島が忘却された映画史のマニエリストたる所以は、まさにこうした知的な遊戯性と技巧による歪曲性においてである。観客の視線は、画面に配置されたモノによって境界づけられ、鏡の中とその手前、左右、

図5-75〜5-76　上『しとやかな獣』（川島雄三，1962），下『君の名は。』（新海誠，2016）

図5－77 『しとやかな獣』
（川島雄三，1962）

奥と無意識に四方八方に誘われて過剰な運動を帯びるのだ。

　ここでの鏡による境界は、たとえば異なる時空間の人物を同時に並列させた『君の名は。』（二〇一六）のスプリット・スクリーンのように、画面を真っ二つに引き裂く【図5－76】。どちらも鏡によって人物の正面と背中を同時に描く共通点が見出される。現代の映画やアニメーション、テレビドラマでは見慣れた技術だが、当時としては珍しい小道具を使った川島的想像力である。ちなみに分割画面の技術は初期映画の『アメリカ消防士の生活』（一九〇三）においても、境界線はないものの使用されている。また、この技法を好んで使った作家にブライアン・デ・パルマやロバート・アルドリッチがいる。たとえばアルドリッチの『合衆国最後の日』（一九七七）では四分割画面でサスペンスフルな場面が演出される。二〇二〇年に世界に猛威を振るった新型コロナウイルスは仕事のやり方やコミュニケーションのあり方を一変させた。可能な限り在宅勤務が推奨され、会議や学会、友人とのコミュニケーションもWeb会議システムを介した画面分割で為されるようになった。それに応じて映画やテレビドラマ、ＣＭなどの映像文化も多大な影響を受け、画面分割を積極的に取り込んだ。画面分割の映像が日常の風景になり、それが同時代的にリアリティを獲得していったのである。

　川島映画に話を戻そう。彼は「一人二役」の設定を好み、南田洋子や日守新一、森繁久彌などに演じさせ、同一画面に登場させる視覚的な喜劇性を演出した*2。川島が作り出す映像ではこのような俳優の身体の〈分裂〉の他にも、演出によって見えない境界線が引かれ、映画内空間が〈分裂〉することもある。もっとも顕著な例は、やはり『しとやかな獣』である。他人の金銭を巻き上げて生活する一家が、食卓を囲んで蕎麦を食べるシーン。息子の実はテレビをつけると真っ赤な夕焼けをバックに姉と踊り狂う。だが、目の前の光景がまったく見えていないかのように夫婦は蕎麦をすすり続けるのだ【図5-77】。

ここには二つの世界が交わることなく並走している。川島映画の豊かなテクストは、眼に見える線にせよ、見えない線にせよ、縦横に複数の世界を並存させ、さらにその世界を俳優が縦横無尽にせわしなく動き回ることによって観客の視線を攪乱する。〈分裂〉を志向する川島の多層化するスクリーンは「注視」と「拡散」という視線の持続的な運動を観客に促す「可動的テクスト」なのである。

注

1 塩田明彦、前掲『映画術』、一一―一五頁の分析を参照。ただし少し補足したうえで議論を加筆している。

2 本書では川島雄三の〈分裂〉というテマティックな分析は抄録にとどめているが、俳優の身体の〈分裂〉を含め、より詳細な分析は以下を参照されたい。北村匡平「川島雄三の〈分裂〉と攪乱――その空間設計と可動性」、川崎公平・北村匡平・志村三代子編『川島雄三は二度生まれる』水声社、二〇一八年、二一九―二四一頁。

第6章 映画の形態

1 接触と触覚――クリント・イーストウッド『ヒア アフター』

アンチ・スペクタクル映画

映画は、さまざまな手法で「触れること」を映像化してきた。なかでもクリント・イーストウッドの『ヒア アフター』(二〇一〇)がラストシーンで描く「握手」は、「触れる」という効果を最大限に発揮する美しい場面である。こうした「触れる」行為がこれほど感動をもたらすのは、ドラマのなかで「接触」という主題を緻密に組み立てながら描いているからにほかならない。物語は登場人物たちの人生を大きく変化させる津波のシーンから始まる。冒頭の凄まじい津波の映像は、高額な予算とスターを使ったハリウッド映画特有のパニック・ムービーのようだ。だが、CGを使ったスペクタクル・イメージは、それ以降、描かれることはない。イーストウッドは、冒頭の視覚イメージから聴覚・触覚イメージへと転調させ、ハリウッド映画のスペクタクルとは正反対の独自の世界観を作り上げていくのである。

私たちはまったく違う映画のように見える二つの世界を、ある身振りが結んでいることに気づくだろう。一方は、津波にのまれたマリーが少女に手を差し延べ、もう一方はマリーとジョージのしっかりと握られた手——。前者はスペクタクルの波の中で「失敗」に終わり、もう一方は街のどこかのカフェにおいて、やわらかな陽だまりに包まれ、「成功」に終わる。冒頭で掴めなかった手、そして最後に握られる二つの手。本作では冒頭や最後のシークェンスにおける「手を握る」というアクションに代表される「接触」の主題が重層的に繰り返される。この映画は他者や世界との媒介物を排し、直接触れようとする成長の物語、いわば「接触の映画」なのである。

『ヒア アフター』は、サンフランシスコで暮らすジョージ（マット・デイモン）、フランスの有名なニュースキャスターのマリー（セシル・ドゥ・フランス）、ロンドンで一卵性双生児の兄を事故で亡くすマーカス（ジョージ&フランキー・マクラレン）の三人が、死後の世界と向き合う物語だ。他者に触れることで死者と会話できるジョージは、かつて有名な霊能者として活躍していたが、今はその能力を隠して工場で働いている。マリーは不倫関係にある恋人のディディエと津波の被害にあい、そのとき見た死後の世界と臨死体験により順風満帆な人生が大きく変質し、真実を追究しようとする。マーカスは、交通事故で亡くした一卵性双生児の兄ジェイソンと再び話したいがために、霊能者を探し回り、最終的にジョージに行き着く。ジョージは料理教室でメラニーという女性に出会うが、「呪い」である霊能力により、彼女の過去を知ったため二人の未来は破綻し、メラニーも仕事も失った彼は、ディケンズの生地ロンドンへ向かう。臨死体験の「後遺症」のため、キャスターを降板させられたマリーも、真実を伝えようと出版した本の朗読のためロンドンのブックフェアーに赴く。そしてマーカスも偶然そのブックフェアーに居合わせ、三人がロンドンで交錯する。そこで出会ったジョージとマリーは後日待ち合わせをして、二人の握手で物語は終わる。

三人に共通する要素は死の体験、すなわち臨死体験である。ジョージは幼い頃に生死の境を彷徨い、その臨死体験から死者と交信するという「呪い」を手に入れ、人生が一変する。マリーも津波の臨死体験により、人生が大きく狂っていく。マーカスにとってのジェイソンは自分の分身であり、同じ顔の双子の兄を失うことは、もう一人の自分を失うことでもある。それによって彼もまた「臨死体験」をしているといえる。ジョージは自分の能力を「呪い」と呼び、他者との「接触の禁止」を課す。臨死状態にある三人が、世界（他者）との「接触」を獲得できるとき、彼らは初めて自分の人生を肯定し、未来へと進むことができるのだ。

メディウムとしての身体の放棄

霊能者ジョージは、ホワイトカラーのビジネスマンに比べて人と触れ合う機会が限りなく少ない工場で働く。死後の世界と現実を媒介する能力を嫌い、徹底的に人と触れることを忌避するのである。メラニーと料理教室のシーンは、この作品が「視覚」の映画ではなく「触覚」の映画だと告げる象徴的な場面だ。メラニーが料理教室に入ってきたとき、握手しようと差し出された彼女の手を、ジョージは腕まくりしてうまくかわす。徹底して彼は「接触」を拒む。ここで二人はペアになって料理を食べさせあうショットがあるが、ジョージはスプーンでメラニーの口に食事を運ぶ。目隠しで視覚は覆われ、他の感覚器が前景化する。イタリアンシェフの発話にも「接触」の欠落が読み取れる。“Cooking is all senses”というシェフは、料理に必要なものとして「the nose（香り）、the eyes（見た目）、the palate（味）、the ears（音）」を語るが、「触覚」には触れない。まるでジョージが人に触れることを拒み続けているがゆえに「触れること」のみが排除されているかのようだ。ジョージが、最後のシーンで初めて自ら手袋を取って握手する身振りは、彼の身体が初めてメディウム（媒介）であることを放棄できたことを表している。メディウムは「媒介」という意味の他に、死者や霊と媒介する「霊媒者」という意味があるが、「メディウムとしての身体の放棄」によって初めて彼は未来を描くことができるのだ。このメディウムの放棄は他の二人にもあてはまる。

「ヒア アフター」というタイトルに込められた二重の意味にも注意しておこう。「ヒア アフター」（hearafter）には、①「死後」（after death）②「未来／これから」（in future／from this time）という意味がある。この物語はいうなれば、囚われていた①「死後の世界」を捨て、②「未来＝これから」を選び取る三人の成長の物語だ。それは同時に「媒介性」（メディウム）から脱して他者（世界）に直接「触れる」物語でもある。それではジョージ以外の二人は、どのようにして他者との直接的接触を手にするのだろうか。

まずマーカスにとっての「触覚」の優位がいかに表現されているのかを見ていこう。マーカスが里親の家に引越し、部屋にもう一つのベッドをあてがわれたとき、誰もいない向かい側のベッドの上の空虚な空間をじっと見つめていたことを思い出さなければならない。マーカスはその空白の場所にかぶっていた「ジェイソンの帽子」をそっと置いたのだった。彼はジェイソンの帽子を肌身離さず終始かぶっていた。マーカスにとって、世界と直接「触れること」を妨げていたのは、「ジェイソンの帽子」である。ジョージに見られた「ヒア アフター」の意味選択（これから＝未来）は、双子の弟マーカスの物語では「帽子を脱ぐ」という身振りで表現される。この映画において双子の兄の死後、形見である「帽子」は、現実世界との分断のシンボルであり、この「帽子」に双子の兄ジェイソンの存在を重ねてみることができる。つまり、マーカスのかぶる「帽子」は、ジェイソンであり、マーカスは「帽子」＝ジェイソンを介在させて世界とつながっている。換言すればマーカスは、ジェイソンを通してしか世界を見ていないのである。

ジョージがメディウムとしての身体を放棄することと、マーカスがジェイソン＝「帽子」を脱ぐ身振りは、現実と直接つながるという意味において、パラレルに語られている。二人は媒介性を排して「死後の世界」から、「これから＝未来」を選択するのである。ジョージとマリーが「握手」という身振りで世界との直接的つながりを獲得したとするならば、マーカスはジョージとの交信後の母親との再会のシークェンスにおける「抱擁」により、世界との直接的「接触」を獲得したといえる。マーカスは初めて笑顔で母のもとに駆け寄り、言葉を交わすのではなく、ただ抱き合う。この「抱擁」の直接性がマーカスにとってのメディウムの放棄であり、現実との「接触」なのである。

マリーにとっての媒介性とはテレビ、あるいは番組のプロデューサーでありマリーの不倫相手でもある、テレビを象徴する存在のディディエである。マリーはテレビのキャスターとして存在する限り、テレビというメディウムに媒介され、直接「声」を届けることはできない。彼女は視聴率を稼ぐという市場原理の欲望の「コンテンツ」を視聴者に伝達する霊媒師的な存在として、キャスターという役割を与えられている。ジョージ同様、他人の欲望に消費される存在、視聴者の欲望が求めるものを「声」にすることしかできない彼女の「声」は、ジョージ同様、主体的な「声」を発しているとはいいがたい。特定の対象をもたないキャスターとしてのマリーの「声」は、電波の彼方へと雲散霧消するのである。

実際、敏腕プロデューサーのディディエに彼女のイメージは操作され、作り上げられている。そして使えなくなった彼女はディディエに番組を降板させられてしまう。だが、マリーは彼との別れを決意する。マリーがテレビから降板することは、媒介する者としての役割を放棄し、現実世界との直接的接触を意味している。彼女のニュースキャスターとしての電波による間接的「声」は物語の終盤、ロンドンのブックフェアーでの自らが出版した本の朗読会において、自分自身の言葉として発話され、直接的「肉声」へと変化する。マリーは媒介性の強いテレビのスタジオを捨て、自分の「肉声」を他者へ届けられる朗読会という場所を最終的に獲得したのだ。

ラストシーンに籠められた意味

この物語のラストシーンは単純に見えて意味深長である。ジョージはマリーとカフェで待ち合わせをしている。マリーの姿を認めたジョージは、一度椅子から立ち上がるが、思いとどまり再び腰を下ろす。するとその直後、ジョージとマリーのキスシーンが唐突に描かれるのである。キスシーンの「想像／創造」のシーンの重要性は、ジョージが他者の「死後の世界」ではなく、初めて自分の未来を自ら「想像／創造」すること、つまり「ヒア アフター」のもう一つの意味である「これから＝未来」を選び取ることを意味している。ジョージの「未来のイメージ」では、キスをしながら、もはや怖れることなくつながれた手のクロースアップも描かれている。想像のシーンが終わり、現実に戻った後のマリーとジョージは握手をして物語が終わる。このシーンでも彼は他者の手に触れたにもかかわらず、死者の世界のイメージを見ることはない。いや、イーストウッドはそれを描かない。

この変容を捉えるために考察すべき重要な場面が、ブックフェアーの朗読会とラストシークェンスの間に挟まれたマーカスとジョージの降霊の儀式である。マーカスはジョージの居場所をつきとめ、兄との交信を求める。映画全編におけるこの儀式は、視覚イメージを限りなく排除し、主として聴覚情報が与えられている。心霊イメージの視覚情報は制限され、ジョージが「声」というメディアを使い言葉を綴ることで、観客はその「声」を頼りに視覚イメージを自ら構築しなければならないのだ。だから観者や他の登場人物たちは、ジョージが「真実」を語っているのか、「嘘」をついているのか知りえない。これが物語を読み解く重要なポイントになっている。

しかしこの降霊のシーンが他と異なるのは、霊媒者としての受動的な言葉の伝達ではなく、ジョージが初めて自分自身の「声」をマーカスに発信している点である。この場面まで、霊媒師として「こちら側」と「あちら側」の狭間にいるジョージに能動的な生は与えられず、彼は死者の「声」の受信者／他者への媒介者としてしか存在していない。だが、死者のジェイソンが立ち去った後、不在のジェイソンの言葉を、彼は自ら創作するのである。受動的に死後の世界を他者に伝えるのではなく、能動的に「嘘」をつくること。ジョージは断片的イメージの束に文脈を与え、細部をつなげリニア化することで、一つの「物語」を提示していた。しかし、この儀式の途中から、ジョージはイメージに「物語」を与えることをやめ、「イメージなき物語」を最初から創造する。まるでジョージが偏愛するディケンズの物語が読者の心を救うように、彼もまたマーカスのための物語を紡ぎ出すのだ。この場面こそ、ジョージの「呪い」が「能力」に変わるもっとも美しい瞬間だろう。それはもはや死者と話せる「能力」ではなく、「嘘」＝フィクションを語る「物語」の創造者としての「能力」である。

ジョージが主体的に物語を創作することにより、一人の少年の世界への対峙の仕方が変化する。だが、この最後の儀式はマーカスだけではなく、ジョージ自身のためのものでもあった。この通過儀礼のシーンを通して彼らは変容する。この後の、マーカスが母と「触れること」(抱擁)とジョージがマリーと「触れること」(握手)は表裏一体であり、この物語において、まったく同じ構造と機能を持っているのだ。もちろんそれはマリーが媒介性を取っ払い、朗読会で直接「声」を届け、ジョージと握手して新たな物語を開始することとも通底する。直接的な世界とのつながりを妨げていたものをそれぞれ放棄し、「物語を始める」こと、それが「触れること」という主題によって見事に描き出されているのだ。

最後のシークェンスでジョージが握手しても「死者の世界」が描かれないのは、最後の霊媒の儀式と同様、イメージに囚われることなく「イメージなき物語」をジョージがこれから創り出すからだろう。エンディングで映画はようやく「物語を始める」。だが、それだけではない。イーストウッドが紡ぎ出す映画は、視覚的イメージを制限し、観客である私たち自身の聴覚・触覚的想像力を引き出そうとする。だから最後に握手によって見るべき「想像／創造」のショットは、観客自らが創り出さなければならない。おそらくイーストウッドは、そう私たちの映画的想像力に訴えかけているのだ。

2　切断と分裂——アルフレッド・ヒッチコック『サイコ』

権力関係を示すコンポジション

もともとフランスの演劇用語であった「ミザンセヌ」とは、映画の画面における俳優やセット、大道具、空間などの各要素の配置を意味する。ここでは特に構図やセットの配置が物語の意味をどのように強化しているのかを見ていこう。

そのために再び「画」で語ることにおいて抜群の才能を発揮したサスペンスの巨匠アルフレッド・ヒッチコックの『サイコ』を取り上げたい。映画は、権力関係や人物同士の関係性を視覚的要素だけで伝えることができるメディアである。人物を配置して力関係を示すためのわかりやすい方法は構図だ。イマジナリー・ラインにしたがった切り返しの対話の場面だが、ヒッチコックが人物をどのように配置しているかをまずは確認しておく。不動産会社に勤めるマリオン（ジャネット・リー）は、借金と扶養料で再婚に躊躇するサムと恋人関係にある。情事を終えてホテルから会社に戻ると、金持ちの男性客がやってきて4万ドルを預ける【図6-1】。「不幸なんて金で追い払える」と豪語する男と、

図6-1〜6-6　『サイコ』
（アルフレッド・ヒッチコック，1960）

経済的に余裕のないマリオンを非対称な関係として映し出すために、画面右側に空間を占有するように大きく男を【図6-2】、左側に空間のなかに小さく女を配置している。男を狙ったショットは威圧感を出すために下からあおるローアングル【図6-3】、女はハイアングルで捉えることによって弱い印象を生み出す【図6-4】【図6-5】。こうしたアシンメトリーな構図は、ジェンダーの非対称性や権力関係を視覚的に構築する際にも効果的に使用される【図6-6】。

古典的名作『サイコ』はヒッチコックが技巧を駆使した傑作であり、多くの研究者や批評家が分析してきた。簡単に物語を確認しておこう。マリオンは男が会社に預けた金を横領して逃亡、立ち寄ったモーテルで経営者であるノーマン（アンソニー・パーキンズ）という青年に殺されてしまう。父親を早くに亡くしたノーマンは、支配欲の強い母に育てられ、愛人ができたときに二人を殺害。ノーマンは母と息子の二つの人格を生き、精神に異常をきたした男だったことが最後に明らかになる。本作の驚きは、主人公であるマリオンが中盤に差し掛かったところで殺されてしまう衝撃にある。しかもナイフで切り刻まれるその殺人の場面は、モンタージュと音響を駆使した異様なシャワーシーンである。この場面にいたるまで映画は画面に「切断」のモチーフを何度も浮かび上がらせている。

「切断」というモチーフ

タイトルバックは名高いグラフィックデザイナーのソール・バスによるもので、監督や出演者の名前が次々と切り刻まれるデザインだ【図6-7】。逃亡劇が始まるや、彼女は鏡の前に立たされて身体を分裂させ【図6-8】、モーテルのフロントでノーマンと対話する場面でも鏡の前で切断されるように配置される【図6-9】。彼女に鍵を渡そうとするノーマンが手にした①も二つに分裂【図6-10】、部屋に案内した対話もマリオンだけが鏡で二重になる位置に立たされている【図6-11】。この後、ノーマンが彼女をナイフで刺し殺すのを視覚的に連想させるようなショットが並ぶ。続いてノーマンの異常さを演出するために、鳥を殺して剝製にする趣味を語らせ、それに脅かされるような不吉なショット【図6-12】、ノーマンが鳥に同化するようなスリリングなショットも挿入されている【図6-13】。ちなみに最後のエンドクレジットもまた、ソール・バスによる切り刻まれるデザインで終わって円環をなす【図6-14】。

図6-7～6-14 『サイコ』
（アルフレッド・ヒッチコック，1960）

もう少し具体的に見ていこう。物語の最初のクライマックスはマリオンに死がもたらされる中盤の場面である。このシーンにいたる、モーテルに着くまでの車内のショットの構成と、シャワーシーンでの映像の組み立て方は類似が効いた秀逸な編集だといえる。車で走っていると突如、雨が降り注ぐ【図6-15】。彼女は土砂降りの雨にワイパーを高速で動かす。カメラは反転して彼女の顔をクロースアップし【図6-16】、再び前方の視点ショットになる【図6-

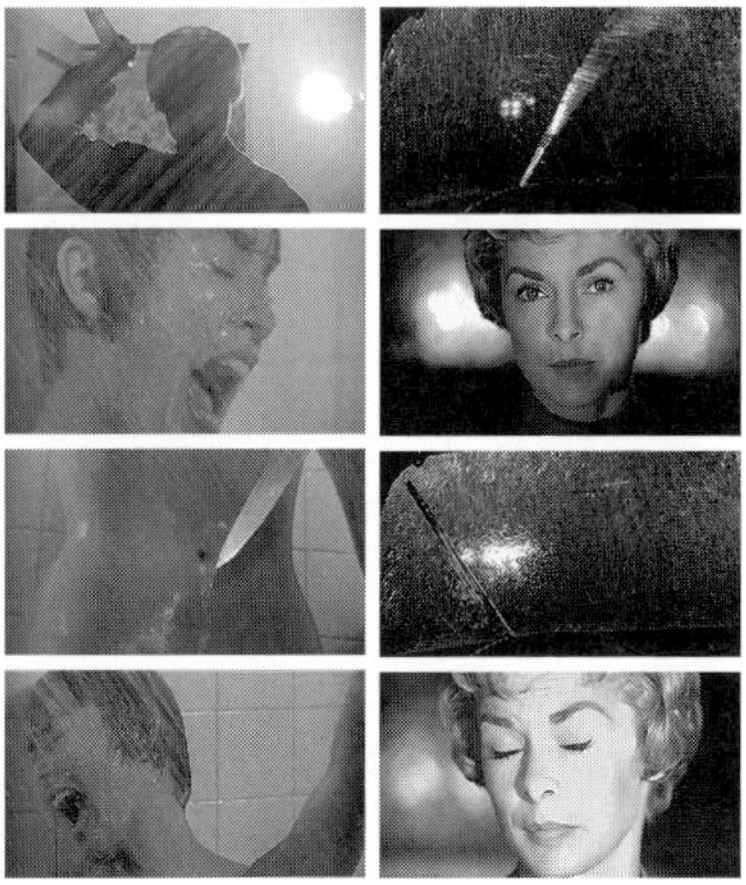

図6-15〜6-22『サイコ』
（アルフレッド・ヒッチコック，1960）

17】。窓に降りかかる雨による視界の悪さと対向車のライトで彼女は不快な表情を何度も浮かべる。マリオンのＰＯＶショットとリバース・ショットを繰り返して彼女は苦痛の顔を浮かべるのだ【図6-18】。一方、シャワーシーンも突然人影が見えたかと思うと、マリオンの視点ショットですぐにナイフが振り下ろされる【図6-19】。それを見て驚愕する彼女のリバース・ショット【図6-20】。バーナード・ハーマンのストリングスを使った逼迫感のある音楽も二つの場面で鳴り響き、土砂降りの雨は吹き出すシャワーの水に推移し、画面を何度も横切るワイパーはナイフになって女性の身体を切り刻む【図6-21】【図6-22】。

鏡を使って身体を「切る」、ワイパーやナイフが画面を「横切る」、「ナイフで切り刻まれる」という「切断」のモチーフが「形態」としてちりばめられているのだ。またこの「切断＝分裂」はナイフで切り裂かれるマリオンだけではなく、ノーマンが母との二つの人格を生きている「分裂」した人間ということをも言い表している。そして何より象徴的なのが、このフィルム自体が中盤で、主人公の唐突な死によって真っ二つに「切断」されているという事態——前半はマリオンの物語、後半はノーマンの物語——である。こうした「切断＝分裂」のモチーフがサブリミナル効果として、スクリーンに幾度となく重層的に浮かび上がるのが『サイコ』の妙味なのである。

3　堕落と下降——任侠映画のカメラワーク

映像の運動

日本において任侠映画がジャンルとして隆盛したのは一九六〇年代から七〇年代にかけてである。ヤクザ映画とも称されるが、本格的に一連の流れが始まるのは東映で一九六三年に封切られた『人生劇場 飛車角』からとされる。一九五〇年代の黄金期に東映は時代劇ブームで当たっていたが次第に飽きられていき、六〇年代中頃からは東映任侠路線を主軸とし、高倉健や鶴田浩二を主役に数々のシリーズが量産されていった。それも飽きられた七〇年代には深作欣二の『仁義なき戦い』(一九七三)を皮切りに、義理人情の任侠道ではなく、実際に起こった暴力団の事件をベースにしたドキュメンタリータッチの生々しい抗争を描く「実録路線」へと転換する。

一方、日活は五〇年代後半から石原裕次郎を中心とした日活アクション映画が全盛だったが、六〇年代に客足が遠のいていた。五〇年代末から六〇年代初頭にかけて隆盛を見た小林旭の「渡り鳥」シリーズが終わり、赤木圭一郎の死も重なって活力を失っていたのである。裕次郎と浅丘ルリ子のムード・アクションや宍戸錠のハードボイルド・アクションが良質な作品を送り出していたものの、六〇年代は映画産業が斜陽の一途をたどっていた。そこに登場したのが日活ニューアクションを代表する「無頼」シリーズである。ここでは映像の運動の一つ、カメラに焦点をあて、どのように映像を立ち上がらせているかを分析するために、「無頼」シリーズ二作目『大幹部 無頼』(一九六八)と東映実録映画『仁義の墓場』(深作欣二、一九七五)を取り上げる。どちらも主演したのは渡哲也である。

「無頼」シリーズの人斬り五郎は、石原裕次郎や小林旭に代表される華麗で豪快な日活アクションのヒーローを一変させた。五郎を演じた渡哲也は、足を洗って堅気になりたいと願っているものの、ヤクザの世界から逃れられず、引きずり込まれてしまうアウトローである。追い詰められ、苦痛に顔を歪ませる傷つく身体——それは日活アクションへのアンチテーゼとして、かっこ悪さ、惨めさ、苦痛を誇張した。渡哲也はいうなれば、苦悶する表情を湛え、汚い場所でもがき苦しむ「敗者のアンチヒーロー」であった。本シリーズのアクションシーンの特徴は、ドスを片手に渡哲也が相手の組織に乗り込んでいき、「一対多」で雨と泥に塗れた汚い斬り合いが始まる点だ。こうした堕ちていくアウトローの思想をもっとも的確に映像化したのが、シリーズ最高傑作といえる小澤啓一の『大幹部 無頼』であった。

殺された先輩の仇を討つために一人で復讐に向かうラストシーンで小澤啓一は、ヤクザの世界から抜け出ることを切望しつつも泥沼から抜け出すことができない男の存在を、泥の中の死闘として映像化しただけでなく、映画の空間を使って視覚的に表現した。丘を走る組の車をパンクさせた五郎が五人と戦う。男たちはもみ合いながら丘から地上へと移動し、続いて土手を転がり川へと落ちてゆく。水浸しになりながら決闘は続き、川の中から下水溝へと進むにつれ、無色だった澄んだ水はいつしか泥水へと色彩が変化する。暗いドブの汚水の中で決闘は続くが、血塗れになった男たちを映し出していたカメラが突如として闘いの途中で上昇し始める。何事かと思って移動するフレームを注視していると、カメラが捉えるのは土手の上にある高校でバレーに勤しむ女子高生たちである。真っ白な体操着に身を包み、乾いたボールの音を響かせながら膨よかな肢体を躍らせている。

一方、カメラがカットバックすると、そこに映し出されるのは、片手のドスで体を切りつける鈍い音とともに泥水と血に塗れた男たちの過剰な運動。同じ身体の躍動がまったく異なる文脈を帯びていることがショットの衝突によって鮮烈に示される。再び女子高生のバレーボールの場面がモンタージュされ、スローモーションで豊満な肉体が宙を舞う。続くショットで組長との刺し合いが続き、彼らはさらに川を下降していく。このシーンは対照的なショットを連続させて男たちの不健全な生を相対化しているだけではない。おそらくこの映像作家が試みているのは、丘から地上を経て下水溝まで、ダークヒーローが汚染化しながら転落する映画的空間の創出である。最後の場面、これ以上ないほど下まで堕ちた五郎は女子高生がいる校庭へ這い上がるも、ネットに捕まって倒れ込んでしまう。この一連の残酷なショットの連結こそ、「無頼」シリーズの孤独なアウトローを絶妙に描き出したモンタージュとカメラワークだといえる。

「無頼」の全シリーズにおいて、人斬り五郎の上昇の力学はまったく働いていない。むしろこの男は泥濘にはまって抜け出せないまま虚無の深淵へと下降していく。ここに東映調のストイックなヤクザ美学はなく、どうしようもないヤクザの醜悪さと悲哀が描かれるばかりである。カメラが切り取る空間を「下降」によって連続的につなぎ、男を落下させること。小澤啓一によるカメラの運動はダークヒーローの思想を見事に体現しているのだ。

深作欣二——『仁義の墓場』(一九七五)

『仁義の墓場』で描かれるのは実在した石川力夫というヤクザである。実録映画になると共同体のための仁義道が機能しなくなる。この作品における粗野で凶暴なアウトローは身内に牙を剥き、親分までをも斬りつけて暴力と麻薬に堕ちてゆく。冒頭からモノクロの写真を使って石川の戦後史をインタビュー形式で語るのとは打って変わって、この物語を捉えようとするカメラは冷徹に被写体を凝視する客観的な「眼」をもはや持っていない。序盤から暴動や抗争のシーンではカメラが「斜め」どころか九〇度、真横に傾けられ混乱を体現する。

映画空間における〈静〉と〈動〉は俳優のアクションだけが担うわけではない。深作映画のそれは俳優のアクションと同時にカメラそれ自体が躍動する。静かな場面ではカメラはフィックス、動いても緩やかに対象を捉える程度だが、強姦や死闘といった凄惨な場面ではカメラが生命を宿したように立ち上がり、被写体に接近したり反転したり、あるいは激しい動きゆえに対象を捉え損なったりする。カメラの激しさがクライマックスを迎えるのが、渡哲也が兄弟分の梅宮辰夫を斬りつける場面である。それまで対話を静止して見つめていたカメラは、渡哲也が梅宮を斬りつけると左右上下に振動しながら対象に急接近したりフレームを斜めに激しく傾けたりすることで無秩序な状況を体現するのだ。親分を刺すシーンでも、終盤で渡が警官から取り押さえられる場面でも、同じようにカメラが意志を持ったかのように奮起し、猛進する。とりわけ後者のシーンは引きと寄りのダイナミズムも加わり「俳優×カメラ」の相乗的な躍動感が生み出される。

このような動的なカメラワークの効果は、たとえば序論で触れた仮面ライダーやスーパー戦隊シリーズなど現代の映像で多用されている。忘れてはならないのは、こうした映像が作られる技術的条件である。映画の黄金期に愛用されていた大型のミッチェル撮影機は現代のように簡単に動かすことはできない。カメラの小型化・軽量化によってこうした動乱を形式的に描き出すことができるようになったのである。ステディカムが新感覚の映像体験をもたらしたように、現代のデジタル映画ならウェアラブルカメラ「GoPro」が形式的に物語に与える影響はかなり大きい。

現代映画で深作映画のカメラの動きと対極にあるのは、『散歩する惑星』(二〇〇〇)や『さよなら、人類』(二〇一四)を撮ったスウェーデンの映画監督ロイ・アンダーソンの映像だろう。アンダーソン映画のワンシーンは前景から後景まで焦点をあてたパンフォーカス、フィックスによる長回しで構成されており、カット割り(編集)、俳優、カメラの動きが多い現代映画の中でも異質な存在感を放っている。冷徹な「眼」がカメラの前の出来事をそのまま切り取り、ドラマは前景と後景で同時に起こることも少なくない。川島映画が画面内を分割したり、動的に構成したりすることで観客の視線を動かすとすれば、アンダーソンの映像は静的であることによって観客の視線が画面内を自由に動くことになる。言い換えれば、古典的ハリウッド映画のように観るべき焦点＝視線を映像が操作しないため、一点を観続けることは困難になる。したがってアンダーソン映画のカメラは、川島映画とは異なる仕方で観客の視線を「解放」するといってよいだろう。

第7章

アニメーションの表現

1　ディズニー・アニメーションの誕生――生命を吹き込む

アニメーションの原理

「アニメーション」(animation)とは「絵を動かすこと」、すなわち動かないものに生命を吹き込むことである。その歴史を遡れば映画の誕生のはるか昔、一章で触れたように一八三〇年代初頭のフェナキスティスコープやゾートロープなどの視覚玩具にたどり着く。絵を映すという意味では一七世紀中頃の幻灯機からの系譜として捉えることもできる。いうまでもなく、アニメ前史は映画の歴史とも切り離せない複雑な関わりがあるのだ。アニメーション史において、とりわけ重要な人物がフランスのエミール・レイノーである。レイノーはゾートロープを改良してプラキシノスコープを発明した。円筒の内側にコマ割りにした複数の絵を並べて、円筒を回転させることで、鏡に反射させた絵を動かしたのである。ゾートロープがスリットから覗く形式だったのに対して、プラキシノスコープは運動する図像を複数の人が同時に鑑賞可能な装置であった。その意味では映画とも切り離しがたい視覚文化史の潮流である。

よりアニメーション史の直接的な起源とされているのが、同じくレイノーが開発したテアトル・オプティークである。レイノーは異なる絵をスクリーンに連続で投影する装置を作り、一八九二年に動画公演を行った。これは帯状のフィルムに彩色つきの図像を並べて設置し、スクリーンの背後から手回しで回転して映写するものであった。この映写技術はリュミエール兄弟よりも数年先行していた。ただし、今日のアニメーションに近い、コマ撮りで静止した絵を動かして見せるという意味では、アメリカのJ・S・ブックトンの『愉快な百面相』(一九〇六)やフランスのE・コールによる『ファンタスマゴリー』(一九〇八)が最初期のアニメーションとされている。

これを踏まえていえば、アニメーションとは絵や人形などを少しずつ動かし、カメラでコマ撮りした映像をフィルムに記録して、映写することで絵を動かす技法である。むろん現代はほとんどの工程がデジタル化されている。とはいえ基本的な原理は映画同様、1フレームごとに映像をいかに組み合わせて動かすかであり、当然、実写の人間の動きとは異なる表現を追求してきた。

アニメーション特有の動きを理解するためにも、まずはその原理から確認しておこう。映画と同じくアニメーションも1秒間に24コマが原則だが、実際に24枚もの絵を描いていくと膨大な時間とコストがかかってしまう。そのため通常は1秒に半分の12枚で作画することが多い。初期のディズニーアニメーションでは24枚描かれた作品もあり、絵の枚数が多ければ多いほど、密度が高く滑らかな動きが再現できる。後述するように日本のテレビアニメでは1秒に8枚の作画で制作されたため、より動きはぎこちなくカクカクする。一般に1秒に24枚の作画を1コマ撮り(1コマ打ち)、12枚を2コマ撮り(2コマ打ち)、8枚を3コマ撮り(3コマ打ち)という。そして1秒12~24枚を「フル・アニメーション」と呼び、8枚以下を「リミテッド・アニメーション」と呼ぶ。ただし強調しておかなければならないのは、前者が優れていて、後者が劣っているというわけではない点である。

後者は日本のテレビアニメを契機として独自のキャラクター文化の形成に一役買い、表現そのものも見方を変えれば、より力動的でスタイリッシュな動きを可能にする。省略によってアニメーション固有のダイナミックな運動も表現できるのだ。宮崎駿や細田守のようなアニメーション映画は基本的に2コマ打ちベースのフル・アニメーションだが、シーンによってはあえて3コマや4コマで表現することもあるし、逆にディズニーなどであってもずっと2コマ打ちで進むというわけではなく、絵の枚数を減らす場面もある。日本のテレビアニメがすべて3コマ打ちなわけではなく、必要に応じて絵の枚数を増やすこともありうるのだ。したがって、フル／リミテッドという弁別と呼び方は、基本的にその作品がベースにしている作画枚数という意味にすぎない。

初期ディズニー・アニメーション

アニメーションは、現実の人間や自然の動きをリアルに再現することを志向するよりも、実写とは異なるアニメ独自の表現によって、より魅力的に見せ、観客を引き込む表現方法を模索してきた。アニメーション表現の発展において中心となったのがアメリカである。一九一四年にセルアニメーションが発明されると効率的に制作できる体制が整い、一九二〇年代から多くの短編アニメーションが作られるようになる。この時代のアニメーションの一つの到達点がウォルト・ディズニーの『蒸気船ウィリー』(一九二八)である。本作は本格的なアニメーションのトーキー化の流れを助長しただけでなく、ミッキーマウスというキャラクター文化の形成に一役買った。そして映画の一分野であったアニメーション独自の表現を探求することで映画を切り離す役割を担ったのである。

『蒸気船ウィリー』はキャラクターの躍動的な動きがあるカットはほとんど1コマ撮り、すなわち1秒間に24枚の絵を描き分けて滑らかな運動を創り出している。2コマ撮りと1コマ撮りが併用される、かなり贅沢な作りのアニメーションだ。キャラクターの動きも、実写における生身の人間には不可能なアニメーション特有の技法で表現される。ミッキーの体を非現実的なくらい伸び縮みさせ【図7-1】、階段を転がり落ちると体はぺちゃんこになる【図7-2】。物理法則から逸脱する過剰な身体の伸縮や歪み、あるいは現実世界とは異なる速度感、重力を感じさせる技法を発展させた。こうしたスクワッシュ&ストレッチ（潰し&伸ばし）は初期からアニメーションが追求してきた表現技法である。また、キャラクターが突然ほかのものに簡単に〈変身〉して違和感がないのもアニメーションの特徴だ。本作では楽器を食べてしまったヤギの尻尾をミニーが回すとオルゴールになって音楽を奏で、音符を放つ【図7-3】。こうした身体の可塑性をともなう表現は実写映画には難しく、メディウム・スペシフィックなものを志向することで明確に映画と差異化していったのである。

他の存在へと変幻自在に変わっていく〈変身〉は、たとえば一九二九年から始まったディズニーの

図7-1～7-3
『蒸気船ウィリー』
（ウォルト・ディズニー，1928）

シリー・シンフォリーの作品シリーズの一作『人魚の踊り』（一九三八）で存分に味わうことができる。まさに「生命を与える」というアニメーションの理念を具体化したように、タツノオトシゴから馬、タコからゾウへと現実世界の想像を超えた〈変身〉が描写されてゆく。しかしながら初の長編カラー『白雪姫』（一九三七）や『ファンタジア』（一九四〇）等、この時期からディズニー・アニメーションは、キャラクターの存在をよりリアルに描出し、動きを焦点化した楽しいものから映画の物語のようにきちんとストーリーを伝えることを目指していく。映画のリアリズムに接近することで、アニメーションが本来持っていた物理法則を打ち壊す過剰な運動性が抑制されていくことになったのである。

ディズニー以外のアニメーション

アニメーション史でディズニーが担った影響は計り知れないくらい大きい。ディズニーによる手描きによるセルアニメーションの技術の開発は、デジタル技術が進歩した二一世紀の現在ではほとんど使われなくなっているものの、二〇世紀の世界中のアニメーション制作に多大な影響を及ぼした。また、日本では現在でも紙に描いてスキャナーでコンピューターに取り込む手法がかなり採られ、依然として手描きの質感を残した「セルルック」は継承されている。さらにミッキーマウスを始めとするキャラクター文化は、アニメを超えてテーマパークやキャラクターグッズの販売など、今でも消費社会の一端を担っている。

ただし、アニメーション表現のほとんどをディズニー・アニメーションに帰すのは慎重になる必要があるだろう。フライシャー兄弟は一九二一年にスタジオを設立し、ディズニーのミッキーマウスに対抗できるベティ・ブープやポパイといったキャラクターを生み出した。ユーモアと社会風刺の効いた作品は、子供向けのディズニーとは異なる観客にアピールし、ディズニーに唯一匹敵するスタジオに成長していった。

他にもアニメーション表現においてこの時期に重要だったのは、一九四一年にディズニーのアニメーターたちのストライキから生まれたUPA（ユナイテッド・プロダクションズ・オブ・アメリカ）である。この新興スタジオは、実写映画のリアリズムを志向していたディズニーに対抗し、抽象画のようにデフォルメされた背景や形式的なキャラクターを使った簡素かつ独特の表現を達成した。たとえば短編アニメーション『The Tell Tale Heart』（一九五三）は同名のエドガー・アラン・ポーの小説を原作とする心理ホラーで、ディズニーのようなキャラクターの動きは抑制され、静止画的な絵を基盤にして前後左右にカメラのほうが頻繁に移動し、キャラよりも陰影や構図が強調される。そして物語を進めていくのはキャラクターの運動よりもナレーション＝声である。あるいは『Rooty Toot Toot』（一九五二）は平面的な画面構成に力強い輪郭線でデフォルメされたキャラクターが描かれ、色彩もリアリズムとは程遠いアーティスティックなデザインである。人体もリアルな形象ではなく、幾何学性を強調するように造形されている。こうしたUPAによる一連の短編アニメーションは子供向けのファンタジーにとどまらない新たな芸術性を備え、洗練されたデザインはアート・アニメーションへと続く、ディズニーとは異なるメディウム・スペシフィックな表現の探求でもあった。

UPAの重要性はそれだけではない。リミテッド・アニメーションは現代の日本のテレビアニメの特徴として使用されることが多いが、もともとディズニーの自然主義的なアニメーション表現からの脱却を企図して、UPAが積極的に使用したものである。すなわち、当時はディズニーへのアンチテーゼとして、グラフィカルで平面的な表現スタイルのことを指していたのだ。だが、滑らかにキャラクターを動かさず、作画枚数を減らすことが可能なリミテッド・アニメーションの手法が、ディズニーほど予算がない多くのスタジオに絶大な影響を及ぼすことになった。とりわけ戦後日本ではリミテッド・アニメーションを主軸にテレビアニメの量産体制が確立し、他に類を見ないアニメ大国へと発展していったのである。

2 ジャパニーズ・アニメーションの勃興――手塚治虫『鉄腕アトム』

日本の初期アニメーション

日本にアニメーションが輸入・上映されてほどなくして、最初に国産アニメーションが制作されたのは一九一七年、いわゆるコマ撮り式アニメーションの誕生である。映画館で実写の劇映画の合間に上映されるにすぎない短編だったが、漫画家として活動していた下川凹天が自作漫画をアニメ化した『芋川椋三 玄関番の巻』や『凸坊新画帖 名案の失敗』を、水彩画家だった北山清太郎が日活に打診して『猿蟹合戦』を、時事漫画家だった幸内純一が映画会社から依頼されて『なまくら刀 塙凹内名刀之巻』を発表した。いずれも一九一七年のこと、これらのなかで現在フィルムが唯一残っているのが『なまくら刀』である。黎明期のアニメーション制作はほぼ自前で研究した切り紙アニメーションで、『なまくら刀』は静止した背景の前を平面的なキャラクターが動いていくだけのものである。

草創期のアニメーションは「漫画映画」が多く、漫画を原作とするアニメ化はこの後も日本のアニメ史において主軸となっていく。北山は教育用映画や宣伝用映画にアニメを取り入れ、日本初のアニメーション専門スタジオ「北山映画製作所」を一九二一年に設立し、アニメーションの技術的発展に寄与した。次第にクリエイターが増えていくと個人でスタジオを構えたり、J・Oトーキースタジオにアニメ制作部門が設立されたり、徐々に制作体制を整えつつあったが、市場規模も小さく映画の付属物という印象は拭えなかった。

やがて変化の兆しが見え始めたのは太平洋戦争に突入してからである。軍部が戦意高揚のためのプロパガンダを目的として潤沢な予算を手にアニメ制作に乗り出したのだ。このような条件の中、海軍省がスポンサーとなった瀬尾光世の『桃太郎の海鷲』（一九四三）は、真珠湾攻撃を題材とし、「この映画を大東亜戦争下の小国民に贈る」というテロップで始まる、子供たちを啓蒙するプロパガンダ要素の強い作品だが、娯楽が極端に制限された戦時下で大ヒットを記録した。瀬尾は日本で初めての長編アニメーション『桃太郎 海の神兵』（一九四五）を制作し、戦意高揚映画でありながらも、華やかで贅沢な動きを再現し、子供たちを熱狂させた。

また戦中には、瀬尾の師匠であった政岡憲三が大量のセルを使って『くもとちゅうりっぷ』（一九四三）を完成させている。「日本のアニメーションの父」とも称される政岡が作り上げた本作の終盤にある暴風雨で木々が揺れ動き、キャラクターが飛ばされる表現は、後の東映動画の劇場アニメーションや宮崎駿にも通ずる見事なシーンだ。政岡は一九三一年に日活太秦撮影所に入社してアニメーションを手がけた後、一九三三年にアニメ専門スタジオである「政岡映画美術研究所」を京都に設立、その後、松竹がアニメーション制作のために設立した「松竹動画研究所」に責任者として呼ばれた。政岡が戦中に制作したアニメーションの表現技法は間違いなく日本のアニメーションのクオリティを飛躍的に高め、彼や弟子が当時の子供たち――手塚治虫は戦中に見た『桃太郎 海の神兵』の技術に感激して涙したという――に与えた影響はきわめて大きかった。

このように戦争とアニメーションが結託した時代を経て、戦後しばらくは貧しい環境が続き、陸続と公開されるディズニーの長編アニメーションに日本人は歓喜した。そして日本でも『白雪姫』や『バンビ』など圧倒的人気を誇っていたディズニーに匹敵するような長編アニメーションを制作しようと、一九五六年に「日本のディズニー」を目指して東映が東映動画（現・東映アニメーション）を設立、劇場用アニメーションの制作を開始する。一九五八年の『白蛇伝』の公開を皮切りに、毎年のように長編アニメーションを制作していった。ここから宮崎駿や高畑勲、細田守と多くのアニメーション作家が輩出されることになる。

だが、東映の劇場アニメーションの一方、現代日本のアニメーションの表現史を捉えるのに欠かすことのできない流れが生まれる。それが手塚治虫が一九六二年に設立した虫プロダクションである。『鉄腕アトム』(一九六三〜六六)の成功によって、それまで「劇場用長編とテレビCMにとどまっていた「商業としてのアニメーション」がテレビアニメシリーズへと大きくシフトすることになった」[*1]のだ。テレビアニメ『鉄腕アトム』が開始され、毎週一回の連続放映という世界的にも類を見ない量産体制で圧倒的な人気を誇るようになるのである。

それまでの常識を覆す制作体制を維持するため、徹底して効率化・省力化が図られ、動画枚数は従来の10分の1、絵を滑らかに動かすことを放棄して、リミテッド・アニメーションのカクカクした動きであっても見せ方を工夫してゆく。ディズニーのようにキャラクターを動かして「生命を与える」(animate)よりも、キャラクター自体の動きは抑制し、作画以外のカメラワークや編集などの技術を駆使して「止まっている絵」を基調とした画面に「運動感覚」をもたらした。実際、『鉄腕アトム』では、絵は動かない状態でパン、フォロー撮影、トラックアップ/バック(ズームイン/アウト)することで動きを作り出している。こうした形式の日本式リミテッド・アニメーションがテレビアニメを中心に発展していったのである。

あるいは絵を動かさず一定の時間一枚の絵を見せる「止め絵」や「引きセル」、特定のシーンや背景を流用する「バンクシステム」も多用された。漫画家だった手塚が創り出す節減されたアニメーションの特徴は、静止画である漫画的表現を応用した点である。すなわち、手塚アニメは、「現実的な動きではなく、漫画的表現という記号化されたキャラクターの動きをそのまま導入することで、鑑賞者の錯覚や想像を利用して、止まっている絵に動きの感覚」を与える。だが、そのような視覚情報だけでなく、「通常の自然な会話とは別に、止まっている絵の状況を説明する独り言が多分に含まれることで、「ラジオドラマのように聴覚的な情報だけで物語の展開が把握できるようになっている」のだ*2。こうした例はシリーズのどの回を取り上げても確認できるが、最終回「地球最大の冒険」から手塚アニメの特徴を見てみよう。

リミテッド・アニメーションの聴覚情報

静止画的だと聞くと冗長で退屈なイメージを喚起するが、実際に視聴するとそのスピード感に驚かされる。スピーディーなカット割りやカメラワーク、台詞回しが相乗的にテンポを作り上げ、画面の動きが静止したとき、もっとも情報量が多くなるのが声や効果音などの聴覚情報だ。

独裁者ナポリタンに家族を人質に取られたアトムが母の前で置き手紙を読むカットは、画面内の動きは静止するもののカメラがゆっくりと寄り、ナポリタンが手紙の内容を読み上げるナレーションが挿入されている【図7-4】。蜘蛛の巣に絡め取られたアトムとナポリタンのカットでは手前のアトムが「地球は渡すものか」と発した後、「黙れロボットの分際で」といわれるが、アトムの発話後は遠景に配置されたナ

図7-4〜7-6 『鉄腕アトム』最終回「地球最大の冒険」
(虫プロダクション，1966)

ポリタンもアトムもまったく動かない止め絵である【図7-5】。ここでは動きの情報はなく、視聴者は質の異なる二人の声のやり取りだけで状況を把握するしかない。終盤ではカプセルが隕石に衝突して焦ったアトムの止め絵に独白が付される【図7-6】。動きを自然に節減する効率的な方法は身体を映さず、クロースアップでモノローグやナレーションを多用することである。こうした一連のシーンでもっとも優位なのが聴覚情報なのだ。

『鉄腕アトム』を代表とする日本のテレビアニメの作画表現は、ディズニーを始めとする多くのアニメーションが志向した「リップ・シンク」の文化と決別する。こうした日本のアニメーションの発達は、伝統芸能である文楽から活動弁士にいたる口と声の不一致の潮流として理解すべきだろう。キャラクターの口唇の運動に外部から与えられる声のちぐはぐな動きを享受する独特の文化を日本は育んできたのである。そしてこうした声の文化はアニメキャラクターのアバターを操る現在人気のバーチャル YouTuber にまで直結する重要な要素だ*3。ともあれ『鉄腕アトム』が切り拓いた表現の可能性は、後のアニメーションに影響を与え続けている。

たとえば虫プロダクション出身で『あしたのジョー』(一九七〇~七一)を代表作とする出崎統は見せ場となる戦いの場面で、実写では描けない構図の迫力ある一枚の絵の力を活かして日本式リミテッドを更新した。他にも庵野秀明の『新世紀エヴァンゲリオン』(一九九五~九六)における静止画的イメージに付される内省的ナレーションの多用や、実写を超える架空の風景と平面的な人物を止め絵的な美学によって描き出す新海誠など作家性の強い作品、あるいは広く大衆に見られてきた『ドラえもん』や『サザエさん』など枚挙に遑がない。

『鉄腕アトム』以降、アニメーションは進化し続け、一九七〇~八〇年代にかけてアニメ史では画期的な出来事が起こった。まず『マジンガーZ』(一九七二~七四)など巨大ロボットアニメが始まり、

『宇宙戦艦ヤマト』(一九七四～七五) などのSFアニメ、そして両者の要素を兼ね備えたロボットSFアニメ『機動戦士ガンダム』(一九七九～八〇) が圧倒的な人気を博し、子供だけではなく幅広い視聴者を獲得していく空前のアニメブームが巻き起こったのである。そして宮崎駿が劇場アニメーションとして『ルパン三世 カリオストロの城』(一九七九) や『風の谷のナウシカ』(一九八四) を公開し、アニメーション作家として注目を集め始めるのもこの時期だ。日本はついに宮崎駿という怪物的アニメーション作家を生み出すのである。

3 スタジオジブリと宮崎駿——国民的アニメーション作家

宮崎駿の登場

すでに言及したようにディズニーのような流麗な動きを目指し、東映動画は一九五八年の『白蛇伝』以降、劇場公開される長編のフル・アニメーションを制作した。日本のアニメーションは、虫プロダクションのテレビアニメと東映動画の長編アニメの二つの系譜として展開していった。二つの潮流は相互に影響しあいながら独自の道を切り拓いて発展していったのである。この東映動画に入社して研鑽を積み、後に国民的アニメーション作家になっていったのが高畑勲や宮崎駿であった。

現在においても日本を代表するアニメーション作家として、まず第一に名前が挙がるのが宮崎駿であることに異論はないだろう。宮崎は東映動画、そして退社後にいくつかの会社に移ってテレビアニメの制作に携わった。『ルパン三世 カリオストロの城』や『風の谷のナウシカ』を監督して広く認知されるようになり、一九八五年に次回作のために徳間書店の出資でスタジオジブリが設立される。『鉄腕アトム』の成功を受けて、東映動画を含む制作会社はテレビアニメに舵を切り、力を入れていく。日本のテレビアニメは本来の意味で「リミテッド・アニメーション」と呼べないほどの作画枚数の省力化を行っていた。極端な言い方をすれば「豪華な漫画に付されたラジオドラマ」といえるほど「日本式リミテッド」は「動かない絵」のアニメーションを次々に生み出していったのである。したがってスタジオジブリは東映動画創世記のフル・アニメーションの流れを継承する数少ないスタジオとなった。そのジブリ第一作は『天空の城ラピュタ』(一九八六)、第二作は『となりのトトロ』(一九八八)である。これらは現在、国民的なアニメとして認知されているが、公開時の興行収入は後のジブリ作品に比べてそれほど振るわなかった。

興行収入の面で大ヒットしたのが『魔女の宅急便』(一九八九)だが、『紅の豚』(一九九二)の監督やその他の作品へ関わった後、真の意味で宮崎駿が国民的なアニメーション作家となったのは、『もののけ姫』(一九九七)の空前の大ヒット、そしてそれを上回る『千と千尋の神隠し』(二〇〇一)のメガヒットによってである。特に後者はベルリン国際映画祭で金熊賞を受賞、アカデミー賞ではアカデミー長編アニメ映画賞を受賞し、宮崎の名は世界に知れ渡った。興行収入においても他を圧倒し、二〇一六年に新海誠の『君の名は。』が大ヒットするまで日本映画のベスト3は①『千と千尋の神隠し』(三〇八億円)②『ハウルの動く城』(一九六億円)③『もののけ姫』(一九三億円)と宮崎アニメが独占していた。宮崎駿が属したスタジオジブリは、アニメファンを超える層にまでアニメーションを大衆化した「日本のディズニー」といえる唯一のスタジオである。

宮崎駿に関する研究や批評は数え切れないほどあり、さまざまな視点から宮崎アニメは論じられてきた。ここではそれらに共有された作家的要素を取り上げたうえで、より微細に宮崎アニメの表現を見ていきたい。まず宮崎は、後述する新海誠のような静止画的なアニメーションとは対極にあり、動いていない絵に魂を吹き込んで生命力に満ち溢れた存在として描写するメディウム固有の表現者である。それが最大限活かされるのが「空」だ。しばしば宮崎アニメの主人公は空を自由に飛ぶ。厳密にいえば、「飛翔」と「落下」の運動を空中という舞台で魅力的に活写する*4。その運動感覚を醸成する重要な要素が「風」の表現である。宮崎アニメにおいて「風と揺れる髪、衣服は登場人物の心情変化の表象」*5とされるように、どこからともなく吹いてくる風が髪をなびかせ、衣服を揺らす表現が頻出する。専門的にいえばフォロースルー(主たるアクションに付随する動き)による髪の毛や服など意志をもたない物質の動きの描写が、他に類を見ないほど画面を活き活きとさせるのである。

宮崎アニメの「細部」

たとえば『千と千尋の神隠し』で千尋がトンネルの先にある街に迷い込み、そこで出会ったハクがこの世界で生き延びるために湯屋で働くよう助言する。千尋は教えられた通り湯屋のボイラー室に向かうために庭の潜り戸から外に出る。その場所はかなり高所にあり、長い階段を降りて向かわなければならない。階段の近くに移動するまで壁を伝い歩きする間はいっさい風はないが【図7-7】、その地点に到達するや急に風が千尋に吹きつける【図7-8】。階段の下を見下ろす千尋の表情と風が不安を煽り立てる。その場所で運動しているのはキャラクターそれ自体ではなく、風によって揺れる髪と服である。そして、その揺れる髪/服の動きをつないでカットは彼女の反対側に切り返される。

今度は俯瞰ショットで千尋のいる地点の高さと先の見えない階段が強調され、観る者の不安感をいっそう引き出してくる【図7-9】。続いてしゃがみ込んだままの体勢でゆっくりと一段ずつ階段を降りる千尋のアクションが映し出される。強い風が吹く中でその木造の階段を降りるヒロインの行為は常に「転落」という恐怖を植え付ける。先述したヒッチコック『汚名』の階段のシーンが、俳優の降りるアクションを徹底して緩慢にする一方、編集速度をどんどんあげていくことでサスペンスを作り出していたが、ここでも千尋の階段を降りるアクションはきわめて静的なのに対して風に起因する髪や服の運動が高潮することでスリルが生み出されている。

階段の途中で彼女は足を滑らせて数段「落下」する。身体が落ちる時だけ、3コマ打ちで進んでいたのが2コマ打ちに変化する【図7-10】。再び3コマ打ちベースで尻込みしながら階段を降りてゆく千尋のカットが続く。ここでも下から吹き上げる風に彼女の服がなびき、高所であることを印象づける【図7-11】。そして彼女の足を捉えたカットに切り替わり【図7-12】、しばらくするといきなり踏み板が壊れて体ごと落下してしまう。肉眼で視認するには難しいほど微かな「効果線」が加わり「落下」のスピード感を作り出す【図7-13】。滑る瞬間は1コマ打ち【図7-14】、カットが変わって俯瞰で落ちていく彼女は2コマ打ちで描き出される【図7-15】。そして体勢を何とか立て直してそのまま

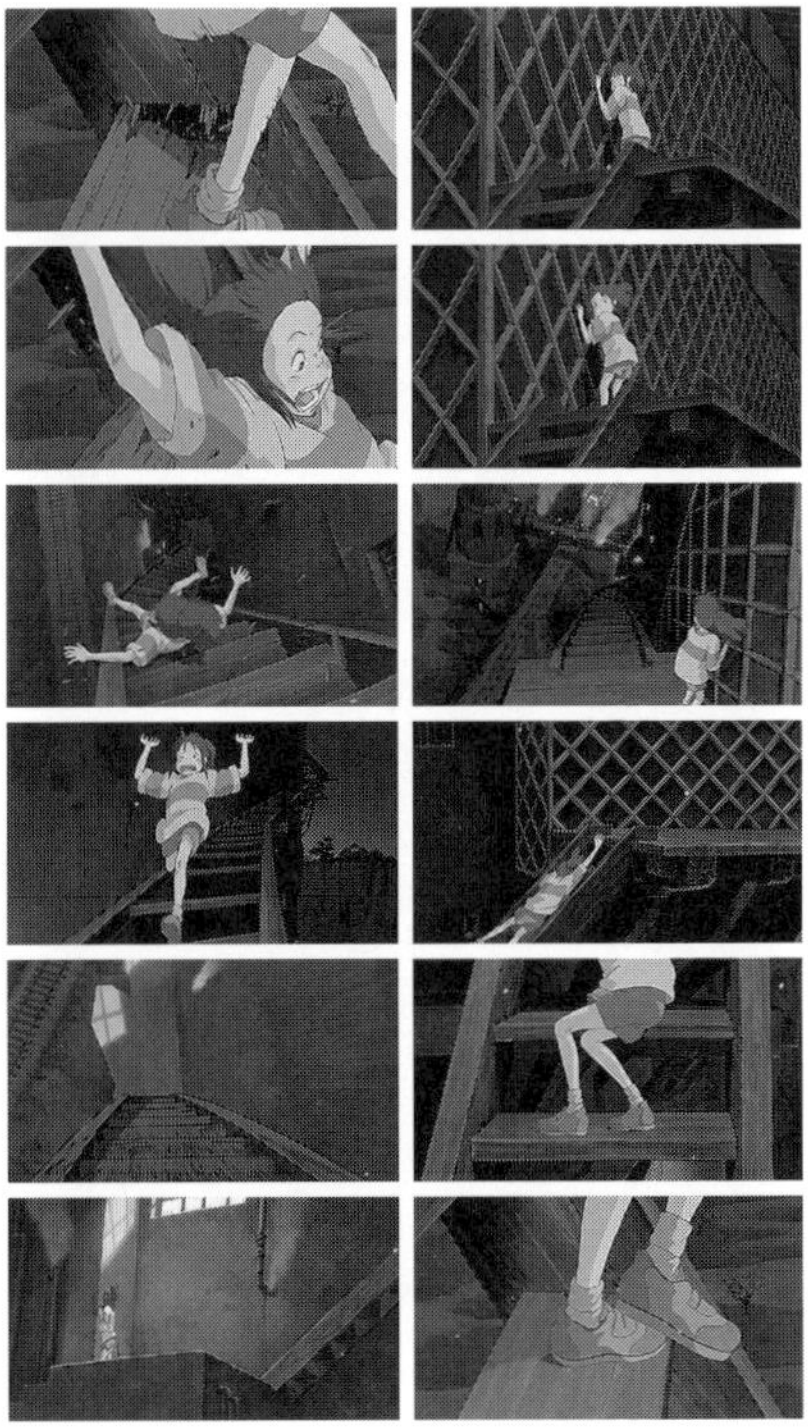

図7-7～7-18　『千と千尋の神隠し』
（宮崎駿，2001）

駆け下りていく階段下からのカットでは、1コマ打ちで彼女の運動の速度感が強調される【図7-16】。次に千尋の主観ショットになり階段の下が接近してくるカットでも1コマ打ちが継続【図7-17】、最後に壁に激突して身体は急停止する【図7-18】。こうした一連の速度のコントロールと風になびく服や髪の表現は絶妙というほかない。このシーンは悲鳴以外に台詞などはなく無声映画のごとく画面の動きと音響効果だけで見せていく見事なテクニックである。

宮崎アニメが「落下」のスリルを描く別の例をあげてみよう。『天空の城ラピュタ』で天空の都市ラピュタにたどり着いたパズーとシータがムスカから逃げるシーン。上空に浮かぶ都市では常に風が吹いている。一歩踏み外せば落ちそうな壁際を歩き、「先に飛ぶよ」といって崩壊しかかっている柱へとパズーが勢いよく飛びつく。かろうじて存在した足場が次々と崩れ落ちてゆくが、何とか彼は柱にしがみついている【図7-19】。その様子を見てシータが震え上がる顔を切り返す。彼女のおさげがまるで生き物のように宙に浮いて逆毛に変化する【図7-20】。

再びロングショットでパズーが柱をよじ登っていくカット。パズーの下には「空」の空間が描かれ、落下するかもしれないという不安を煽り、同時に彼が力一杯上へと向かおうとする動きが画面上への力学を生み出す【図7-21】。ところが次のカットで柱にしがみついた手が画面下に、彼の足が上方に

図7-19〜7-23
『天空の城ラピュタ』
(宮崎駿, 1986)

描かれる【図7-22】。この意表をつく天地が反転したカットがあることによって、重力が突然逆に向かって働くため観客は一瞬混乱する。だが、この違和感のある図像は、その次のカットで柱を自力でよじ登り画面上方へとフレームアウトするパズーの上昇の運動への卓越したアシストとなっているが、パズーの生命力は重力に打ち勝って上昇していくのだ。このように画面上で上/下へと向かう力学を巧みに操作することによって、キャラクターは運動=生命力を放出し、観客は思わず体に力が入【図7-23】。それまでは上空から「落下」するかもしれないというスリルが画面を支配していたのだって画面に見入ってしまうのである。

宮崎アニメにあって、「飛翔」というアクションはキャラクターを活き活きさせると同時に、常に「落下」という恐怖がつきまとう。この「落下」の恐怖が絶たれたとき、宮崎アニメのスクリーンはこの上ないほどの多幸感に包まれる。『千と千尋の神隠し』の千尋がハクと空を舞うクライマックスは、まさにこの最たる例だ。

千尋と同じく魔女の湯婆婆に名を奪われていたハクが本当の名前を取り戻す終盤の場面は、銭婆のもとから白竜となったハクが背中に千尋を乗せて飛び立つシーンである。外に出て銭婆と抱擁を交わすときにはまったく風はなかったが、白龍にまたがった途端、強風が彼女の髪を巻き上げる。そして空高く飛翔し、右から左へと飛行する白竜と千尋。すると突然、千尋は澄んだ水の中を流れるイメージを想起する。脱げた靴が流されてゆくイメージ。彼女は過去にハクと出会っていたことを思い出す。小さい時に川で溺れて浅瀬に運んでくれたのが川の主だったハクなのだ。このシーンは基本的に2コマ打ちだが、水中のカットでは1コマ打ち、ハクに本当の名前を千尋が伝えた瞬間、竜の鱗のような破片が飛んでいき、千尋の周囲を舞っていく場面も1コマ打ちで、流麗かつ繊細な表現が達成されている。白竜からハクに戻り、上昇運動を刻印していた二人が「落下」を開始する。強くはためく衣服、舞い上がる髪、目からこぼれ落ち上昇してゆく涙、厳密にコントロールされたすべての動きが、画面に躍動感を与え、幸福な結末を称える。

物語が始まって以来、もっとも画面から運動感覚が得られるのがこのシーンである。落下するときに衣服が受ける強烈な風はもちろんのこと、ここではクロースアップがやたらと使用される。この二人が手を取り合って落ちる一連の顔のカットでは、髪の毛、衣服、涙すべてがフレームいっぱいに躍動して画面上ほとんどを運動が占有し、瞳すらも煌めきながら動いている。風が画面にもたらす動きの表現は、実写ではさほど目がいかないが、アニメーションになるとキャラクターに生命力を与え、映像そのものに独特のリズムを与える。上空、水中、飛行、高所などは宮崎駿のアニメーションをもっとも活かす場所であり、とりわけ「風」による過剰な運動が宮崎アニメの想像力の源泉として繰り返し描かれてきたのである。

宮崎駿はアニメーションの動きの面でいえば、キャラクターが物理法則を逸脱して画面を走り回る漫画映画的だった初期の『ルパン三世 カリオストロの城』(一九七九)やテレビアニメ『未来少年コナン』(一九七八)から次第に実写映画的リアリズムに接近していった。テレビアニメでいえば漫画映画とは距離をとったリアルな『機動戦士ガンダム』(一九七九~八〇)や大友克洋によるジャパニーズ・アニメーションの一つの技術的到達点といえる『AKIRA』(一九八八)のインパクトもあり、八〇年代から九〇年代にかけては、アニメーション業界全体が大きくリアルなものを志向する方向性へと旋回していった時期である。

九〇年代には押井守の『GHOST IN THE SHELL/攻殻機動隊』(一九九五)や庵野秀明の『新世紀エヴァンゲリオン』(一九九五~九六)が衝撃をもって迎えられる。一方、ハリウッドではピクサーが長編アニメーション『トイ・ストーリー』(一九九五)を発表、世界の潮流は3DCGに舵を切っていく[*6]。いずれにせよ、もはやこの時期、初期ディズニーや初期の宮崎駿が描こうとした人間離れしたアニメーションの動きは主流ではなかった。こうした文脈から次章で取り上げる今敏などのアニメーションが登場したのである。

注

1 津堅信之『テレビアニメ夜明け前――知られざる関西圏アニメーション興亡史』ナカニシヤ出版、二〇一二年、一五三頁。

2 桑原圭裕「アニメーションにおける音と動きの表現」、『アニメーション研究』九巻・一号、二〇〇八年、二八―二九頁。

3 モーションキャプチャーでアニメキャラクターの身体を動かし、フェイストラッキングで表情を動かす技術でリアルタイム処理した動画をインターネットで配信するYouTuberのキャラクター版。声と唇の不一致は特に「にじさんじ」や「ホロライブ」などの2Dモデルに顕著である。バーチャルYouTuberに関しては、以下で詳しく論じている。北村匡平「デジタルメディア時代の有名性――〈アニメーション〉としてのバーチャルYouTuber」、伊藤守編著『ポストメディア・セオリーズ――メディア研究の新展開』ミネルヴァ書房、二〇二一年、二三三―二五八頁。

4 この主題に関しては多くの指摘があるが、一例をあげると以下がある。上野昂志「映画の夢、実現と喪失『天空の城ラピュタ』――覚え書きふうに」、『ユリイカ』一九九七年八月臨時増刊号、一五八―一六三頁。

5 須川亜紀子「映像論 アニメを読む――映像としてのアニメのナラティブ分析」、小山昌宏・須川亜紀子編著『アニメ研究入門――アニメを究める9つのツボ』現代書館、二〇一四年、六一頁。

6 日本ではセル画の質感へのこだわりが根強く、すぐに移行することはなかった。デジタル化が進んでもコンピューターっぽい作画ではなくアナログのセル画の質感をいかに再現するかという方向へと日本のアニメーションは進んだのである。その結果、キャラクターはセルルックで2D、背景やメカは3DCGというハイブリッド型アニメーションが多く制作されていくことになった。

第8章

アニメーションの現在

1 虚／実を超えるアニメーション表現——今敏『千年女優』

現実／虚構の融解

今敏は四六歳という若さで夭逝していなければ、間違いなく現代のアニメーションを牽引していただろう才能溢れる作家だった。彼はまず漫画家としてキャリアを開始、九〇年代にはアニメ制作の現場に携わるようになり、『PERFECT BLUE』（一九九七）で監督デビューした。現実と虚構が入り混じって境界が混濁していく今敏映画は、しばしばメタフィクションの形式を通したサスペンスフルなストーリーテリングで観る者を混乱させていく。彼の作家性のエッセンスは知らないうちに現実と虚構が混淆することであり、それが開示される瞬間に鏡やガラスなどのリフレクションを用いた演出を好む傾向にある。

『PERFECT BLUE』で妄想に取り憑かれたマネージャーの理想の自分と醜い自分の分裂、女優へと転身した現在の未麻と彼女を追い詰めるアイドル時代の未麻の対峙、『千年女優』（二〇〇二）でヒロインがヘルメットに映る自分を見ると老婆になっているカット、『パプリカ』（二〇〇六）でガラスを介してヒロインの千葉敦子が、変装した姿であるパプリカと対話するカットなど数多くリフレクションのシーンがあげられる。客観性の後退と主観＝観念の視覚化――これが今敏映画を貫くテーマである。だが、今敏の作品でも壮大なスケールで描かれる『千年女優』は、空想＝妄想する主体を複数化する。ここからは『千年女優』におけるアニメーション固有の表現がいかに実践されているかを分析していこう。

『千年女優』の冒頭の場面。「千年」という人の一生を遥かに超える途方もない歳月に「女優」を結びつけて題された『千年女優』のファーストカットとして、これほどふさわしいイメージはない。漆黒の暗闇に煌く星々のカットで始まると、すぐに地球が遠景にフレームイン、続いて月面のクレーターに設置された宇宙ステーションが映し出される。身体から〈情念〉が溢れ出し、宇宙の彼方から地球を捉えるようなロングショット――。この作品で私たちは、〈情念〉が時空を超えて虚実の境界線を突き破ってゆく瞬間に幾度となく立ち会うことになる。その対象へ向かう〈愛〉の途方もないスケールを、この冒頭のカットは描出しているのだ。

ロケットに乗り込み宇宙へと旅立とうとするヒロインと、それを引き留めようとする宇宙服の男の冒頭の対話は、映画の中の映画（劇中劇）であり、ヒロインがかつて出演した映画のワンシーンである。それがわかるように映画を観ている現実世界の男の横顔が一瞬インサートされる。ただし、今敏の作り出す映像世界にあって、虚実の境目は後から不意に提示されるにすぎず、わかりやすく演出されることはない。ともあれこの最初のシーンが素晴らしいのは、循環構造になって最後にこのシーンに回帰するという構成の秀逸さだけでなく、二人の壮大なるパトスのすれ違いを、一瞬のうちに「切り返しショット」として提示し、作品の本質をこれ以上ないほどに物語っているからである。

『千年女優』は映画界から突然引退して隠居生活を送る往年の大女優・藤原千代子に、ドキュメンタリー番組の制作会社の社長・立花源也がカメラマンの井田恭二を連れてインタビューをし、かつて彼女が出演した映画や過去の体験が次々に回想される物語である。冒頭の映画のワンシーンは千代子が出演した映画、そして宇宙服の男に感情移入して同じ台詞を模倣する男が、編集室でモニターを見つめる立花だ。芸能界から姿を消して三〇年もの間、隠居生活を送っていた千代子がまず語り起こすのは、一六歳で映画界に入ったときのこと、そして思想犯として警官に追われる絵描きとの出会いである。彼女が想起する過去の場面には、立花とカメラを抱えた井田も現在の姿のまま登場する。ただし序盤は語られる女優の過去の描写を傍観したり、出来事に反応したりするだけである。

若き千代子は、絵描きを顔に傷のある警官から逃がし、傷の手当てをして家の蔵に匿う。そして初恋の彼が自分の不在時に警察に見つかり、駅の方へ逃走したことを知って追いかけてゆく。発車する電車を追いかけてホームをひた走る千代子。カメラを回す井田の横では、転倒した彼女を見た立花が号泣している。「俺はこのシーンを劇場で53回泣いたんだ!」と叫ぶ立花の言葉で、途中から映画のシーンになっていたことに私たちは気づく。冒頭にも増してここでは過去の現実と出演した映画の境界線はまったく示されず、「いつから映画の話なん⁉」という井田の台詞によって後から伝えられるだけである。現代のインタビューのシーンに戻ると、跪いて電車を見送る千代子のカットが主演作『君を慕いて』のワンシーンであることが知らされる。

こうした「没入」のシーンはなにも立花と井田だけではない。たとえば千代子に想起された絵描きが故郷の大雪原で絵を描く自分の姿を夢想するシーンがある。画家のナレーションで語られるその映像はもちろん彼の願望を具現化したイメージだが、絵を描く男の隣にすっと千代子が登場して微笑む。

物語の位相は複層化される。立花たちが千代子の主観の回想に登場し、思い描かれた人物による幻想に他者が入り込むのだ。こうした倒錯性がアニメーション固有の文体で描かれていくのが今敏映画の特徴である。ここで断片の記憶を再構成して物語化しているのはヒロインだけではない。過去を知る立花もまた記憶の再分脈化に加担しているのだ。そのようにして立ち上がる物語は当然、過去の事実などではなく、複数の人物が物語化する欲望から生まれた「新たな過去」である。〈情念〉は客観性を食い破り、複数の主観性が一つの映像を創り出す。こうした共幻想的イメージが『千年女優』では何度も投影されるのだ。

シーンを超えて疾走するヒロイン

『千年女優』では現在と過去の現実世界、複数の出演映画の虚構世界とがシームレスにつながっていく。細田守が現実／仮想、人間／動物、現実／ファンタジーの世界を行き来する異世界の越境に憑かれたアニメーション作家だとすれば、今敏は複数の異なる空間を乱立させ、それらが融合したり互いに侵食してしまうことを好んで描く。後で述べるように細田守は朱色の輪郭線を使って現実／異世界を明確に描き分けているが、今敏はそのような境界づけを徹底して拒絶する。虚構が現実に侵食し、現実が夢へと反転すること。だが、ともすればそのようなマニエリスム的手法はデヴィッド・リンチの映画のごとく物語の軸を喪失してしまいかねない。

そのために効果的に使われるのがマッチカット（特にアクションカット）とオーヴァーラップである[*1]。老齢の女優が少女時代を想起するときや映画ポスターのイメージから過去の物語に移行するときのオーヴァーラップ、映画から映画の移行では目立った「動き」の最中で、カットを切り替えて異なるシーンをつなげるアクションカットが何度も使用されている。そのカット間の身体的な貫通や重なり合いが、かろうじて世界の分断をつなぎとめ、連想をギリギリのところで持続させてゆく。

ただし切り返しショットの対話の途中でいつの間にか現実から映画の世界に切り替わっている意表をつく演出も散見される。とりわけ絵コンテのBパートでは過去の現実から映画、別の映画へと連想が過剰になって境界が不安定になる。過去を主観的に物語る複数の主体の〈情念〉がそうさせていると捉えることができるだろう。実際、回想が進むにしたがって、千代子が回想する物語への立花の介入は甚だしくなっていく。藤津亮太が正しく指摘しているように、Aパートでは過去の現実であれ虚構であれ「傍観者」にすぎなかった立花が、Bパートでは千代子に触れ、視線を交わし、登場人物として同じ時間と空間を共有する[*2]。

『千代子の忍法七変化』という作品の回想に股旅姿の立花が登場する。そして物語は次の作品に移ったにもかかわらず、境界を無化するように立花は同じ衣裳のまま登場し、井田のツッコミが入る。千代子もまた下町娘を演じるはずの作品に、その前の作品の遊女姿の衣裳のまま登場して、すぐに着替える演出が施される。

さらに、この映画が「千年」という壮大なスケールを体感させる要因が、乱立する作品群や現在／過去の境界を突き破る千代子の「疾走」である。『千年女優』のヒロインはひたすらスクリーンを走り続ける。しかもそのほとんどは「左→右」への運動だ。細田守は、人が走ってどこかへ「行く」ときには「右から左っていう流れ」があり、別に右側に家がなくても、自然と「映像力学的に左から右に人が動くだけで、帰って来るという意味を感じさせる」と語っている[*3]。もちろん表現次第で逆方向でも「行く」ことを意味づけることは可能だが、ここで日本の漫画が取り上げられ、読むときに右側から左へ向かって目線を動かすため、向かう進行方向が常に右から左だという指摘は、数多くアニメ化されてきた漫画との関係から考えても一定の説得力がある。

スクリーンの方向づけはヒロインに限らず序盤から明白だ。タイトルバックでは、立花たちが高速道路で車に乗って千代子に会いに行く車窓から見える都心の光景。戦後直後の焼け跡の東京を彷徨う若い頃の千代子が映し出された後、再び現在の東京の工業地帯がオーヴァーラップされる。今度は宇宙に飛ぶロケットが重ねられ、再び現在の高速道路を走る車のカット、さらに若い千代子が満洲へ出港する戦前の光景になる。これらの歴史を超える壮大なイメージは、すべて「左↓右」の横移動になっている。千代子は左から右へ向かって過去へと回帰するための疾走を繰り返す。「鍵の君」の記憶を手繰り寄せようと、時代劇から戦前・戦後の映画まで「千年」の時空を駆け抜けるのだ。

重層化するイメージ

『千年女優』は横への水平移動に加えて「円環」のイメージで満ち溢れている。中盤から何度も登場する妖婆の糸車、自転車や馬車、人力車の車輪が何度もフォーカスされ「円環」のイメージを印象づける。これは今敏が「輪廻」を視覚的に具現化したもので、彼が「輪廻するのは「関係」である」と話すように、本作では時代／作品を超えても同じ「関係性」が反復する*4。絵描きとの出会い、警察に追われる画家、傷男による詰問、立花による救済、画家のもとへ向かう疾走……いうまでもなくこれは、過去に起こった客観的な現実ではない。欲望が創り出すイメージの氾濫。歴史を超えた〈情念〉による物語化は、過去を書き換え、幾度となく宿命の重層的な関係性を浮かび上がらせる。

もっとも重要な劇中劇は、その後も度々出てくる妖婆が出現する『あやかしの城』と、立花が登場人物として介入する『紅の華』だ。なぜなら実際に起こった現実の出来事が劇中劇に凝縮しているからである。夫が殿になる日に家臣の謀反に巻き込まれる姫を演じた設定の時代劇で、まず千代子は燃え上がる城の天守にいる殿のもとに駆けつける。だが血だらけになった殿はすでに首無しの遺体、彼女は泣き崩れ、刀を手にして自害しようとする。そこに糸車を回す妖婆が現れる。老婆は「円環」のイメージを携えている――紡がれる糸車、差し出される茶碗と円状に広がる煙。妖婆は「かの君も待ちかねておる……」と茶を飲むように促す。夫を振り返り、視点ショットで倒れた亡骸が映し出される。千代子が一気に茶を飲み干すと、それが夫のいる彼岸にいける茶ではなく「千年長寿茶」であり、未来永劫、恋し続ける運命であることが告げられる。そして老婆が笑い声をあげて去ると、焼け落ちた梁が千代子に向かって倒れてくる。だが次の瞬間、鎧武者となった立花が身を挺してそれを受け止めるのである。「いつからやねん⁉」という井田のツッコミも無視したまま物語は進行する。

殿の亡骸から身体が焼失し、「殿は……無念にも敵の手に捕らえられましてございます」とオフスクリーンから立花の声が届く。おそらくこれは「嘘」である。現実では戦後になって贖罪のために傷男が訪ねてきたとき、画家の拷問死を知った立花は千代子に伝えられずにいる。劇中劇ではその後、二人で馬に乗って疾走し、立花が敵に撃たれるが、その顔は傷男である。千代子に回想される映画の敵役はすべて、愛する画家を追いつめる傷男に入れ替わるのだ。この後も語られる映画では、千代子が画家に出会ったときの血痕、彼を逃がそうとする千代子、追い求めて疾走する千代子が設定を変えながら登場し、物語に創造的に介入する立花は何度も傷男に迫られる千代子を救出する。また劇中劇では戦中に画家が傷男に捕まってしまう描写もある。後でわかるように、立花による千代子の救出や絵描きの逮捕は、現実で起きたことのアレゴリーとして作品に反映されている。観客は既視感のあるイメージに幾度となく直面し、「輪廻の関係性」を反復と差異のもとで幾度も目の当たりにすることになるのだ。

もっとも、こうした重層性はなにも物語内部にとどまることはない。膨大な日本映画史の引用で作品が構成されていることは明らかであり、作品を受容するとき同時に体験される情報量の多さは他に類を見ない。いくつか思いつくままにあげれば、黒澤明の『蜘蛛巣城』における糸車の妖婆と矢を浴びる三船敏郎、木下惠介の『二十四の瞳』で教壇に立つ高峰秀子、小津安二郎の『東京物語』で号泣する原節子、『トラック野郎』シリーズの菅原文太、『君の名は』の岸惠子、他にも『妖星ゴラス』『無法松の一生』『鞍馬天狗』のみならず時代劇の姫君や江戸の町娘、遊郭の女など、日本映画史が描き続けてきたイメージが凝縮されている。本作の受容は観客それぞれの映画経験に根差した固有の体験を形づくるだろう。

『千年女優』は映画の視聴経験だけではなく他にも映画史と連関させてテクストを重層化する。たとえば銀映撮影所が閉鎖され、取り壊される描写は、松竹大船撮影所を想起させる。より強力なのは実在する女優の影響である。劇場公開時のプレスシートに掲載された対談で、モデルにした女優はあるか聞かれた今敏は「主人公の千代子に具体的なモデルはありませんが、突如引退して姿を消したという設定は原節子さん、戦後日本国民に明るい希望をもたらせたという意味では高峰秀子さんもイメージにありました」と語っている*5。ともあれ原節子が映画受容に与える強度は格別である。千代子が映画界から突然姿を消して長い隠居生活を送っているという設定は、一九六三年に映画界から姿を消した原節子のミステリアスな人生に重ねられる。序盤で家政婦が千代子のことを「お友達といえば本とお庭いじり」と紹介するが、これも原節子の趣味としてファン雑誌に何度も紹介されていた事実である*6。こうして撮影所時代と伝説の映画女優の引退という史実を借りて物語る間テクスト性が作品を重層化し、独特の受容を成立させる。この圧倒的な映画史の情報量の「過剰さ」は、テクストを映画史という作品の外部へと拡張し、共鳴させるのだ。

その意味でもっとも重要なのは戦後を語るCパートの序盤である。ここでは立花が銀映で働いていたことが発覚し、若い頃の彼が登場するため、Bパートのように回想される物語に干渉することはほとんどない。千代子が回想を始めると藤原と書かれた玄関が映され、次に見合い写真のショットになる。続いて母と娘が食卓を挟んで言い争っている。「いつまでもちやほやされる訳じゃないんだよ」と家庭をもつよう促す母と、婚期を逃しつつある娘の対立は、明らかに小津映画の原節子を彷彿とさせる。実際、婚期を逃しつつある女性に見合い話を周囲がもってくる設定を戦後の小津映画は何度も描いた。

　引用されるのは主題だけではない。対話する母と娘のショットはローアングルからの固定カメラ、続く対話もイマジナリー・ラインのルールを逸脱する正面からの切り返しを使い、小津へのオマージュを捧げる。また、しゃがむ動作の途中にショットを切り替えてアクションつなぎをするところなど、小津映画のスタイルを見事に再現している。引用は形式にとどまらない。切り返しの途中で千代子の母が共演相手の詠子になり、突然『女の庭』という劇中劇に入り込む。「生きてるか死んでるかもわからないじゃないか」と母にきつくいわれた千代子は言葉に詰まって泣き出す。「あの人はきっと生きてる！」と言い返し、顔を両手で覆う千代子はまさに『東京物語』のラストシーンで涙を流す原節子である。このシーンは戦死した夫のために再婚することなく献身しようと生きる原節子が、亡き夫を「思い出さない日さえある」と苦しみながら「真実の姿」を暴露するもっとも感動的な瞬間である。

　時の経過がもたらす「忘却」――。顔を覆って泣く彼女に、「老い」という問題が突きつけられる。この直後、『学舎の春』という劇中劇のワンシーンになり、教壇に立つ千代子が生徒の前に立っている。「大切な人」の鍵だと千代子が話すと「どんな顔」かと聞かれる。すると、「顔も思い出せない」といってその場で泣き出してしまう。この演出は『二十四の瞳』で教師役を演じた高峰秀子である。彼の顔さえもう思い出せない。彼がいつか見つけてくれると信じて映画に出演し続けていたが、「私はもうあの人の覚えている私の姿ではない」。切り返しショットで詠子の背後にあるガラスに妖婆が映り込む。「あの人に老いた姿を見られるのが嫌だった」――これが千代子の「真実の暴露」である。彼女は妖婆になった自分の姿に直面して「見られること」を拒絶し、映画界から姿を消したのだ。このようにして今敏は作品内部では「輪廻の関係性」を反復させ、作品外部からは日本映画史が築き上げたイメージを取り込んで、より強力なテクストを編むのである。

千年の愛は虚実を超える

「鍵の君」への壮大な愛の叙事詩を描いたこの物語は、クライマックスにおいて驚くべきどんでん返しを迎える。自宅で倒れて病院へ運ばれた千代子は死を覚悟する。顔からのマッチカットでロケットに乗る映画の彼女になる。冒頭の映画のワンシーンだ。だが、引き止める相手役が立花に変わっている。病室で立花から戻ってきた鍵を手に「また、あの人を追いかけて行く」と彼女はつぶやくが、最後にロケットの操縦席で彼女は次のようにいう――「だって私……あの人を追いかけている私が好きなんだもの」。

異性への恋愛に激動の人生を捧げてきたかと思いきや、千代子は最後のシーンでこれを放棄するのである。今敏は「絶対辿り着くことのないものに向かって近づき続けようとする態度が大事である」と考えたのが『千年女優』で、「そういう私が好き」という最後の言葉には、そのような思考を託したと述べているが、当然私たちはその通りに作品を読む必要はない*7。

このラストシーンに関しては、大女優の千代子が生涯想い続けた絵描きへの壮大な愛ばかりが当然のごとく語られてきた。だが、この作品におけるもう一つの千年を超える無上の〈愛〉は、あまりにも見過ごされてきたように思う。そう、同じ映画を五三回も観て、同じ撮影所に入って近くで支え続け、いきなり姿を消して三〇年が経過した現在でも千代子のキーホルダーを大事に使い、彼女の一代記のドキュメンタリーを制作しようと熱狂的に恋慕を募らせる立花の女優へ注がれる途方もない〈愛〉のことである。

この作品における劇中劇は、リアルな作品ではなく、回想する人物の〈情念〉と想像力が溢れ出て再分脈化される場所だった。そこで何度、立花は千代子に愛を捧げていただろうか。立花は「惚れた女のため」なら「死ぬのも本望」と呟き、命懸けで千代子を助けた。だが、千代子はすでに走り出し、彼の真実の気持ちは届けられることはない。別の作品でも、彼女が去った空間で本当の気持ちを伝え損ねる立花が何度も描かれている。最後の宇宙ステーションのシーンでも「私は、あなたを……」と告白しかける。千代子が蓮が好きだということを知って社名もロータスにしたくらいのファンである。現実でも虚構でも身を投げ出して何度も千代子を救出したファンである。立花はただのファンを優に超えている。彼の〈情念〉は千年を超え、叶うことのない一方的な愛を注ぎ続けてきたのだ。

最期のとき、病院のベッドで「もうお別れですね」という千代子に立花は「医者もきっとよくなると」といって「嘘」をつく。「嘘は下手なのね……」とすぐに見破られる。この作品における最大の「嘘」は何だったたか。それは傷男から画家を拷問で殺してしまったという真実を聞いた若い頃の立花が、千代子にその事実を隠し続けてきたということである。病院へ向かう車内で立花が「あの人は……いない人の影を追いかけていたんだ」と井田に語るこれまでにない暗く悲しい悔恨の表情を見逃してはならない。何十年もの間、立花は画家の死を隠し通し、画家の鍵を返したインタビューのときにも明かすことができなかった。「嘘は下手なのね」という立花に向けられた千代子の言葉には、それも察しているという意味が二重化されている。「嘘」を見抜かれた立花は泣きながら「今度は、きっと逢えますね……あの人に」という。だが、彼女は不自然にも突然「どうでしょう……でも、どっちでもいいのかもしれない……」と驚くべき言葉を放つのだ。

千代子は自分の死と画家の死、そして彼の「嘘」を察し、立花への最大の「嘘」をつく――「あの人を追いかけている私が好き」。この言葉によって彼女の死後、立花の罪の意識は軽くなるはずである。三〇年前に知った真実を話せなかった立花の苦しみを少しでも軽減させることのできる、最大の言葉だといってよい。

むろん、もう一つの解釈の可能性も残されている。この場面では病床で「だって私……」とつぶやく途中でカットがロケットの操縦席の千代子に切り替わる。すなわち、この後の言葉は立花の創り出すシーンであるという解釈だ。本作ではそうしたルールが前提となっていたはずである。偶像を理想の姿のまま投影すること――「あの人を追いかけている私が好き」。だが、それも今敏が千代子にいわせたように「どっちでもいい」に違いない。虚実を混淆させることを好んだこの作家が、一つの単純な解釈を好むはずはないからである。ともあれ、この言葉を残した藤原千代子という映画女優は「永遠」となる。実際、原節子は結婚することなく生涯を孤独に生き抜いて「神話」となった。近代的な異性愛制度を超越し、「永遠」を手にしたのだ。このような超越性はあらゆるファンの欲望を受け止める包摂力を持つ。

冒頭の映画の千代子と編集室の立花の切り返しショットを思い出そう。それは死にゆく過去の映画のヒロインと、モニターへ向かう現在のファンの、歴史を超え、虚実を超えた、決して混じり合うことのない残酷な眼差しの切り返しショットであった。だがラストシーンでは、冒頭と同じ方向での右を向く千代子と、左を向く立花の切り返しが中断され、千代子の真正面からのショットになる。その視線は、すれ違うことなくこちら側を見返している。「あの人を追いかけている私が好き」――それは立花に、スクリーンを見る私たちに、直接届けられた言葉にほかならない。

2　実景を再解釈するデジタル表現——新海誠『君の名は。』『言の葉の庭』

新海誠の映像スタイル

二〇一六年に劇場公開された『君の名は。』の記録的な大ヒットは、それまで国民的なアニメーション作家では決してなかった新海誠の名を世界に知らしめた。この作品は想定外の幅広い観客にまで訴求し、彼の作家としての地位を一気に押し上げる結果となった。だが、もともと新海はスタジオで叩き上げられた巨匠たちとは違って、ゲームメーカーに勤めていたときに自分でコンピューターを使って絵を描き、動かすことを学んだ新しい世代の作家である。

新海は会社を辞めてすぐに自主制作のアニメーションを作り始めた。二作の短編アニメを経て『ほしのこえ』を制作したのは二〇〇二年のことだが、ちょうど一九九〇年代後半あたりから日本のアニメ業界はデジタル化の過渡期であり、個人のコンピューターで精密に作られた新海の風景＝背景は驚きを持って迎えられた。ちょうど3DCGで作られたピクサーの『トイ・ストーリー』が一九九五年に公開されて物議を醸し、セル画の質感を重視する日本のアニメファンは当初拒絶反応を示したものの、コンピューターの普及もあってアニメーションのデジタル化は避けて通れない現実であった。スタジオで大人数のスタッフで作られるアニメと違って、初期の新海はアニメ制作の個人化を押し進め、コンピューター作画の拡がりとともに『ほしのこえ』を発表したのである。

新海アニメの最大の魅力はワンカットの静止画的な絵の美しさである。津堅信之はキャラクターの心理を演技や台詞ではなく長いモノローグで表現する点など、これまでのアニメーションの常識から離れている一方で、「絵の動きよりも絵の「見せ方を工夫する」という、『鉄腕アトム』以後の日本のアニメ界が長く模索してきた道筋の延長線上に完全に位置している」*8と論じている。絵の動きではなく、背景や音によって物語を進めていくのが新海アニメの特徴なのである。

パソコンによる描画ではセル画と異なり無限にレイヤーの数を重ねられ、色彩や透明度、光を自由にコントロールできる。新海の描く背景は現実そのままを再現するのではなく、実写の映像以上に、光と色彩によって加工されたどこにもない美しい風景を立ち上がらせる。背景は、デジタル処理された擬似的な風景の美を強調する。人物の動きを抑制した新海アニメは「生命を吹き込む」(animate)というアニメーションの本質とかけ離れているのだ。宮崎駿や高畑勲などのアニメの核心、つまりいかに「絵を運動させるか」を追求してきた世代と一線を画す新海アニメは「静止画的」な絵を前面に押し出す。加藤幹郎は「主体と風景はあくまでも切り離しえないものとして一体論的に創造されるのが新海誠のアニメーションの特徴」であり、「風景は主人公の心情を注釈するものである」と述べている*9。だからこそ新海アニメではキャラクターの表情が乏しく、風景に登場人物を溶け込ませるロングショットが頻繁に使われるのである。

新海誠の作品群を貫く一つの主題は「距離」である。新海アニメの特徴を大雑把にまとめると、まったく別々の場所に住む男女が何かをきっかけにつながっていくか、一緒にいた男女が次第に運命によって引き離されていく物語が多い。初期は再会しかけてすれ違ったまま終わる悲劇的パターンが多かったが、『君の名は。』以降、数年後に再会し、明るい未来を示唆するハッピーエンドへと変化している(厳密にいえば受験生応援CMとして二〇一四年に制作された短編アニメーション『クロスロード』以降)。もちろん出会いと別れを描くのは物語として当然のことだが、新海アニメの場合その時間と空間を使った距離感が計り知れないほど大きく、主人公の男女はその隔たりの中ですれ違いのメロドラマを演じてきた。この点をトーマス・ラマールは次のような言葉で表現している。

新海の映画中では、距離が計り知れないほど広大に感じられる。どんな距離も、まるで宇宙論的な規模であるかのような雰囲気を湛え、どんなギャップにも、日常生活の隅から隅にまで、宇宙が浸透しているように見える。だがこの同じ距離が、時には幻想で非現実的だと感じられもする。まるで、星間空間で遠く隔たっても関わり合う電子のように、遠く離れた地点がどうにかして連絡を密にして、常に既にコミュニケーションしているかのようである。*10

この二人の「距離」を結びつける線分として使用されるガジェットが携帯電話やメール、手紙、画面を横切る飛行機やロケット、彗星、駅のホームや線路、電車、橋などである。しばしば二人が引き離され、距離が限りなく遠ざかったときに使用されるのが男女のナレーションによるシンクロである。モノローグの多用は押井守の影響も見られるが、新海アニメの独自の特徴は、絶対に重なり合うことのない時空間にいるにもかかわらず、声（想い）だけが重なっているような演出であり、『ほしのこえ』から『天気の子』にいたるまで一貫している。

新海誠は非常に作家性の強い監督であり、他にも作品を超えた表現の一貫性が見られる*11。たとえば露出オーバーで表現される光の落差の強調、色彩／証明設計の人工性（蛍光灯、街灯、コンビニ、携帯のライト等）、実写的なカメラワーク（手ブレ、ドローン、フレア、ゴースト等）、突然のMV的な映像設計（映像に対する音楽の優位）、光源そのものに向けられた逆光カット、カメラレンズ越しに描かれる人工的な映像などがあげられる。プロットとしては数年単位で一気に時が流れる突然の時間経過も特徴的だ。舞台として描かれる場所にも一貫性がある。新海はスタジオジブリを意識してかわからないが宮崎駿が描かないもの――大都市の光景、都会のビル群、夜の歓楽街、都市にあるカフェ、都会のストリートなど――を積極的に描く傾向がある（細田守がスタジオジブリや宮崎駿をかなり意識して影響を隠さないのとは真逆である)。

広角レンズで捉えた引きの構図を特徴とするロングショットでは精緻に描かれた風景が強調される分、主人公同士のカットはツーショットが多くなり、二人のダイアローグはあまり切り返しショットで進んでいかない。効果的に切り返しが使われるのが、同じ時空間を共有していない時である。『ほしのこえ』『秒速5センチメートル』『君の名は。』で声のモノローグが交互に入るとともに映像も二つの場所を交互に映してゆく。「時空間の距離」を隔てた切り返しショットが、新海アニメの残酷な隔たりをこれ以上ないほどに強調しているのである。

新海アニメのテーマ――『君の名は。』(二〇一六)

新海アニメの表現が結実した『君の名は。』は、まず広い空を縦断する彗星群のイメージで始まる。画面を分割する〈線〉への偏愛は、本作だけではなくほとんどの作品でスクリーンへと浮かび上がる。反復されるこの表現は、彼が好む二人の関係性の分断という主題と関わっているのだろう。そして冒頭のカットに続くのは、雲の上に強く輝く太陽が捉えられた逆光のショットである。周囲にはゴースト(レンズ面に反射した光が作り出す虹色の画像)がくっきりと描かれ、カメラレンズの介在性が印象づけられる。

離れた場所で暮らす瀧と三葉の映像とともにモノローグが交互に聞こえてくる。映し出されるのは東京の都市、ホームを行き交う人びとと電車、ベッドから目覚めた主人公たちの日常の光景。住む場所は違えどカットが二人を対照的に切り返す。すぐにモノローグが「あの日、星が降った日、それはまるで……」(瀧)「まるで夢の景色のように……」(三葉)と交互に付され、やがて男女の声がシンクロする――「美しい眺めだった」(瀧&三葉)。このようにして新海的表現が凝縮された導入から

RADWIMPSの『夢灯籠』でタイトルバックになる。

主人公は飛騨の山奥にある架空の糸守町に暮らす女子高校生の三葉と東京に住む男子高校生の瀧。ある日、突然二人の心が入れ替わってしまう。最初は大混乱するが次第にお互いの日常を維持するためにスマートフォンで情報を共有して日々をやり過ごす。だが、ある時を境に「入れ替わり」が途絶える。瀧は三葉のいる糸守町に向かうが、実は隕石が衝突して三年前に彼女が亡くなっていたことを知る。すなわち、入れ替わっていたのは三年前の三葉と現在の瀧の心だったのだ。『ほしのこえ』の時空間の距離の拡大という初期からあった新海的主題が迫り出してくる。

瀧は町を破壊した隕石から町人を救おうと再び三葉の身体に入り込んで、二人はついに隕石が落下する日、三年の時を超えて会うことができる。このシーンでは相手に会うまで「時空間の距離」を隔てた切り返しが使われる。視線の一致のためではなく、別の場所に存在する者たちの電子的な対話のための切り返しといったほうがよい。やがてもとの心に戻った三葉は村を救うために奮闘し、友人たちと協力して町人たちを救出する。

そして瀧が糸守に行った日から五年後（彗星災害からは八年後）——。こうした数年単位の唐突な時間の飛躍も新海的な表現であることはすでに述べた通りだ。新海アニメの主人公はいつも救いようのない「欠落感」や「喪失感」を抱えている。そしてそのまま少年／少女から青年へと時だけが過ぎてゆく。二人の運命的なつながりが幸福なかたちで最後に現れ、未来を予見させるように終わるのが近年の特徴だが、以前は再会を果たすことなくすれ違い、別々の場所で暮らす二人を描いて終わる結末が多かった。

映像と音響——『言の葉の庭』（二〇一三）

『言の葉の庭』は、その意味では後者に属す。この作品も新海の表現スタイルの特徴が随所に見られる、新海アニメーションを捉えるための最適な作品だといえる。ここでは映像設計と音響設計を中心に見ていこう。

舞台は新宿御苑、いつものように描かれる無機質な都会の風景に緑色を基調とした色彩が映える。雨の庭園で男女が心を通わせていくための重要な場所である。新海アニメの美しい背景は、現実の客観的な風景ではない。それはデジタル技術を通じて主観的な感情を思いのまま精密に表現されたどこにもない背景、いわば「実在の風景の再解釈＝設計」である。ただし、この作品においては人物もかなり加工され、とりわけ緑に囲まれた場面におけるキャラクターの塗り分け表現に力を入れている。髪や服、肌、そして輪郭線までも反射色（緑）に寄せた色で塗っているのである。すなわち線に色をつけて、面も環境光の色作りをしているのだ。実写では環境光によって被写体の色味が変化するのは当たり前だが、アニメーションでこれを表現すると通常なら不自然になり、違和感を与えてしまう。線と面の塗り分けを精緻にコントロールすることで、アニメーション固有の世界観として描き直し、デジタル表現の可能性を切り拓いたといえるだろう。

実際、近年では京都アニメーションの秀逸な作品『ヴァイオレット・エヴァーガーデン 外伝―永遠と自動手記人形―』（二〇一九）でも、周囲の環境光による輪郭線や照り返しの色の塗り分けなど新海の影響が見て取れる。こうした色彩の表現に加えて『言の葉の庭』で何より素晴らしいのが、『天気の子』（二〇一九）へと直結する「雨」の表現である。生徒の嫌がらせで高校に行けなくなった古文の教師ユキノと、靴職人を目指す高校生のタカオが雨の日の公園で出会う。梅雨に入り、雨の日の午前中は授業をさぼって庭園のベンチで靴のデザインを考えていたタカオと、朝から仕事に行けずビールを飲むユキノの交流が始まる。二人は次第に一緒にいることに幸福を感じるようになるが、タカオが想いを口にすると、ユキノは地元の四国へ帰ることを告げる。

新海アニメで頻出する雨や雲は主人公の表情と引き換えに絶え間ない運動を持続する。キャラクターの平面性に対する背景の立体感、人物の表情よりも圧倒的な情報量を伝達する媒体として新海アニメの自然の運動体は描かれている。だから突然の豪雨に見舞われてユキノの家に行き、服を乾かし、一緒にコーヒーを飲む終盤の幸福な場面で、タカオが「俺、ユキノさんが好きなんだと思う」と告白すると「ユキノさんじゃなくて先生でしょ」という残酷な台詞の直後、通常ならばショックを受けた表情をアップで映すところだが、窓の外から二人を捉えるカットに切り替わる。前景には土砂降りの雨、ドアのガラス越しに二人が対面で座っている姿を捉えたロングショットだ。明らかに乏しい表情と身振り、手前で降り続く雨がもっとも雄弁に絶望を物語っている。実際、このカットでユキノの「先生は来週、引っ越すの」と四国の実家に帰ることを告げる台詞が入る。「今までありがとう」——この突き放すようなユキノの言葉に添えられるのは雨降りの新宿御苑の庭園のカット、ユキノの足のカット、タカオの背後から湯気を出すコーヒーカップのカット、ベランダの鉢植えに降り注ぐ雨のカットである。

物語の進行にしたがい惹かれ合う二人の距離が狭まり、一気に引き離されるこのシーンで映像化されるのは、キャラクターの表情よりも人間以外の状況である。新海アニメでは「環境」こそがもっとも饒舌に物語るからである。と同時に新海アニメできわめて重要なのが音響設計である。美しいピアノの旋律と雨音で画面は抒情的な空気を湛える。『きみのこえ』からほとんどの作品に見出される男女の声のシンクロ——「今まで生きてきて、今が」（タカオ）「今が一番……」（ユキノ）「幸せかもしれない」（タカオ&ユキノ）という二人のモノローグがこのシーンでも重なりあう。そして告白の後、突き放されたタカオは突然「俺、帰ります。色々ありがとうございました」とユキノの家を出ていってしまう。そして物語は一気にクライマックスへと突入してゆく。ここからの映像と音響は新海誠のスタイルが凝縮されたシーンだ。

一人ぼっちになったユキノは肩を震わせて泣き始め、タカオに惹かれていたことを実感する。フレームが冷蔵庫の背後からゆっくりと移動してパンで彼女の姿が横から捉えられる*12。冷蔵庫の横＝画面手前のレンズにゴーストが浮かび上がる。彼女の記憶の中にあるタカオの声が聞こえてくる。続いて二人が出会った庭園を俯瞰するカットではドローン撮影のように視点が一気に上空へ引いていく。そして水面に落下する雨が波紋を美しく広げるカット。そのようにして自然の風景が細かくカットでつながれ、部屋に戻ってきた途端、彼女は立ち上がって外へと駆け出していく。立ち上がる瞬間、アクションつなぎで反対側のローアングルからユキノの姿を捉える。椅子が倒れ、光学的にはありえないゴーストの虹色がくっきりと描かれ、実写のカメラワークのように横に揺れる手ブレで彼女の動揺する情動が形態として演出される。

裸足で部屋を飛び出し大雨が降り注ぐなか、ユキノはマンションの階段を駆け下りる。彼女が転倒するのに合わせて再び手ブレ。立ち上がってさらに進むとタカオが佇んでいる。階段の途中で立ち止まるユキノと下にいるタカオのロングショット。彼女に気づいたタカオは、さっきの告白は忘れてくれと伝え、次第に涙を流しながら彼女に怒りをぶちまけていく――「あんたは一生そうやって（…）ずっと一人で生きて行くんだ」。それを黙って聞いていたユキノの目からも涙がこぼれている。堪えきれなくなって泣き出す瞬間、横から一気に日の光が差し込む。駆け下りてタカオに抱きつき、泣きじゃくるユキノ。いつしか雲が晴れてキラキラと輝く黄金の雨が二人に降り注いでいる――「あの場所で私、あなたに救われてたの」。もっとも美しい虹色のゴーストが煌めきながら二人を取り囲む。

ここで秦基博の歌う『Rain』（原曲：大江千里）が大きな音量で流れ、被写体からカメラが一気に遠ざかって景色を映すパンニングが使用される（この映像設計は『秒速5センチメートル』『君の名は。』『天気の子』でも使われている）。雲の隙間から輝く太陽の光源とゴースト、輝く雨が画面を占有する。実写的なカメラワークで映像が設計され、レンズの光学現象が主人公の感情に重ねあわされる。あくまでも新海は環境によって情感を表現するのだ。ここから先は新海アニメを貫くパターン、すなわち「映像に対する音響の優位」で観客の情動を揺さぶるシーンとなる。

新海は「止め絵」のようなあまり動かない絵でシーンを構成することも多く、キャラクターを躍動させることよりも音の力を活用する。シーンによっては映像はほとんど動かず、ラジオドラマのように聴覚によって進行していく場面もある。新海アニメにおける内省的で塞ぎ込んだモノローグと伴奏が優位になるMV的な演出の多さは今更指摘するまでもないだろう。主人公の男女のナレーションが頻繁に感情を吐露し、山崎まさよし、秦基博、RADWIMPSなどの流行りのミュージシャンによる歌ものの楽曲に絵が添えられる（逆ではないことが重要である）。小節の強拍に合わせて映像が切り替わっていく音の前景化。『秒速5センチメートル』では、山崎まさよしの『One more time, One more chance』がクライマックスで効果的に使われるが、ドラムのフィルに合わせて映像を細かくカット割りするほど音楽を中心に映像が設計される。

このように環境＝運命に翻弄されて引き離される男女を何度も描いてきた新海アニメは、歌ものの音楽なしでは成立しない作品になっており、結論で述べるように、音の快楽を前面に押し出す現代の映像文化の流れの一端を担っているといえよう。

3　アニメ／映画の越境――細田守『おおかみこどもの雨と雪』

細田アニメを測量する

二〇一〇年代、独自の作家的スタイルを確立し、商業的にも成功して国民的アニメーションを作り上げたのが細田守であり、現代の日本のアニメーションを語るときに欠かすことのできない作家となった。新海誠がフレア／ゴーストといった現象を作為的に表現してカメラの介在性を際立たせ、手ブレやドローン撮影などのカメラワークを使用してアニメを「実写化」するのとは異なる仕方で、細田アニメは「映画」に接近する。とはいえ、それはアニメーション特有の表現を退けるのではなく、むしろアニメーションにしかできない表現を追究しながら、そこに「映画的」な要素を織り交ぜていくようなスタイルだと認識したほうがよい。

細田アニメの基本的なパターンは次のようなものだ。まず二つ（ないし複数）の世界があり、主人公は現実とその他の世界を行き来するようになる。『デジモンアドベンチャー』（一九九九）、『デジモンアドベンチャー　ぼくらのウォーゲーム！』（二〇〇〇）、『サマーウォーズ』（二〇〇九）では現実／仮想世界、『時をかける少女』（二〇〇六）では現在／過去、『バケモノの子』（二〇一五）では人間／バケモノの世界、『ミライの未来』（二〇一八）では現実／ファンタジーというように、異なる世界を往復することで危機に直面し、困難を克服する活路を見出す。最終的に苦難を乗り越えるのは、自分一人の力ではなく、（擬似）家族や親族、仲間との絆が作り出す力だ。しかも終盤には祝祭的で壮大なアニメーション表現がクライマックスを盛りあげる。

ところがこれから論じられる『おおかみこどもの雨と雪』（二〇一二）は、人間／動物の世界を描いているという意味では他の作品と類似するが、細田アニメのスタイルからやや逸脱する側面もある。本作は「おおかみおとこ」と人の間に生まれた「おおかみこども」の雨と雪を人間の母親・花が育てる成長の物語だ。しかし夫が死に、都会に住めなくなった一家は山奥の古びた田舎に行きっぱなしで、二つの世界を行き来することも都会に戻ることもない。最後にカタルシスを得られる他の細田アニメに比べると、家族が離散したまま静かに物語が閉じられ、詩的な余韻を残す。だが、本作は細田アニメの到達点といってもよい特有の表現力を備えた傑作である。

この作品の特徴は物語全般を支配する姉の雪のナレーション＝語りの形式にある。一三歳になって中学校の寮に入るために家を出た雪が、生前の母と父の出会いから語り始めるのである。すなわち、ここで語られる物語は母から伝え聞いたことと、自分が直接経験したことを照らし合わせた、現在の花による過去の創作なのだ。したがって、語り部である雪が知り得ない生前のことや、伝聞を超えた母の苦難や弟の成長の描写は、彼女の物語化の欲望の投影、いわばフィクションの想像力の領域だといってよい。だからこそ、狼と人の子供を育てる母という荒唐無稽な設定を「おとぎ話」のごとく受容可能にするのである。

表8-1　細田守アニメーションのASL

作品	公開年	ASL
『ワンピース THE MOVIE オマツリ男爵と秘密の島』	2005年	4.1秒
『時をかける少女』	2006年	5.2秒
『サマーウォーズ』	2009年	4.8秒
『おおかみこどもの雨と雪』	2012年	5.8秒
『バケモノの子』	2015年	4.4秒
『ミライの未来』	2018年	5.8秒

フィクションのフィクション化――。二重の複雑な構成が作品にいっそう豊かな奥行きをもたらしていることは間違いないだろう。特異なのは語りの形式だけではない。細田アニメにおける映像上の〈意味〉は、台詞や芝居とは異なる次元で映像化される。彼が繰り返し用いるモチーフやスタイルは、すでに多くの論者が指摘している。とはいえ本作に限れば、その表現技法が十全に論じ尽くされたとはいい切

表8-2 『おおかみこどもの雨と雪』のショットサイズ

ショットサイズ	比率(%)	最長(秒)
ELS	17.6	47.9
LS	31.5	57.0
MLS	8.7	29.1
MS	18.3	31.8
MCU	14.2	25.9
CU	4.5	19.6
Others	5.2	―

れない。だからこそ、ここでは映像の細部に分け入って、これまで為されなかったミクロな分析を施したい。

アニメーターとして東映動画で下積みを経た細田が、自分を「芝居派」ではなく「表現派」だと位置づけていることは注目しておいてよい。顔の表情や台詞の抑揚ではなく「美術や比喩や手の芝居など映画のもつ象徴性を使って演出をする」*[13]こと。細田は先輩演出家からの助言によってキャラクターの表情や声の芝居ではなく、背景やプロップ、構図などによる画の表現を追究するようになったというのである。そのためにはどうしても遠景からのショットが不可欠になる。氷川竜介によれば、『おおかみこどもの雨と雪』では「アップショットを減らし、被写体を遠くにとらえたロングショットを多用している」*[14]。実際、初の長編アニメーション映画『ワンピース THE MOVIE オマツリ男爵と秘密の島』の一ショットあたりの平均時間（ASL）は4・1秒と短かく、『おおかみこどもの雨と雪』は5・8秒とかなり長い*[15]。前作『サマーウォーズ』の4・8秒、次作『バケモノの子』の4・4秒と比べても1秒以上長く、アクションが少ない『ミライの未来』と同じく細田アニメでもっとも長いのがわかる【表8-1】。では『おおかみこどもの雨と雪』のショットサイズはいかに構成されているだろうか。

ロングショット（LS）が全体に占める割合は31・5%ともっとも高く、それよりも引いた超ロングショット（ELS）の割合も17・6%とかなり高い。これらに膝から上を捉えたミディアム・ロングショット（MLS）も合わせると合計57・8%もの間、カメラは被写体から離れていることになる

【表8－2】。こうした定量的データからも、いかに細田が「寄り」の芝居でなく「引き」の画全体で物語っているかがわかるだろう。

さらに細田アニメの「映画的」な表現で特徴的なのは長回しだ。もっとも長いのが雨が小学生になって三年間で登校拒否するまでの時間を雪の教室と交互にパンで描くＥＬＳ（約57秒）、続いて「おおかみおとこ」と花が結ばれて一緒に夜を過ごしたことを代弁する夜空のフィックスでのＥＬＳ（約48秒）、これらは長い時間の経過をワンカットで描く「省略」の手法だが、その一方でアニメーションにしては異様に感じられるのが、その次に長い「おおかみおとこ」の死の場面だ。

花は雨の中、帰ってこない夫を探し求め、ついに川底で狼の姿のまま遺体となった夫を見つける。作業員が無造作にその遺体を袋に入れ、ロープで引き上げられる様子が超ロングショットで延々と映し出される。そこにフレームインする彼女を作業員は制し、遺体を乱暴にゴミ回収車に放り投げて去っていく。その場に泣き崩れる花。アニメーション映画としては「過剰」にも思われる長回しを細田は平然とやってのける――その時間47秒。次の7秒ほどのカットは地面に崩れ落ちた花に少し寄るが、全身をおさめたロングショットに変わりはなく、これを加えると約54秒もの間、花の悲劇が遠景から淡々と捉えられるのである。通常ならばこうした場面はもっとメロドラマ的な演出で盛り上げるところだろう。しかし、細田は引きのショットに徹してこの場面を詩的に演出している。

同ポジションの反復と差異

このような「表現派」のスタイルをもう少し掘り下げて見ていこう。たとえば細田アニメのモチーフとしてあげられるのがY字路やT字路などの分岐点における「選択」――演出を担当したテレビアニメ『おジャ魔女どれみドッカ〜ン！』第40話「どれみと魔女をやめた魔女」や『時をかける少女』

図8-1〜8-6　上から1枚目『おジャ魔女どれみドッカ〜ン！』第40話「どれみと魔女をやめた魔女」(2002)，2枚目『時をかける少女』(2006)，3〜6枚目『おおかみこどもの雨と雪』(2012) すべて細田守

の作品内でも反復するY字路【図8-1】【図8-2】。『おおかみこどもの雨と雪』でヒロインに人間／動物の選択を迫り【図8-3】、人生の選択を視覚化するT字路【図8-4】。あるいは夏の入道雲で子供の成長をメタフォリカルに表すことで、主人公の葛藤や心情は画に象徴される。転校生の草平に獣臭いといわれた雪がトイレに行く場面や、立ち止まった階段で雪は鏡によって分裂する。むろんこれは彼女の葛藤をモノが代理表象し、その直後に追い詰められた雪が、狼になって彼に怪我をさせてしまう展開を視覚的に予言してもいる。理性／本能、人間／動物の狭間で本能を抑圧しなければ普通の人間生活が営めない彼女の内面が二重化されているのである。

細田アニメの特徴でもある「影なし作画」も、異世界の人物の輪郭線を朱色にして世界を描き分ける技法も[*16]、表現派としての一貫したスタイルである。なかでも欠かせないのが絵コンテにも頻繁に書き込まれている「同ポ」、すなわち「定点観測的な視点を敢えて意図的に使用」することで、反復からのズレを観客に発見させる演出だ[*17]。とくに『おおかみこどもの雨と雪』はこの技法が効果的に使用されている。初夏のある日「おおかみおとこ」と出会った花がスーパーで一人買い物をしている。ロングショットで映し出される店内にはメロン、トマト、パイナップルなど季節を彩る果物が並ぶ（絵コンテ：S4-C4）*18。そして彼と結ばれた後、同ポジションからのスーパーのカットでは彼が花の隣に並んで歩き、店内の棚は筍やイチゴに変わっている（S24-C5）。同じ構図だからこそ、もう一人の人物の挿入が引き立ち、ナレーションがなくとも過ぎ去った季節や二人が過ごした時間経過が、美術によって効果的に演出されているのである【図8－5】【図8－6】。

あるいは草平を傷つけた雪が登校拒否になるシーン。活発な彼女は画面に躍動感を刻む存在だったが、ここでは柱や襖が画面の情報を制限し、二重フレームを作りながら雪を狭い空間に封じ込める。草平が届けてくれたプリントを母が手渡そうと襖を開けるカット（S103-C6）、続いて無言で布団をかぶる雪が切り返され、そのまま襖が閉められる（S103-C7）。これは小学校に通い始める前日の花と雪のカットの反復である。そしてこの構図は夜中に家を出て行こうとする雨と寝室で寝ている母によって再び反復される。母と子供の間にある襖による境界線や観客の視線に映じる情報が、二人の心理的距離を形づくっているのだ。

襖だけではなく、玄関の扉もまた視覚的に親子関係を代理する。雨は自分が慕う「先生」に会いに豪雨の中、山へ出かけていく。戻ってきた彼を花は心配して迎える。自分の道を歩き始めた子供のことが次第に理解できなくなる花の心情を表すかのように、再びフレーム内フレームが閉塞感を創り出す（S116-C16）【図8－7】。その後、深夜に家から出て行こうとする雨を捉える同ポジションでは先ほどの半分以下に閉め

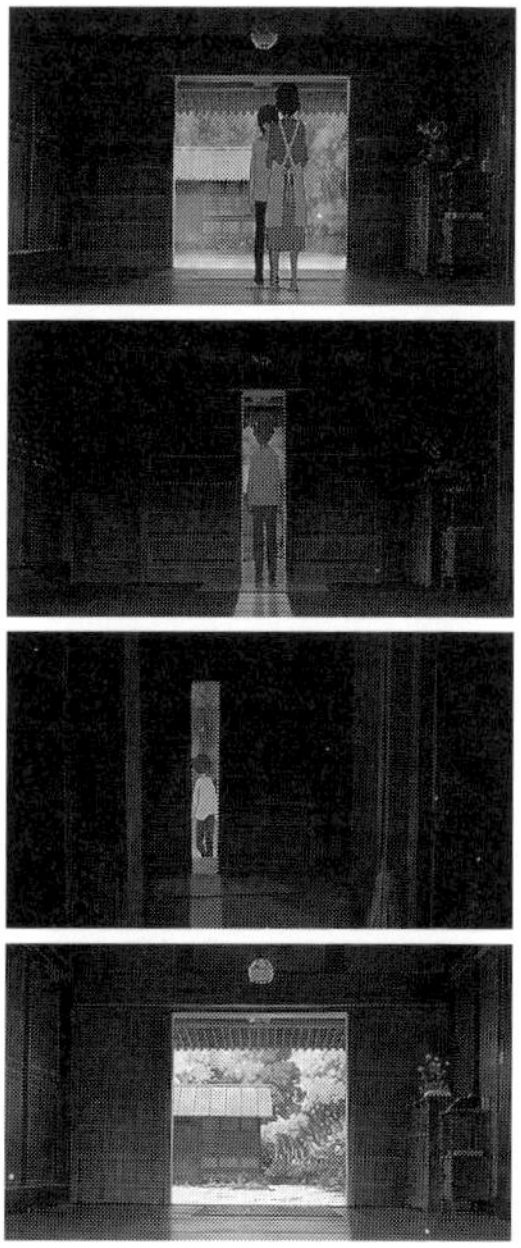

図8－7～8－10
『おおかみこどもの雨と雪』
（細田守，2012）

られた扉の前で彼は立ち尽くす（S118-C8）【図8-8】。そして再び同ポジションになるシーンで、扉はさらに半分の隙間となり雨は出て行く（S126-C7）【図8-9】。終盤の「同ポ」では、開け放たれた扉の外は快晴だが、それまで玄関の扉の手前にいた人物たちは誰もいない（S141-C3）【図8-10】。

同じ構図の使用は、経済的な観点から多用されてきたバンク（使い回し）ではなく、過ぎ去ってしまった時間の経過や反復のなかに立ち現れる「不在」を感受させる細田アニメ特有のシステムである。他にもお転婆な姉とは対照的に臆病で気が弱い弟の雨が小学校に通い始め、左右に横移動するカメラが、雨と雪の教室を交互に映し出すシーンがある。最初は後ろの席に座る一年生の雨が捉えられるものの、時が経過して二年生、三年生になると不在となった雨の机を同じ構図で撮る。このように同じ構図の反復で人物の喪失や不在を印象づけるやり方は、小津安二郎の作劇術を想起させるだろう。表現派の細田のスクリーンは空間構造やモノの配置、ショットサイズのコントロールによって時間の経過や心理的関係性が的確に演出されるのである。

スクリーンの静止と運動

「秘匿」は細田アニメに見出されるモチーフだが、それが開示される瞬間の美しさにおいて本作は格別である。「おおかみおとこ」が花に本当の姿を見せるとき、交互に正面から切り返していくが、ミディアム・ショットのままの彼に対し、花のショットサイズを少しずつアップしていくことで彼女が魅了されていく心理を絶妙に表現する。こうした場面の人物はほとんど「静止」した状態で驚くほど静謐な環境が用意される。その一方、背景が蠢き、キャラクターが躍動するシーンが細田アニメには必ず訪れる。『デジモンアドベンチャー』以来、並行世界の主題に代わって二〇一〇年代に迫り出してきたのは、人間／動物の越境というテーマだ。それによって二〇一〇年代の細田アニメでは、以前にも増して生き物が躍動し、〈変身〉の表現は、リアリズムとは異なり、物理法則を逸脱する生命力に満ちたアニメーション特有の表現に近づく。

三人が雪山を駆けていく中盤のシーンは、日本を代表するアニメーター井上俊之が作画を担当した名場面として名高い。細田アニメは2コマ打ちベースのフル・アニメーションだが、フレームごとに細かく分析すれば、ここでは狼となった子供の疾走は2コマ打ちに1コマ打ちをリズミカルに交えてしなやかな躍動感を生み、花が転倒するカットではロングショットで3コマ打ちを基底に力動感を出す。そして最後に横からのフォローで前景（雨）・中景（花）・後景（雪）と三人が滑走する姿を、ダイナミックに描き出す。ここで花は2コマ打ち、狼となって走る子供たちは2コマ打ちと1コマ打ちを組み合わせ、人物／動物たちによる異なる動きのアンサンブルが達成される。画面はそれまでにない過剰な運動に満ち溢れるのだ。

細田は「見やすさ」を追求する作家である。自身で語っているように、映画館での上映を意識し、観る人の目線が常に真ん中かそれより少し上にくるよう操作する。切り返す時も人物の目を、前のカットと近いところに置くようにしているという[*19]。だが、ひとたび細田アニメが運動を追い求めると、このルールは撤廃される。事実、このシーンでは疾走する雨と雪の上半身がフレームアウトするほど上昇し、手前から奥まで縦横無尽に人物／動物が動き回る。そのようにして観客の中央への「注視」の視線は、上下左右への過剰な「離散」を余儀なくされるのだ。この瞬間、細田アニメは観客の視線を攪乱する川島映画にも接近する。とはいえ川島雄三が画面をモノや人物の配置によって分裂させて注視を拒絶したのとは異なり、細田的空間はあくまでキャラクターそのものが躍動する。

家中を駆け回る中盤の姉弟喧嘩の場面では滑らかさは放棄され、3コマ打ちをベースに要所に4コマ打ちを織り交ぜ、実写的な手ブレも使って突発的なダイナミズムを生み出す。ここでも画面の上下左右に絶え間ない力動性が描出され、画面中央に固定されていた観客の視線は散乱する。しばしば日本のアニメーションはディズニーのフル・アニメーションを目指した東映動画の「動くアニメ」と、『鉄腕アトム』以降のリミテッド・アニメーションを継承する「動かないアニメ」の二元論で語られがちである。だが、細田のアニメーションには、どちらの要素も見出され、カットに応じてポジティヴに活用されている。細田アニメは、人物の滑らかな運動にテレビアニメで培ったエッジの効いた運動を混淆させる独特のリズムでキャラクターに生命力を吹き込み、それを実写映画的なショットによって仕上げる圧倒的な包摂力を持っているのである。

同ポジションの反復から差異を立ち上がらせる手法は小津安二郎を継承し、過激なアクションシーンでは黒澤明のようなダイナミックな立ち回りを見せ、川島雄三のように観客の視線を注視することを妨げて突如として運動を促す。冷徹な目で対象を遠くから眺める長回しはまるで溝口健二のようでもある。昔の映画をこよなく愛する細田守のスクリーンには、今敏の引用とは異なる仕方で映画史的記憶がいたるところに宿っている。また細田アニメがしばしば「映画的」といわれるのは、『デジモンアドベンチャー』や『デジモンアドベンチャー ぼくらのウォーゲーム！』の頃からデジタル・カメラで撮影した写真をコンピュータ上でトレスして背景を描く手法（写真トレス）を積極的に用いたデジタル時代の先駆的な存在だったことも関係しているだろう*20。細田アニメにあっては、無から世界を創造するというより「写真＝映画的なもの」がアニメ制作に侵食しているのだ。

都会に居場所を失った一家は田舎に引っ越し、崩壊寸前の家に住み始める。狭いアパートの一室に閉じ込められ、部屋を破壊してしまうほどの子供のありあまるエネルギーが、田舎へと空間を移動することで大いに発散される。花は家を再建すべくひたすら掃除をし、雨と雪は自分の役割を全うするかのように走り回る。家を掃除する母、庭で遊戯する子供――。家を建て直すことと家族の再生が相似的に描かれるこの場面は、観る者を深く感動させてやまない。だが、こうした何気ない場面で、手前に窓ガラスを拭く母、奥に蛇を掴んで駆けていく子供を配置し、オーソン・ウェルズの『市民ケーン』(一九四一)のごとくワンカットで描いてしまうところが、細田アニメを「映画」たらしめる決定的要因だろう。細田守は東映動画の漫画映画のスタイルの伝統を継承しながら、そこに映画史的イメージを召喚する。そのアニメーションと映画を往復する表現の包摂力が、細田守を個性ある独特なアニメーション作家に仕立て上げているのは間違いない。

＊

本来であれば大友克洋、庵野秀明、押井守、高畑勲、片渕須直、山田尚子、湯浅政明など、取り上げなければならない監督はたくさんいる。現在もっとも注目すべきなのは、湯浅政明というきわめて個性的で才能溢れるアニメーション作家だろう。『クレヨンしんちゃん』の躍動的な作画で注目を浴び、実写・2D・3Dを融合させた実験的なハイブリッド・アニメーションの『マインド・ゲーム』(二〇〇四)で話題を呼んだ。そして「モーショントゥイーン」という機能を使って、移動、拡大・縮小、変形といった単純な動きを簡単に作ることができるFLASHアニメーションで制作した『夜明け告げるルーのうた』(二〇一七)は、ディズニーがリアリズムを志向する前の物理法則を逸脱する独自の動きをデジタル時代に復元・更新したかのような疾走感・躍動感を表現している。

こうしたメディウム・スペシフィックな流れとは逆に、たとえば『あした世界が終わるとしても』(櫻木優平、二〇一九)は実写映画のリアリズムを追求するかのようにキャラクターが人間らしく微動し続ける。モーションキャプチャーでキャラクターの身体の細かい動作をつけつつ、それにあわせて繊細でリアルな表情が再現されている。通常のアニメならばずっと静止している場面でも、生身の人間の反応と同じように目が微妙に動く「アイダートト」と呼ばれる手法を使って、常にブレる表現を取り入れているのだ。ただし、リアリティを求めようとする演出にもかかわらず、その意図を裏切ってアニメーションでも実写でもない異質な表現に接近してゆく点は見過ごすことができない。このようにアニメーションは静／動の表現を、さまざまな方法でテクノロジーの発達とともに実践しているのである。

さらに付け加えておけば、現在のアニメーションを語るうえで重要なのは、アニメ制作会社ごとの作風を分析することである。そういう意味で、今もっとも異彩を放っているスタジオが京都アニメーションだろう。テレビアニメシリーズ『AIR』（二〇〇五）の緻密な映像表現、翌年の『涼宮ハルヒの憂鬱』の大ヒットによって、アニメ表現に多大な影響を及ぼしているし、現在も『ヴァイオレット・エヴァーガーデン』（二〇一八）など意欲作を発表し続けている。他にも『化物語』（二〇〇九）や『魔法少女まどか☆マギカ』（二〇一一）で知られるシャフト、『SHIROBAKO』（二〇一四〜一五）のピーエーワークス等、作家とは別にアニメ制作会社の表現の分析も、今後は必要不可欠となるだろう。

注

1 マッチカットが今敏の急激な場面転換を可能にするという点はしばしば指摘されている。Christopher Bolton, *Interpreting Anime*, University of Minnesota Press, 2018, p. 172.

2 藤津亮太「劇中映画が物語を進める」、今敏ほか『今敏 絵コンテ集 千年女優』復刊ドットコム、二〇一八年、二九九―三〇一頁。

3 細田守・松嶋雅人「対談 映像演出家からみた久隅守影の造形――劇場版アニメーション『時をかける少女』の細田監督と」、『日本の美術2』四八九号、二〇〇七年、八五頁。

4 今敏『KON'S TONE ――『千年女優』への道』復刊ドットコム、［二〇〇二］二〇一八年、二五頁。

5 今敏・村井さだゆき対談「『千年女優』を聞く」、『千年女優』プレスシート、二〇〇二年。

6 原節子の趣味に関しては、北村匡平、前掲『スター女優の文化社会学』、二〇六―二〇八頁で詳しく論じている。
7 このインタビューは武蔵野美術大学での特別講演の資料として事前に行われ、当日配布されたもので、後に再録された。『夢みる人 今敏』武蔵野美術大学美術館・図書館、二〇一二年、八―九頁。
8 津堅信之『新版 アニメーション学入門』平凡社新書、二〇一七年、一七二頁。
9 加藤幹郎「風景の実存――新海誠アニメーション映画におけるクラウドスケイプ」、加藤幹郎編『アニメーションの映画学』臨川書店、二〇〇九年、一二〇―一二三頁。
10 トーマス・ラマール「新海誠のクラウドメディア」（大崎晴美訳）、『ユリイカ』二〇一六年九月号、五八頁。
11 作家性については新海誠特集の『ユリイカ』二〇一六年九月号が参考になる。
12 アニメーションにおけるパンは、実写における「カメラの首を振る」という意味と違い、カメラそのものが移動することを指す。
13 是枝裕和『是枝裕和対談集 世界といまを考える3』PHP文庫、二〇一六年、一九―二〇頁。
14 氷川竜介『細田守の世界――希望と奇跡を生むアニメーション』祥伝社、二〇一五年、四四頁。
15 ASLやショット比率に関しては、制作会社や配給会社が流れるオープニングロゴとエンドロールを省いてカット数やショットの時間を筆者自身が入力して算出した。
16 細田は異世界に来たことを瞬間的に伝えるために少ない手間で大きな効果をあげられると述べている。細田守・松嶋雅人、前掲「対談 映像演出家からみた久隅守影の造形」、九六―九七頁。
17 同前、九二頁。
18 細田守『おおかみこどもの雨と雪 絵コンテ』メディアパル、二〇一二年。以下、必要に応じて本書の絵コンテ用紙にしたがいシーンナンバーとカットナンバーを記す。
19 細田守「細田守監督インタビュー」、『アニメスタイル001』メディアパル、二〇一二年、三三頁。
20 セル・アニメーションの時代において、押井守は実際の写真を参照して背景を構成する手法を好んで用いており、「コンセプトフォト」を場面に応じて効果的に使用した作家である。その後、デジタル時代に細田守は『デジモンアドベンチャー』の頃から写真をそのままなぞって背景に組み込んだ。こうした細田を先駆とするデジタル時代の写真トレスの技法は、現在では一般的に各アニメ制作会社で用いられるようになっている。

第9章

文学の映画化——遠藤周作『沈黙』のアダプテーション

1　映画の再創造——アダプテーション／リメイク

映像化される文字テクスト

ここからは視点を変えて現代の映像文化や表現を理解するために欠かせないテーマに踏み込んでいく。長らく二〇世紀の多くの映画は原作に小説を求めてきた。したがって文字媒体の原作をいかに三次元の作品として視聴覚化するのかを分析することも映画学において重要である。だが、こうした「アダプテーション」（翻案）のみならず、映画史ではオリジナル映画を「リメイク」することも頻繁に行われてきたし、シリーズものの人気はかつてないほど高まっている。現在の映画は小説以外にも漫画、テレビドラマ、アニメ、ゲームと他の媒体の作品を想像力の源泉として参照し続けているのである。加えていえば、参照元が幅広くなっただけでなく、アダプテーション／リメイクそのものが二〇〇〇年代から急激に増え、グローバルな展開を見せるとともに、興行収入の面でも上位を占めるようになった。それゆえ映画のリメイクや翻案は、映像表現論では抜きにできないテーマなのだ。

しかしながら「アダプテーション」と「リメイク」という言葉は曖昧な概念で簡単には定義できない。映画用語の事典を引くと、「リメイク映画」とは「ある時代に作られた映画をのちに組み立て直した映画、すなわち再映画化作品」[*1]と記載されている。要するに以前に作られた映画を再び製作・公開することだが、ことはそう簡単ではない。たとえばテレビドラマを原作とした映画化はリメイクだろうか。アニメーションの映画化やドラマのアニメ化はどうか。アニメ映画『GHOST IN THE SHELL/攻殻機動隊』(一九九五、原作は士郎正宗の漫画『攻殻機動隊』)をハリウッドで実写化した『ゴースト・イン・ザ・シェル』(二〇一七)は一般的にリメイクとして言及される(実際は漫画を原作とするアダプテーション)。

あるいは岩井俊二のテレビドラマ『打ち上げ花火、下から見るか? 横から見るか?』(一九九三)を原作とする二〇一七年のアニメ化も、製作者(プロデューサーや脚本家)には「リメイク」として認識されている[*2]。だが、メディア媒体の越境のみならず45分のドラマを劇場公開に際し90分に延ばしてシナリオを加筆した作品は果たしてリメイクといえるだろうか。実際、『現代映画用語事典』によれば、「厳密には、過去の自社作品、または権利保持者から許可を得た映画作品を原典として、再映画化したもののみが〈リメイク〉映画に相当するが、テレビドラマの〝映画化〟まで含めてリメイクと紹介する事例も多く、定義は曖昧になりつつある」[*3]とされている。つまり、リメイクは、メディアの多岐化と物語の横断によって、従来の厳密な定義である「映画の再映画化」にはおさまりきらないほど、定義が曖昧化しているのである。

こうしたメディアを越境する改作は従来「翻案」(アダプテーション)と呼ばれてきた。両者は重なりあう部分も多く、たとえば著作権法の観点からしても「リメイク映画は、オリジナル映画と基本的ストーリー、テーマ、登場人物、プロット、設定などの点で同一であり、リメイク映画の製作は「翻案」（二七条）に該当」するため「オリジナル映画の著作権者からの許諾」を得る必要がある[*4]。リメイク映画が「以前の映画の再映画化」と単純に定義しがたい、複雑なものであることがわかるだろう。「翻案／リメイク」を区別するものは、オリジナル作品と新しいヴァージョンとの関係性にあり、リメイクがもう一つの映画のヴァージョンだと考えられる一方、アダプテーション理論の主要な議論の一つは、異なる記号体系［different semiotic registers］の間の移動（その多くは文学—映画間の移動）に関連する[*5]。小説と映画の関係ならば「翻案／リメイク」の分類は単純だが、ソースが「他の（視覚）メディアに由来する場合、容易だった翻案とリメイクの境界は複雑になる」[*6]のだ。したがって、私たちは小説から映画などの「異なる記号体系の間の移動」であれば「翻案」と捉え、オリジナルが「同じような記号体系の間の移動」で作り直される場合は「リメイク」と（おそらく無意識的に）呼んでいる。

だが問題は、どこからどこまでが類似する記号体系のメディアなのか、という点だ。いまでは映画↓ドラマ、アニメ↓映画など類似する（と同時代の人びとに見なされる）視聴覚メディアの記号体系間の移動も「リメイク」として認識されることが多い。そしてそれらに含まれない戯曲↓映画、小説↓ドラマなど「違う記号体系間の移動」は「翻案」と認識される。ここで重要なことは「類似するメディア」に関する人びとの感性が流動的であるという点である。

現在ならばゲームと映画はまったく異なる記号体系のメディアと考えられるが、レフ・マノヴィッチがいうように、映画はもはや写真的なものよりも絵画的なものに向かい、デジタル映画はプロダクション／ポストプロダクションの関係においてアニメーションに接近している[*7]。こうしたメディア研究の視座からは、アニメと実写がきわめて類似する記号体系を共有していることがわかる[*8]。

あるいは近代メディアの独立性が喪われ技術的に融合していく「ポストメディウム」[9]と呼ばれるデジタルメディア時代の映像文化においては、「メディウム」同士の関係性に対する私たちの認識は前世紀とは同一ではなく、メディアへの感覚は絶えず変化している。

かつてはまったく「異なる記号体系」と認識されていたであろう「アニメ―映画」の間の移動も、現代の映像文化では「類似する記号体系」へと変質し、「リメイクである／ない」という同定には同時代の人びとの認識論的な問題が入り込む。したがって、「リメイク」には、製作会社や映像作家などのプロモーション言説、テクストそのものの反復性、さらには同時代の人びとの認識論的な問題＝批評家や観客の受容言説のズレが絶対的に存在するのである。そのため「リメイクである／ない」という同定は困難さが常につきまとうということを踏まえて、従来の厳密な「リメイク」が時代とともに拡張され幅広く使用されている点を認識しておくべきだろう。いずれにせよ、物語が流動化し、世界観が絶え間なく反復される現代の映像表現を捉えるには「翻案／リメイク」の映像実践から目を逸らすことはできない。

アダプテーション／リメイクの理論

リメイクの本質に近づくためにも、原作への忠実度と再現性の高さが顕著な代表的リメイク映画『サイコ』を取り上げてみよう。キャスティングとモノクロ／カラーの変化以外、ガス・ヴァン・サント版『サイコ』(一九九八)は、セリフ毎、ショット毎にヒッチコックの『サイコ』をリメイクしている[10]。だが、オリジナルの細部にオマージュを捧げ、ダイアローグやショットを模倣しているからこそ、オリジナルに精通している観客にとっては、類似するショットの反復と同時にその差異が逆説的に強調される。スラヴォイ・ジジェクはヴァン・サント版の『サイコ』を通じて「リメイク映画を観る」ということに付随する特有の映画経験を次のように表現している。

フレーム毎の正確なリメイクという発想は実に巧妙だが、私の考えでは問題はむしろこの映画がその方向へは向かっていないという点である。理想的には、この映画が目指すものとは、二重の不気味な効果であるはずだ。［…］だが、この同一性によってわれわれはより強烈に、まったく異なる映画に直面していることを経験するのだ。*11

アダプテーション／リメイクの製作や受容、作品の分析の根幹にあるのは「比較」の視点である。パリンプセスト（Palimpsestos）とは、あるテクストにもう一つのテクストが重ねられ、新しいものを通して古い書き込みが部分的に可視化されることを表す言葉だが、パリンプセストはすでにそれ自体のうちに古いものと新しいものの弁証法的な機能が織り込まれている。「リメイク映画を観る」という経験とは、物語が反復される喜びを味わいつつ、その差異が立ち現れる瞬間を同時に体験するという特殊な間テクスト性にあるのだ。

現在のリメイク映画研究でもっとも重要なのは二〇〇六年に刊行されたコンスタンティン・ヴァーヴィスの『映画リメイク』だろう*12。彼はこれまでの研究がソース・テクスト（オリジナル）から本質的要素を抽出できているかどうかでリメイクの成功を測定し、オリジナルをリメイクに対して特権化するような従来の視座を批判している*13。それまでのリメイク映画研究がもっぱらテクスト同士の関係からそのカテゴリー化に執着したのに対してヴァーヴィスは、テクストのみではなく映画産業と映画受容の視点を盛り込み、産業的カテゴリーとしてのリメイク（商業と作家）、テクスト的カテゴリーとしてのリメイク（テクストとジャンル）、批評的カテゴリーとしてのリメイク（オーディエンスと言説）という多角的な視点からの分析を促した。要するにリメイク映画が生成する「産業」や受容される「文化」の視点を導入することでテクスト概念を拡大し、テクストに加えて送り手や受け手の文化的実践＝コンテクストをみるためのフレームが提供されたのだ。

ヴァーヴィスによる分析の視座は、アダプテーション研究において先駆的な仕事をしたリンダ・ハッチオンとも響きあう。奇しくも同年に出版された『アダプテーションの理論』で彼女は、二次的な創造物として貶められる傾向にある「翻案」のプロセスを重視し、翻案者に複数のアクターの存在（監督、脚本家、音楽監督、衣裳、撮影監督、俳優、編集者など）を認めると同時に、テクストの流れを受容者まで拡大してコンテクストの視点から分析することで、独特な営為や経験をもたらす豊かなテクストとしてアダプテーションの魅力を捉え返したのである。

ハッチオンによれば、アダプテーションとは単なる「複製＝模倣」ではない。そうではなく、翻案者にとっては、元テクストは再現されるものではなく翻案行為によって（再）解釈され、新たなメディアで（再）創造される二重のプロセスであり、オリジナルに通じている受容者にとっては、慣れ親しんだものを反復する快楽と、その偏差から新奇なものを経験する混合体である*14。こうした「翻案／リメイク」の理論的視点も踏まえて、次節からはアダプテーション／リメイクにおける表現を、オリジナル＝原作との間テクスト的つながりを経験させる豊かな映像テクストとして捉え、その創造的な営みを分析していこう。

2　遠藤周作が描く「弱者の物語」

映画化された二つの『沈黙』

ここから遠藤周作の『沈黙』を映画化した二つのアダプテーションを分析したい。カトリック信者の作家として知られる遠藤の人生は、常に病気との闘いであり、孤独と絶望の中で彼は神への信仰をいっそう深めていった。肺結核を患い、二年以上に及ぶ長い闘病生活から解放された遠藤が、キリシタン研究を本格的に開始し、長崎や平戸への取材を経て『沈黙』を完成させたのは一九六六年のことである。

『沈黙』は世界的にも高い評価を獲得したが、司祭が絵踏みによって棄教するという物語に対して、キリスト教関係者から痛烈な批判を受け、禁書に指定したカトリック教会もあったという。衝撃を持って迎えられたこの問題作は、宗教を題材としながらも人間の祈りや信じることに迫る根源的なテーマから、これまで二〇数カ国で翻訳され、刊行から五〇年経った現在でも読み継がれている。

神との対話を一人の人間の内面からえぐり出そうとしたこの小説は、困難といわれながらもこれまで二度にわたって映画化された。最初は一九七一年、独立プロで独自のスタイルを確立していた篠田正浩による『沈黙 SILENCE』、さらに刊行から半世紀を経た二〇一六年、国境を越えてハリウッドの巨匠マーティン・スコセッシによって『沈黙―サイレンス―』として再映画化されている。けれどもスコセッシ版は篠田版のリメイク映画ではない。上述したような「オリジナル映画の再映画化」をリメイクとするならば、スコセッシ版は「再映画化作品」ではあっても「以前の映画」に基づいているわけではないからだ。あくまでも原作の再映画化であり、篠田版を観ることが（あえて違う表現を選択するなど）無意識的に影響を与えている可能性はあるにせよ、スコセッシ版は先行する映画を参照したのではなく、原作をもとにシナリオが書かれた文学作品の再映画化＝アダプテーションということになる。

前衛的な表現を追求していた若き映画作家と、円熟の域を迎えたハリウッドの巨匠。作家性が強い二人の映画監督が、遠藤文学の金字塔である『沈黙』をいかに映像化したのか。ここでは、文字テクストを視聴覚化するにあたって、彼らがいかなる創造的実践をしているのか、その映画的効果は原作をいかに異なる物語として作り変えているのかを比較検討していく。先取りすれば、篠田版は、原作に描かれた思想や信仰の問題を独自の解釈によって破壊し、まったく異なる物語として成立させている一方で、スコセッシ版は原作に忠実に映像化しようとしている。だが、スコセッシ版も細部の変更を検証していくと、最終的には遠藤が志向した結末とは異なる意味を生成させているのではないか。まずは二人の解釈と映像表現を分析していくためにも、彼らが共有した参照点としての小説で何が描かれていたのかを整理しておこう。

遠藤文学の主題

ポルトガルの司祭ロドリゴとガルペは、日本で布教活動をしているはずのかつての師匠フェレイラが背教して日本人として生きていることを知り、その真偽を確かめるためキリシタン弾圧の厳しい日本に向けて出発する。マカオで出会った隠れキリシタン・キチジローの案内で日本へ潜入することに成功するが、彼らが行き着いたトモギ村でも、井上筑後守による厳しい宗教弾圧が行われ、敬虔な信徒たちは拷問にかけられ殺されていく。キチジローの裏切りによって捕らえられたロドリゴは、目の前で次々と信者が殺され、ガルペの死までも目の当たりにする。犠牲になって死んでゆく信徒を前に、ついにロドリゴは踏絵を踏むことを決意する。棄教者となった彼は、日本人の妻を与えられ、岡田三右衛門として死ぬまで日本で生きることになるのであった。

『沈黙』は、作品内の出来事を事後的に語る語り手による「まえがき」(純客観)、Ⅰ章からⅣ章のロドリゴによる一人称の語り手による書簡(純主観)、Ⅴ章からⅨ章のロドリゴが捕縛された後の物語(語り手は彼の内面を知る三人称一元視点による半主観)、Ⅸ章の途中に挿入された「長崎出島オランダ商館員ヨナセンの日記より」（以下「ヨナセンの日記」）と、最後に史料のような体裁で付された「切支丹屋敷役人日記」（純客観）からなり、語りの視点が複雑に移動する手の込んだ構成となっている*15。

戦後日本文学を代表する作品でありながら、これほど作者の真意から離れて「誤読」され続けてきた小説もあまりない。『沈黙』は、そのインパクトのある題名から「神の沈黙を描いた作品」として多くの批評家や読者に受け止められたのである。だが、遠藤自身がいうように、「神は沈黙しているのではなく語っている」のであって、『沈黙』には「沈黙の声」という意味がこめられていた*16。また踏絵の後の人生を描いた第Ⅸ章、特に難解な古文調で付された「切支丹屋敷役人日記」が参考資料と見なされたことも「誤読」の要因である。まずは『沈黙』の作家が何を描こうとし、先行研究が何を問題化してきたのかを整理していこう。

これまで『沈黙』において主に議論の対象となってきたのが、①ロドリゴの絵踏みの場面、②イエスの顔の変容、③「切支丹屋敷役人日記」の解釈である。これらは文字テクストを視聴覚化するというメディア形式の差異において、映画作家の解釈を必然的に要請する重要な点でもあるため、順に確認しておく必要がある。

まずロドリゴの絵踏みの場面における「踏むがいい」というイエスの言葉に関して、笠井秋生による整理によれば、主に三つの解釈がなされてきた*17。一つ目は、イエスの言葉が現実にロドリゴの耳に（音声として）聞こえて踏絵を踏んだという解釈である（笠井によればこの解釈に立つ論者が圧倒的に多い）。たとえば川島秀一は、「このイエスの声はロドリゴにこそ聞こえているのであって、決してフェレイラには聞こえていない」*18と記し、三島由紀夫は『沈黙』を遠藤の最高傑作としながらも、「神の沈黙を沈黙のまま描いて突っ放すのが文学ではないのか」*19と批判した。つまり賞賛するにせよ、批判するにせよ、「沈黙」を破った神の言葉がロドリゴの耳に届いたことを前提としているのである。

二つ目は、「銅板のイエスの声は、むろん、ロドリゴの聴いた幻聴であろう」[*20]とする論者や「それが幻想だと底が割れている」[*21]とする幻聴＝幻想説であり、こうした立場は少数派である。

三つ目は、踏絵のイエスの顔からロドリゴが読み取った言葉という解釈だ。この立場にある笠井が根拠としてあげるのが、絵踏みをした一年後にその場面を回想して「その眼が訴えていた」と書かれていることや、イエスの言葉が丸かっこになっていることであり、「イエスの言葉が現実に自分の耳に聞こえたなどとは語っていない」[*22]。

この絵踏みの場面を二つの映画がどのように解釈し、新たな物語を創出しているのか。すなわちロドリゴは、(1)イエスの声を聞いたのか、(2)あるいは幻聴＝幻想だったのか、(3)それとも顔からイエスの語りを読み取ったのか。これらに関しては、それぞれの作家の解釈＝映像化されたシーンに即して後で検証する。

絵踏みの場面はロドリゴが棄教する瞬間の神の声の問題だけではなく、イエス像の変容という重要な問題も含んでいる。この場面の中心は「ロドリゴのイエス像が父の宗教のイエスから母の宗教のイエスへと変容したことにある」[*23]と笠井のみならず多くの論者が指摘しているが、遠藤自身もエッセイで次のように述べている。

> 私にとって一番大切なことは外人である主人公が、心にいだいていたキリストの顔の変化である。私の主人公は、心の中に力強い威厳のある、そして秩序をもった、秩序が支配するようなイエスの顔を心にもっていた。[…]しかしさまざまの困難や挫折のうちに、彼はついに捕えられて踏絵の前に立たされた。彼がはじめて日本で見た、日本人の手によって作られたキリストの顔は、彼がヨーロッパ人として考えていた、秩序があり、威厳があり、力強いキリストの顔ではなくて、

くたびれ果てた、そしてわれわれと同じように苦しんでいるキリストの顔だったのである。この顔の変化が私の『沈黙』の主題の縦糸となるはずだった。*24

弱者を赦し肯定すること。美しさや威厳を喪失したすり減った惨めな顔、すなわち人びとに寄り添いながら弱さを抱擁する遠藤の神は、母なるイメージへと近づいていく。「雄々しい力強い顔」（Ⅰ）、「静かだが、自信にみち溢れている顔」（Ⅵ）から「茨の冠をかぶった基督のみにくい顔」「黄色く混濁した眼」「悲しげな眼差し」（Ⅷ）へと変化していくイエスの〈顔〉は、ロドリコの心情の変化——英雄主義から罪の負い目にいたる変容——と照応している。父権的なイエス像から母性的なイメージへ。主人公の心象の変化に対応するイメージを、視覚化する映像メディアはいかに描くのか、この点も後で確認していこう。

『沈黙』には最後に漢文体を文語体にした「切支丹屋敷役人日記」が付されているが、この日記が暗示しているものに目を向けない批評がしばしば書かれ、遠藤自身も「自分としてはあそこも大切なんです。ところがたいていの読者は「切支丹屋敷役人日記」の前のところで、もうこの小説を読むのをおやめになってしまうんです」*25と不満を吐露している。この短い挿入の部分は、岡田三右衛門という名と日本人の妻を与えられた宣教師のその後の生活を記録した後日譚である。

「役人日記」を検証した上総英郎は、「三右衛門の身柄はその後も常に警戒され、かなり厳重に監視されていたことになる。なぜかといえば、彼は切支丹信仰を完全に棄ててはいないと見なされていたからだ」*26と論じている。そもそも遠藤自身が晩年、この部分に関しては、もう一度拷問にかけられてまた転ぶという「誓約書」を「書物」という言葉で暗示していたと色々な場で語っている*27。つまり、ロドリゴは何度も棄教の誓約書を書かされ、転んでは立ち上がる、キチジローのごとく「弱者」として生き続けたのである。

以下では、ロドリゴの絵踏みの場面における〈声〉を、二人の映画作家がいかに解釈しているのか、遠藤が描いたイエス像の変容――秩序と威厳のある力強い〈顔〉から弱々しく苦しむイエス像――をどのように映像化しているのか、そしてロドリゴが「転んだ」後の信仰をいかに捉えているのか、という視点から篠田正浩とマーティン・スコセッシの映像実践を見ていこう。

3　篠田正浩の「堕落／敗北の物語」――『沈黙 SILENCE』

「日本の風景」の再発見

本書でもすでに取り上げた篠田正浩が松竹から独立して確立した作家的特徴は、オリジナルの世界を崩壊させるほどの大胆な解釈＝映像化であった。一九六〇年代はよく知られているように、テレビの急速な普及を主な原因とする映画産業の斜陽の時代である。篠田が『沈黙』を映画化した一九七〇年前後は、日本映画史においても東映の任侠映画が隆盛し、京都の任侠路線から東京の実録路線へと転換していく時期、あるいはピンク映画が製作本数の半分近くを占め日活ロマンポルノが創始される時期でもあり、映画がテレビにはできないジャンルや表現を求め、性や暴力が過剰に演出されていく頃である。また学生運動が世界中で巻き起こり、日本でも新左翼運動が隆盛をきわめ、芸術表現においては商業性を無視するような前衛的で実験的なものが志向された。このようなアングラ芸術の方向へと表現者を駆動させていたのは、政治的背景に加え、かつてない消費社会による文化の変質であり、社会への反権力的な異議申し立てがさまざまな文化領域でなされた。

こうしたコンテクストは無視することができないだろう。篠田が『沈黙』を映画化したのは、映画産業だけではなく文化・芸術領域で大きな地殻変動が起きていた時期であり、物語を独自の解釈で再構築したからこそ、キネマ旬報ベスト・テンで第二位に選出されるなど高い評価を受けたと思われるからである。このような時代背景も念頭に置いたうえで、まずは篠田がいかに『沈黙』を映像化しようとしたのか、その意思表明を自身が記したエッセイから確認しておこう。

作家がイメージし、思考し、文章化してゆくプロセスを、今度は逆に文章を解体し、思考の過程をさぐり、そして、イメージの原点に達する。映画『沈黙』は、一読者である私が小説世界からイメージの原点を知ることによって映像言語に再構築することになるのだ。*28

カトリック信仰に裏打ちされた『沈黙』を「概念的にそれを理解することができたとしても、肉体的に深部にまではいりこんではいない」と語る篠田は、この作品を映画化すること自体、「異端の行為と言われても仕方がない」と述べる。さらにロドリゴが聞いた「その人の「踏むがいい」という声を、耳にすることはできない」と率直に認める篠田は、独自の解釈を施すことで、まったく別の物語へ、異なる主題へと行き着くのである*29。

この映画で篠田は、情緒を演出したり、特定の人物に感情移入させたりするような表現を避け、ただ冷静な眼＝カメラで異邦人が目の当たりにした現実を切り取ろうとしている。だが一方で、他者の視点を借りながら過去＝自己を見返すにあたって掘り起こされた日本は、あたかも西洋人のオリエンタリズムであるかのような自己表象へと接近している。篠田が江戸時代の地方に見た世界は、異国情緒のある風景、芸者が行き交い、着物をまとった娼婦が登場する、きわめてエキゾチックな〈日本〉である。したがって、映画評論家の佐藤忠男が評するように、敬虔なカトリシズムの精神よりも、エキゾチックな眼差しのもとに創出される官能的＝風俗的な物語へと再構築されているのである。

この映画は、日本の風土を、日本人にもエキゾチックに感じられるくらい、官能的に描き出すことによって、一篇の見事な風俗絵巻となっている。そして、この官能的な画調それ自体が、カトリックのストイシズムに対する嘲笑であるかのように感じられる。これは、十七世紀の物語であると同時に、理念よりも感覚に酔いしれる、現代の日本の物語りであると言えるし、その意味において今日的な映画であると思う。*30

同じ媒体であれ異なる媒体であれ、ある物語を再び作家の恣意的な解釈のもとに別の物語として立ち上げる行為は「翻案／リメイク」に固有の営為であり、原作を読んでいる観客が篠田版『沈黙』を観るときには、小説を基底とした物語の反復と差異としての二重化されたテクストによる映画経験を引き起こす。以下では、より具体的な描写に即してその差異を浮かび上がらせてみよう。

絵踏みのシークェンスにおける神との対話

まずフランシスコ・ザビエルの日本への布教やキリスト教の拡大と弾圧についての史実が、絵巻物の断片的イメージとともに淡々と語られるとタイトル・クレジットに切り替わり、クラシックギターの秩序ある西洋音楽が奏でられる。そこに不意に重ね合わされるリュートの不協和音。武満徹の音楽がすでにして混乱と狂騒を演出し、主人公の高貴な信仰がこれから引き受けていく宿命、西洋思想が沼地に呑み込まれて変質していく結末を予見させる。

原作におけるマカオでの宣教師と日本人キチジローの出会いは排除され、ロドリゴ（ディヴィッド・ランプソン）とガルペ（ダン・ケニー）、彼らを案内するキチジロー（マコ・若松）が日本に潜入したところから物語は始まる。トモギ村で隠れキリシタンの村人と生活をともにし、日本人の勤勉さと悲惨な

図9－1　『沈黙 SILENCE』
（篠田正浩，1971）

貧しさを目の当たりにした宣教師は、キチジローと五島を訪れる。移動中の船上でキチジローとロドリゴが会話をするシーンは、手前からの光が奪われ、真っ黒な頭にすることによってユダとしてのキチジローの裏切りと、これからロドリゴに訪れる受難が視覚的に構成される【図9－1】。かつて踏絵を踏んだことは一時の気の迷いであり、今は悔い改めたと話すキチジローを責め立てるロドリゴは、これからはどんな拷問にも打ち勝って信仰は棄てぬと私に誓うことができるか、と強い口調で言い放ち、威厳ある父権的イメージを体現する。

だが、小説に関して「ロドリゴは最初から最後まで「弱者」として描かれたのではなく、最初は「強者」を目指した人物が挫折をして「弱者」の哀しみを理解する人物として造形されているのだ」[*31]といわれるように、もし原作に忠実に映画化するならば、このイメージは後半になるにしたがって変質していかなければならなかった。

篠田版のイエス像はしかし、厳格な父のイメージから寛容な母のイメージに変わることなく、威厳を保ち、主人公を突き放すイメージとして存在し続ける。具体的に、踏絵を踏んで「転ぶ」シーンを確認してみよう。原作では絵踏みの場面のイエスは次のように書かれている。

それは今日まで司祭がポルトガルやローマ、ゴアやマカオで幾百回となく眺めてきた基督の顔とは全くちがっていた。それは威厳と誇りとをもった基督の顔ではなかった。美しく苦痛をたえしのぶ顔でもなかった。誘惑をはねつけ、強い意志の力をみなぎらせた顔でもなかった。彼の足もとのあの人の顔は、痩せこけ疲れ果てていた。

この場面に出てくるイエスのイメージは、「もう自分の弱さをかくしはせぬ。あのキチジローと私とにどれだけの違いがあると言うのでしょう」と独白するロドリゴの心情の変化に合わせて、「弱者」を赦す母なるイメージ、遠藤自身の言葉でいうならば「われわれと同じように苦しんでいるキリストの顔」であるはずだった。だが、篠田によって差し出されたイエス像は、小説のような多くの日本人が足をかけて磨耗した「弱者」としての顔ではなく、十字架にはりつけられた、表情もないただのイエス像にすぎない**【図9－2】**。すなわち、篠田の神は主人公に弱々しい姿で寄り添う母なるイメージのイエスではなく、何の変容もなく秩序を保った美しいイメージとして差し出され、徹底的にロドリゴを突き放すのである。篠田の非情なカメラは情緒をいっさい排して、転んだ棄教者に救いを与えることはない。

さらに驚くべきことに、この場面で（幻聴にせよ、イエスの声にせよ）聞こえるはずの「踏むがいい」という声はまったく聞こえない。では、第三の解釈のようにイエスの顔からロドリゴがその声を聞き取ったのだろうか。篠田のイエスは、そもそも顔が具現的イメージとして提示されておらず、寛容さとは無縁の抽象化されたシンボルだ。したがって、ここで彼がイエスと何らかのコミュニケーションを達成できたとは考えられないのである。ここには文字テクストを基盤とする表現媒体との決定的な差異がある。篠田のロドリゴは、救済されることなく神の沈黙に敗北し、還俗して堕落していくのだ。

図9－2　『沈黙 SILENCE』（篠田正浩，1971）

〈生／性の沈黙〉を可視化すること

原作のⅨ章における棄教後のロドリゴは、自由な外出が許されず監視されながら長崎の外浦町に住み、時に奉行所に行って、役人たちには鑑別できない品物が禁制のキリシタンの物であるかどうかを判断する仕事に従事していた。やがて井上筑後守は彼を呼び出し、死んだ男の日本名である岡田三右衛門を名乗って江戸に住むように言い渡す。さらに「パードレもいつまでも一人では不便であろう」と付け加え、その男が残した女をめとらされる。この章は、強者として殉教できなかったロドリゴとキチジローの告解の場面から「役人日記」へと続き、その記録の中ではロドリゴの使用人としてキチジローが何度も登場する（原作にはこの二人に傍線まで書かれている）。すでに触れたように、何度も棄教証文を書かされては信仰に立ち戻っていくことが暗示されているところである。

篠田はロドリゴの絵踏み後、キチジローをいっさい登場させなかった。当然、批評家からは「ヨーロッパ的なキリスト教精神とは全く異質の、不思議な一途さをもった、ある卑小なタイプの日本人の典型」である「キチジローは、どこで、どんな顔をして何をやっていたのか。それを見たい」という不満が表明された[*32]。だが、キリスト教文学を映画化することを「異端の行為」とする篠田は、一度キリスト教に入信し、棄てた井上筑後守のことを「異教徒（ゼンチョ）の私にとって、もっとも近い人間である」と述べ、自分が「井上の命ずることと同じ行為をロドリゴの肉体に演出することになる」と記している[*33]。

篠田の欲望を駆り立てたのは、明らかに「カソリシズムの正統を否認する資格を持っており、そのことによって、カソリシズムを真っ向から対立する立場」[*34]にある井上と、彼によって堕落させられるロドリゴの関係性であって、キチジローとロドリゴの「弱者としての信仰の共同体」ではない。当時の映画評でも「ギリギリの苦悶に耐えて耐え抜いて、その果てに堕ちて行った人間たちの姿を描いた」[*35]とされるように、篠田は日本名を授かったロドリゴが、日本人の妻に覆いかぶさり、女の肉体をむさぼる姿を最後に描いたのである。端的にいって、還俗したポルトガルの宣教師が日本の女の肉体に溺れる姿を描いた篠田の結末は、弱者にとっての信仰の問題から完全に逸脱している。

当然のごとく、原作者であり脚本にも参加していた遠藤周作はこの結末に反対する。篠田も自身のエッセイで『沈黙』の作家と対立せずにはいられなかったとはっきりと述べている。「ドキュメントは、私たちにさまざまな空想をひき出す」として、エピローグの「役人日記」に書かれた「幽閉空間に対しては、私は好奇心を寄せざるをえない。この空間の復元は、そのまま、その時代のキリスト教に対する日本側の対処の仕方や観念を発見すること」[*36]だとする篠田が遠藤のテクストから再構築したもの、それはテクストの内部に潜在化した「セクシュアリティ」の主題である。

『心中天網島』などこの時期の一連の映画でも明らかなように、原作を大胆に解釈し作り変える篠田にあって、とりわけ性やエロティシズムは固有の問題意識であった。篠田は、色彩の効果とともに背教後のロドリゴの妻になる岩下志麻と、キチジローが救いを求めに行く原作にはない遊女・三田佳子のキャラクターを際立たせ、最後にセクシュアリティの問題を前景化する。言い換えれば、〈神の沈黙〉という崇高な主題を、最後に西洋人と日本の女の情交のイメージを挿入することによって、世俗的な次元に書き換えてしまうのだ。しかもロドリコと岩下志麻の接吻を静止画で提示し、観客に対して強烈なイメージを焼き付けている。

このような小説の読みの実践から映画化された『沈黙』に対して、遠藤は「ラストをカットしてくれと注文をつけた」が、篠田はそれを拒否、最終的に遠藤は映画が「篠田氏の作品」であることから許諾した[*37]。篠田の改変は、原作にはまったく描かれていなかった場面や人物を配置し、信仰と性の問題へと行き着く。ここにこそ遠藤周作の『沈黙』と、それを忠実に映画化しようとしたスコセッシ版には見られない篠田固有の作家性が見出せる。続いて結末にいたるまでの原作を逸脱した重要なシーンを確認していこう。

篠田は隠れキリシタンであるジュアン〔長吉〕とモニカ〔春〕の拷問＝処刑の場面に、岡田三右衛門とその妻をもってくるという大胆な改変を施した。つまり、ロドリゴが信徒の絵踏みを見せつけられる場面で、処刑される片眼の男・ジュアンを岡田三右衛門という名前のキリシタン武士に変更し、モニカを岡田の妻・菊に変えて、髷を結った袴姿と、赤の紋様を施した着物姿で登場させているのである。この絵踏みの場面は、原作でもスコセッシ版でも数人の隠れキリシタンが登場するが、篠田版ではこの二人だけが絵踏みの儀式と拷問を受ける。ロドリゴへの見せしめのため、岡田は顔だけを出して地面へと埋められ、そこを馬が何度も走るという壮絶な拷問へと発展し、ついに菊は夫を救うために自ら踏絵を踏む。だが、それも虚しく、最終的に役人によって男は殺されてしまう。

この設定の変更が過酷なのは、妻の夫への愛とキリストへの信仰が天秤にかけられるからだけではない。ロドリゴに、信仰の犠牲になった男の死とともに、信仰によって最愛の夫を奪われた妻が、性の欲望の対象としてあてがわれるからである。最後まで棄教を拒み続けた殉教者＝強者としての男の死、そして夫を愛するがゆえに踏絵を踏んだ女を、棄教者＝弱者としての司祭が引き受けるというあまりにも屈折した事態。ここに組み込まれているのは聖職者の〈生／性〉の問題である。原作において井上が放った「一人だと不憫だろう」という言葉には、未来永劫この日本という土地に緊縛される転び者の「生活」のみならず、「性生活」も含意されているように思われる。

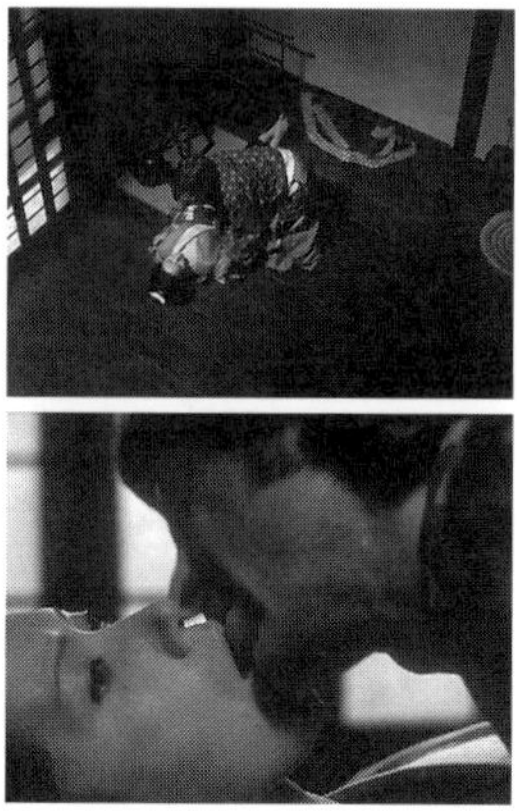

図9-3〜9-4『沈黙 SILENCE』（篠田正浩，1971）

篠田はこの棄教後のロドリゴの生活を、原作を破壊するほどの強度で作り変えている。遠藤自身、この作品の題が、〈神の沈黙〉と〈歴史の沈黙〉という二重構造において作品を意味づけていると語るが、ここでの後者の意味とは、背信の徒として歴史の彼方に押しやられ、教会も汚点として彼らの転びに言葉を与えないこと、すなわち、遠藤は「歴史が沈黙して語らない転びキリシタンにも言葉を与えたいと強く願った」のだろう[*38]。しかしながら、遠藤の原作の結末が表向きは神を棄てながら、何度も神への信仰に回帰していたのに対して、篠田版が最後にたどり着いたのは、遠藤による〈神の沈黙〉と〈歴史の沈黙〉といった崇高な問題を引き離すかのような、人間の〈生／性〉に関わる実存の問題、いうなれば「聖」に関わる者にとっての〈生／性の沈黙〉の可視化である。

奉行所で品物の鑑査を終えたロドリゴは、小さな部屋へと戻っていく。役人が鍵付きの部屋を開け、彼が入ると部屋は再び施錠される。幽閉された部屋の内部には、美しい着物をまとい鎮座する菊の姿がある。外から監視できる覗き窓が設置され、そこから部屋に入ったロドリゴをフェレイラがじっと見つめる。ロドリゴが妻の横へ腰を降ろすやいなや、カメラは天井からの俯瞰ショットに切り替わり、妻の帯を強引にほどいて、その場に押し倒そうとする姿を映し出す。途中で彼女はそれを受け入れ、自らゆっくりと横になる。彼が光沢のある深緑の羽織を乱暴に脱がせると、中からは真っ赤な着物が露わになる。唇をむさぼり強引に彼女の身体を欲望し始めるロドリゴ。この間カメラはずっと性行為に及ぶ二人を静観しているかのようにじっと見下ろしている【図9-3】。続いて二人の接吻を横から映すクロースアップになり、ロドリゴが女体を求める姿を見たフェレイラは悲痛な面持ちでそっと覗き窓を閉めると、二人の接吻のストップ・モーションが唐突に提示される【図9-4】。そして連続していくつかの静止イメージがモンタージュされて物語に終止符が打たれるのだ。

篠田正浩の演出／撮影技法

このラストシーンには、映画作家としての篠田正浩の固有な表現としての〈赤色〉、〈静止画〉、〈俯瞰ショット〉が凝縮され、篠田の作家性がふんだんに盛り込まれている。ここでは、色彩、ストップ・モーション、俯瞰ショットなどの演出／撮影技法が、いかにこの作品の主題と関わっているのかに焦点をしぼりながら篠田正浩の作家性を浮上させていこう。

まずこの作品を貫通するのは〈赤〉のイメージであり、随所に見られる色彩の効果は決して小さくない。裏切り者のキチジローが救いを求めて真っ赤な着物の娼婦と交わるシーンは強力なインパクトをもたらしているし、背教したロドリゴが岡田三右衛門の妻の身体をむさぼるときに露わになる〈赤〉も強烈な印象を与えているからである。キチジロー／ロドリゴが背教の末にたどり着いた、世俗的で土着的な〈女〉は、真っ赤な着物をまとい〈赤〉のイメージによって信仰を呑み込み、セクシュアリティを露呈させる。真紅の着物に包まれた武士の妻／娼婦という日本の土着的な〈赤の女〉に溺れる二人の姿は耽美的かつ退廃的であり、マゾヒズムに満ちている――キチジローは自分が踏絵のイエスに唾を吐きかけたのと同じように、自分の顔に唾を吐きかけてくれと赤い女に懇願する。

おそらくこの〈赤〉は、宗教における崇高な精神に対峙するかたちで、人間のプリミティヴな欲動を表現している。女の身体を媒介にする〈赤〉のイメージは、〈死〉を連想させるものとして埋め込まれているのだ。だからこそ、篠田版のロドリゴは役人から逃げ隠れなければいけないときに、明らかに目立つ赤い着物をまとって日本の大地をさまよわなければならなかったのであり、キチジローの裏切りによって捕らえられ、馬で連れていかれるときにも、突如として、土手の上に出現する赤衣の天狗の舞の幻視ショットが挿入されているのである。〈生／性の欲動〉＝本能的な欲求としての〈赤〉のイメージはこの映画にあって、〈女〉の形象をとり、信仰に〈死〉をもたらすものとして焼き付けられているのだ。

篠田正浩はトモギ村の人びとが海で処刑される場面において、スコセッシがクローズアップやロングショットを効果的に使ってその悲劇性を演出するのとは違って、殺される男たちを決してクローズアップでは撮らなかった。このようなロングショットだけではなく、篠田はしばしば空中や天井からモノと化した人物を見下ろすようなショットを使用している。たとえば『心中天網島』のラストシーンで愛し合う男女の心中を捉えるのは、真上からただの物質と化した死骸を見下ろす残酷なまでの俯瞰ショットであり、このようなショットは『沈黙』のラストシーンにも性急に挿入される。篠田の非情なカメラは、女の肉体を欲望し、唇をむさぼる棄教者の性行為をただ天井からの俯瞰ショットで捉えるのだ。ここでのロドリゴがいる場所は、見せしめのために殉教して死んでいった男の位置を占めている。換言すれば、自分の存在のために死んでいった男の代わりに、男の妻と性行為を行っている。聖職者の還俗における性愛の主題は、避けがたい宿命を代行する篠田の無機質なカメラによって冷徹な眼差しで映し出されているのである。

最後に、ラストシーンに突如として挿入されたストップ・モーションについて見ていこう。篠田はしばしば物語の結末にストップ・モーションの効果を利用して作品を編集してきた。それまで饒舌に語りかけていた映像それ自体が〈沈黙〉すること。これはいうまでもなく、殉教者にもなれず日本の精神風土に敗北した一人の宣教師の人生の〈死〉を意味している。死体か人形のように微動だにせず、ひたすら受け身の女の目には生気はまったくない。最後のショットで、女を欲情する男は、悲痛な叫びとともに快楽を湛えている。これほど無慈悲な仕打ちはあるだろうか。篠田は、聖職者であった司祭に〈性〉を与え、〈生〉を奪ってしまうのだ。愛し合えない二人を生き殺しの状態のまま幽閉する篠田版の結末は「敗北=堕落の物語」であり、主人公にも観る者にも救済とはほど遠い絶望しか用意されていないのである。それでは半世紀後にハリウッドで再映画化された『沈黙』は、いかに可視化されたのだろうか。

4　マーティン・スコセッシの「強者／弱者の物語」――『沈黙―サイレンス―』

スコセッシ映画と『沈黙』の製作

イタリア系移民としてニューヨークで生まれ育ったマーティン・スコセッシは、聖職者になりたいと思っていた。遠藤と同じく、幼少期から虚弱体質であった彼は、ニューヨーク司教区の神学校に入学(実際に通ったのは一年間)、高校卒業後は司祭になるつもりだった。自分の人生には映画と宗教の二つしかなかった、と彼は繰り返し語っている。「信じること」や「救済」という一貫した主題が根底で流れているスコセッシ映画には、贖罪や罪の意識を抱える人物が多く登場し、自分に割り当てられた実利的な社会での限定的な役割を乗り越えて贖罪を求めようとする[*39]。

たとえば、ニューヨークのリトル・イタリー地区に住む下層の若者を、実験的なカメラワークで捉えた『ミーン・ストリート』(一九七三)のチャーリー(ハーヴェイ・カイテル)は、奇行を繰り返して騒ぎを起こすジョニー・ボーイ(ロバート・デ・ニーロ)を唯一かばい続ける。言葉による教会での祈りでは罪は贖えないため償い(行為)が必要だとするチャーリーにとって、厄介者であるジョニーの存在自体が「刑罰」にほかならず、何度裏切られても見捨てようとはしない。それは彼にとって友情という絆ではなく、救済と関係する償いなのである。『タクシー・ドライバー』(一九七六)のベトナム帰還兵トラヴィス(ロバート・デ・ニーロ)もまた、売春婦を汚濁した世界から解放し、世界を粛清すれば、自身も救われると信じている。このようにスコセッシの主人公たちは、救済と切り離せない罪の意識を抱え、多かれ少なかれ信仰と向き合っているのだ。

監督としての最初の一〇年間（一九七〇年代）に「赫赫《かくかく》たる名声をあげたスコセッシは、同世代の他のどの映画監督よりも、個人的なものと神話的なもの、生々しいものと伝統的なものを結合させるのに成功した」[*40]。それは商業映画も成功させてきた近年においても変わらない。スコセッシは映画が最大の技術力、産業としての最大の力を発揮するときこそ、「映画製作は個人的なもの《パーソナル》」でなければならず、「作家性を一貫して貫くことによってのみ、映画は真実に映画になる」[*41]と考える。レオ・ブラウディが「視覚的世界に超越的可能性を掘り起こす」作家と述べるように、スコセッシは「現実的な規範を超えて行動するキャラクターとして聖人の形象に興味を持ち、彼の周縁性をある種の超越性へと変える」[*42]。こうした作家性は後期の商業映画にも見られ、彼の映画作りにはパーソナルなものが常に反映されているのである。

「ほとんどすべてのスコセッシ映画とその中心的な主人公に共通するのは、深いメランコリーである」とするマーク・ニコルズは、『エイジ・オブ・イノセンス』（一九九三）を通した主人公（ダニエル・デイ＝ルイス）の旅は、「喪失に対する強迫的な探求を表象」し、彼のふさぎ込んだ声は静かになることはなくヴォイス・オーヴァーとしてテクストの表面に現れると論じている[*43]。対象の喪失と男性的メランコリー、そしてその苦悩を表現する主人公のモノローグは、スコセッシ映画に遍在する表現であり、ロドリゴの苦悩や沈黙する神への語りはナレーションというかたちで『沈黙』においても機能している。さらに『沈黙』の主題と直結する映画についても触れておこう。

スコセッシが『最後の誘惑』の映画化に着手したのは一九八三年のことである。意志の弱い人間としてイエスが描かれ、マリアと性交する夢のシーンが描写される同作に対して、キリスト教原理主義者たちの製作中止を要求する圧力が大きな勢力となり、抗議活動はヨーロッパにも波及、教会側からの反対声明や抗議デモは公開が近づくにつれ過激になっていった。作品が完成したのは一九八八年のこと、沈黙を守っていたスコセッシは次のような声明を出している。

私のこの映画は深い宗教的感情によって作られている。私は一五年間この映画作りに関わってきたし、これは自分によって特別な意味を持った作品だ。これは受難と、神を見出す苦難についての宗教的映画だと信じている。この作品は確信をこめて、愛情をこめて作られた。これは信仰の肯定の映画であって、決して否定の映画ではない。いかなる人びともイエスの神聖な面同様、人間的な面にも一体感を持つことができるにちがいないと私は強く信じている。*44

まるで『沈黙』について語っているのではないか思うほど、二つの作品の内実に共鳴する部分があることがわかる。奇しくも『最後の誘惑』が公開された一九八八年に、スコセッシは『沈黙』の映画化を決意したという*45。生々しい人間としてイエスを描いた前者に対して、宗教弾圧下に生きる信者たちの苦難を描いた後者は、宗教映画として表裏の関係にある。映画化を決意してから四半世紀を経て、ようやく『沈黙』はカトリックの映画監督によって再映画化されたのである。

「原作に忠実に作りたかった」と話すスコセッシは、彼の映画製作に長年、文書係・研究員として携わってきたマリアン・バウアーに遠藤が小説でどのように書いているかを何度も尋ねたという。「原作に忠実でありたいという気持ちは私にもはっきりとわかりました」と語るバウアーは、彼の意向を汲み、遠藤の原作のページと映画の台本のページを対応させるため、右側には場面や台詞がわかる台本を貼り付け、同じシーンの小説の該当ページを左側に貼り付けたバインダーを作り、遠藤がその場面にどういうディテールを書いているかを現場で簡単に参照できるようにした*46。それでは、文字テクストに忠実であろうとするスコセッシは、いかに遠藤文学の映像化を試みたのだろうか。

絵踏みのシークェンスにおける神との対話

篠田版がキチジローとの出会いと、絵踏み後のロドリゴとキチジローの場面を排除したのに対して、スコセッシの『沈黙』は、フェレイラ（リーアム・ニーソン）の拷問シーンを取り付けているものの、マカオでの出会いも絵踏み後の関係も原作に忠実に描いている。マカオの通りを並んで歩くロドリゴ（アンドリュー・ガーフィールド）とガルペ（アダム・ドライヴァー）の目線はカメラの向こう側を見据えて、強い使命感を持っている。カメラが移動撮影で後退していくスピードよりも早い速度で手前に向かって二人を歩かせ、カメラを押し戻すかのように力強い歩行を見せると、すぐにカメラは反転しながら上空へとクレーン・ショットで上昇、再び街の全景を鳥瞰する。二人の気概が強く印象づけられるカメラワークである。

このシーンで、ナレーションは冒頭のフェレイラから、ヴァリニャーノに向けた手紙を読むロドリゴへと切り替わり、原作と対応した純主観の視点が取られている。続く場面では、ロドリゴが十字架のかけられた寝室で手紙を書き記している。このとき彼にはイエスの顔が見える。想起されたイエス像の顔は、均整の取れた威厳のある表情である【図9－5】。トモギ村と五島で自分たちが隠れキリシタンに必要とされていることを実感するロドリゴは、日本における存在価値を見出し、荘厳な神を近くに感じているのである。このイエス像はロドリゴが屈服して絵踏みに応じるまで何度も彼にイメージされる図像である。

図9－5　『沈黙―サイレンス―』
（マーティン・スコセッシ，2016）

威厳あるイエスのイメージと対極の存在として重要なのが、役人に怯え、何度も踏絵を踏む弱者としてのキチジロー（窪塚洋介）である。スコセッシは英語に翻訳された『沈黙』の序文で次のように述べている。

遠藤は私が知っている他のどの作家よりも直接的にユダの問題を凝視している。彼はキリスト教が生き残っていくためには、他の文化や歴史に適応していくためには、キリスト像だけではなく、ユダの存在こそが重要であることを理解しているのだ。*47

スコセッシにとって、ユダ＝キチジローの存在はロドリゴの変容を照らし返すうえでも重要な存在であった。すでに述べたように篠田正浩の改変は、高潔な精神を持つ「強者」としてのロドリゴが、キチジローという「弱者」を媒介にして、「弱者」としての自己を見出し、彼の心象であるイエスの〈顔〉が変化していく物語を棄却した。それに対して、スコセッシは映像メディアに特有の〈顔〉によってロドリゴの心象を表現する。父なる「強者」から「弱者」へと変容していく原作を忠実に再現するために、秩序と威厳のあるイエスの〈顔〉が何度もはっきりと映像化され、さらには「強者」のイエスと自分を同一化するロドリゴの姿まで描写される【図9－6】。

図9－6～9－7
『沈黙―サイレンス―』
（マーティン・スコセッシ，2016）

その前提のもとに絵踏みの場面では、中心軸よりも左側に配置され傾いた状態で、弱々しく疲れ果てたイメージのイエスが具現化されているのである【図9－7】。

ここで先に触れた問題――イエスがいったのか、幻想＝幻聴だったのか、ロドリゴがイエスの顔から読み取ったのか――に対する映画作家の解釈が明らかになる。すなわち、文字テクストによる表現媒体の制限は、映画化（視聴覚テクストに置き換えられること）によって、映画作家の解釈を明確に提示するのだ。原作では誰がいったか不明瞭だった声は、イエスが発した言葉としてロドリゴにはっきりと届けられるのである。

イエスの発話と翻訳問題

さらに文化を越境する物語がスコセッシにいかに解釈され、視聴覚的なテクストとして表現されているかを、翻訳の観点から見ていこう。スコセッシはインタビューで「誤訳には何度もぶつかりました。その度に日本語の原作に戻り訂正しました。原作に近づける努力を続けたのです」[*48]と話している。絵踏みの場面を取り上げてみよう。原作のⅧ章では、ロドリゴが聞いたイエスの言葉は次のように書かれている。

その時、踏むがいいと銅板のあの人は司祭にむかって言った。踏むがいい。お前の足の痛さをこの私が一番よく知っている。踏むがいい。私はお前たちに踏まれるため、この世に生れ、お前たちの痛さを分つため十字架を背負ったのだ。

この「踏むがいい」の部分は、英語で出版されたときに「Trample!」[*49]という単語で翻訳された。このイエスの語りの英訳に関して、アメリカにおける遠藤文学の第一人者であり、遠藤の『深い河』などを翻訳したヴァン・C・ゲッセルから日本語の有するニュアンスと違っているという疑義が呈された。

あれはまさにすべてを赦すキリストの声、ロドリゴが神に捧げた苦しみを受けとめ、苦しむ他者を救うというもっと大きな慈悲の行為を選べと促した、神の声です。受難のさなかにロドリゴの心を満たしたこの言葉は、英訳にあるような「踏め!」「Trample!」という父性的な強い命令ではなく、「踏むがいい」It's all right to trample という赦しを含んだ慈愛の言葉で語られます。[*50]

実際、ゲッセルはこの後に、スコセッシの文学アドバイザーとして、英語版『沈黙』における誤訳の問題に関する助言をすることになり[*51]、製作プロセスの段階で映画化における翻訳の問題に関して影響を及ぼしたと思われる。作曲家のジェームズ・マクミランは、『沈黙』をめぐるラウンドテーブルで他のパネリストから翻訳の問題に関して尋ねられ、次のように話している。

マクミラン：「trample」という言葉だけイメージすると、かなり暴力的な、勝ち誇ったように「踏め」となりまして、踏んだ方が負け、それこそ地に付くようなイメージとなります。

加藤：その単語は辞書で見ると「踏みにじる」というような意味ですよね。

マクミラン：そうですね、実際に「押し付ける」というような意味もあります。[*52]

山根道公もまた、「踏むがいい」という言葉は「命令ではなく、私はお前の苦しみ、痛みをわかっている、だから踏んでもいいのだよ、という、わが子の痛み苦しみを分かち合う母親のような語りかけなわけで、それを「踏め」という命令の形で本当にニュアンスが伝わるかどうかはちょっと疑問です」[*53]と話している。この場面は、映画では次のような言葉に置き換えられた。

“Come ahead, now. It's all right. Step on me. I understand your pain. I was born into the world to share men's pain. I carried this cross for your pain. Your life is with me now. Step.”

映画では「Trample !」という単語も使用されず、強調の「!」が表すような言い方もまったくしていない。むしろ、「Step on」という言葉が選択され、低く慈愛に満ちた声で、ゆっくりとささやくようにロドリゴに語りかけるのである。ここで繰り返し想起された秩序と威厳のあるイエスの顔のイメージが一瞬映し出されて消滅する。

映画の前半、トモギ村や五島に赴き人びとから必要とされるのを実感していたときのロドリゴを思い返そう。強い使命感に駆られ、意気揚々とマカオに到着したロドリゴに見えたイエス像は、踏絵を踏むシーンで消失する前の威厳あるイメージであり、そのイエスに自己を同一化する場面も描かれていた。トモギ村から四人が人質として出向くとき、その中の一人モキチ（塚本晋也）がロドリゴに、踏絵を踏まなかったら村の者たちが危険にさらされる、私たちはどうすべきですか、と泣きながら訴える。このとき、原作では「踏んでもいい、踏んでもいい」とロドリゴがいうが、映画では「踏みなさい（trample）」と力強い口調で二度モキチに言い放っている。したがって、スコセッシは、あえて翻訳された小説の表現「trample」をロドリゴに前半で使わせておきながら、威厳あるイエス像がロドリゴから消滅する場面では違う表現「Step on」に変えていたことになる。これは結果として、言語的な差異を利用して見事に遠藤が意図した主題――ロドリゴの心情の変化にともなう父権的なイエス像からの顔の変化――に照応させた秀逸な翻案だといえよう。

だが、言語を越えた文学の映画化は物語の結末において、おそらく遠藤が意図せざる物語を提示して終わっている。そのことを最後に確認していこう。

棄教者のその後――ロドリゴとキチジローの信仰

小説『沈黙』において、ロドリゴが棄教した後の「切支丹屋敷役人日記」が、巻末の参考資料として扱われ、多くの批評家や読者に見過ごされたこと、あるいは、この記録の「宗門の書物」が「誓約書」を暗示しており、ロドリゴは「私は転びます」という誓約書を書かされていたことに関してはすでに触れた[*54]。興味深いことに、日本人読者に「誤読」された同作は、難解な日本語が現代語として平易な英語に翻訳されることによって可読性を高め、遠藤の書きたかった本質的な部分が伝達されることになった。遠藤の長年の弟子であった作家の加藤宗哉は、先述したラウンドテーブルで、日本語版では古文調で非常にわかりにくいが、翻訳の英文では「現代的な文章になっていてわかりやすく書いてあります」と述べ、次のように話している。

加藤：この「宗門の書物」というのは何かと言いますと、自分の宗教を否定する事、つまり転ぶという証文です。これを何度も岡田三右衛門は書いたということです。このことはつまり、彼は棄教したあともまた信仰に戻っていたということですね。しかし幕府から命じられてまた棄教し、書を書かされた。そういうことを何度も繰り返していたわけなんです。転んでは、また戻る。信仰とはそのように迷いつづけるものであろうというのが、おそらく作者の言いたかったことだと思います。ですが、この難解な日本語の「役人日記」ではそれが読者にはうまく伝わらなかったのかも知れません。しかし英訳本では「自分の宗教を否定する書を書いた」となっていて、はっきりと分かるようになっています。*55

『沈黙』はそもそも「ロドリゴが信仰を棄てた物語」ではなかった。殉教した者を「強者」とするならば、遠藤は役人の前で棄教し、「弱者＝敗者」として生きながら、何度も信仰を取り戻したことを書いていたのだ。遠藤自身が「何度も何度も彼は転んでは立ち、転んでは立ち。信仰というものはそういうものだろう、過ちをいろいろくり返して。それからキチジローもまた同じ牢屋で下男として働いているわけだから、キチジローの運命もそう」*56と語るように、ロドリゴもキチジローも棄教と信仰を繰り返す。それを翻訳による言語の差異が明確に浮き彫りにしたのである。英語版の小説を読んだスコセッシにとって、遠藤の意図を汲み取るのは容易だったに違いない。たとえば、英訳された「役人日記」を再び、現代日本語に直訳するならば「遠江守の命令に従って、岡田三右衛門は彼の宗教の否認について書き記す（Okada San'emon is engaged in writing a disavowal of his religion at the command of Tōtōminokami）」[*57]となり、信仰を否定させられていることが容易く理解できる。

スコセッシ版は、確かに棄教後の彼らの生活を原作の意図を汲みながら丁寧に映像化している。岡田三右衛門の名を授かり、江戸の家で背教の誓約書を書く姿を描き、「井上は彼に繰り返し背教の証文を要求した」というオランダ貿易会社の医師のナレーションも添えられている。しかしながら、ラストシーンにおける細部の改変は、原作に忠実であろうとする彼の意図に反して物語に大きな変容をもたらしているように思われる。結論を先取りしていうならば、遠藤が何度でも「転ぶ」人間のリアリティを克明に描き、弱者を弱者のまま肯定したのに対して、スコセッシ版のロドリゴやキチジロー、あるいはフェレイラは最終的に、遠藤の原作とは反転して「強者の論理」を手にして物語を終えているのである。どういうことだろうか。

絵踏みのシーンの後、ロドリゴはフェレイラとともに奉行所に出向き、禁制のキリスト教の品物が持ち込まれていないかを識別する仕事に従事している。そこで品物から十字架が見つかったとき、不意にフェレイラが「われらの主（Our Lord）」と発し、それに気づくロドリゴの短い場面が挿入される。むろん、そのような場面は原作にはない。ここでは表面的には棄教者として振る舞いながら、内面ではフェレイラが信仰を棄てていない可能性が示唆されている。また原作では絵踏みの後、ロドリゴが岡田三右衛門になってから、再び告解にやってくるキチジローに次のように述べる。「この国にはもう、お前の告解をきくパードレがいないなら、この私が唱えよう。すべての告解の終りに言う祈りを。……安心して行きなさい」。直後の地の文は次のように続く。「怒ったキチジローは声をおさえて泣いていたが、やがて体を動かし去っていった」。映画はこの場面を、ロドリゴがモキチにやったのと同じようにキチジローに額を寄せ、二人の気持ちが一致しているようなシンメトリカルな構図で表現している。

続くシーンは、かなりの時を経て定期的に実施される絵踏みの場面。ここでは絵踏みの瞬間、妻の緊張感のある表情が捉えられ、彼女も隠れキリシタンではないかと思わせるような演出が施されている。ロドリゴが踏んだ後、使用人として彼に仕えていたキチジローは、首からぶら下げたお守りに聖人のイメージが付されたものを隠し持っており、それを役人に見破られ連れて行かれる。確かに原作で暗示されていたように、ここでもキチジローは信仰に立ち返っている。だが、スコセッシ版では決して「何度も転ぶ」キチジローを描いてはない。さらにいうならば、もはやこの場面でキチジローには、役人に怯える弱々しい男のイメージは与えられていないのだ。それよりも強調されているのは、彼がいまだに神を信じ続けていたという信仰の厚さの方である。

決定的なのはラストシーンだ。ロドリゴが死に、原作通り火葬される直前、妻が棺桶のロドリゴの掌に十字架をばれないように持たせるような身振りが見られる。その十字架は、役人から目を付けられて長崎の奉行所に出向くメンバーの一人、モキチが村の長のために作った小さな十字架であり、ロドリゴに手渡されたものであった。最後の火葬のシーンでは、カメラが超越的視点から棺桶の内部まで入り込み、ロドリゴの掌の中にある十字架をクロースアップして終わる。ラストシーンにおいて、原作にはない細部の改変と演出の効果として前景化するのは、強い信仰を共有する秘匿の宗教共同体である。

思い返せば、絵踏みで棄教した信者たちが、イエスの顔に足を重ねるショット（踏む動作）で捉えられていたのに対し、映画のクライマックスにあたるロドリゴの絵踏みのシーンでは、それまで繰り返し描かれたようなイエスの顔を踏むというアクションではなく、真横からのアングルで踏絵に足をかけた後の転倒が、スローモーションの効果を活かして活写されていた。それはあたかも「背教」ではなく「転んだ」（のちに起き上がる）のだといわんばかりの演出である。原作では弱者がいかに神に赦されるのかが描かれていた一方で、スコセッシ版は強い信仰の強度を、儀式や形式を超えた精神的な境地へと達した者たちの「紐帯」によって提示しているのだ。

本章では、戦後日本文学が誇る遠藤周作の『沈黙』が、キリスト教徒ではない日本の映画作家である篠田正浩と、ハリウッドの映画作家であり敬虔なカトリックでもあるマーティン・スコセッシによって、いかに解釈され（再）映画化されたのかを比較することによって、それぞれの作家が同じ指示対象である物語を、どのように固有の映像作品として再構築《リメイク》したかを検証してきた。

篠田正浩の非情なカメラによって映し出された弱者としての背教者は、日本の精神風土における世俗的な性にとことん堕ちていく悲劇を演じた。そこでは救済が得られるはずはなく、遠藤の造形した登場人物は神に赦されることも抱擁されることもなく、屈服し、敗北するしかない。西洋の思想が日本の風景の中に融解し、退廃的に崩れ去る悲劇は、最後のストップ・モーションに結実している。

それに対しスコセッシは、イエスに自己投影していたロドリゴとユダとしてのキチジローの関係性を前景化している。ヴァン・C・ゲッセルは遠藤周作との対談で、「第三の新人」が描くような弱い人間や怠け者について「アメリカ人はそういう弱い人間のイメージはあまり好きにならないんです。だからキチジローなんかは嫌う人が多いでしょうね」*58と話している。スコセッシがアメリカ人観客をどれだけ意識していたかは定かではない。だが、『沈黙』の原作者が「自分のなかの弱い心理をキチジローに投影することができる」*59と語るのとは異なり、スコセッシが最後にたどり着いたのは、やはり信仰の強さを紐帯にした「強者の共同体」だったように思われる。

スコセッシは、西洋の信仰が日本の沼地には根をはらぬことを受け入れたうえで、きわめて個人的な信仰を創り出し、その崇高な精神や信仰の強度を描いてこの映画を閉じた。「弱者」とは名指しがたいスコセッシの宗教共同体は、遠藤文学が弱者としての信仰を母性的なイメージに投影したのとはいささか異なり、父権的な信仰に回帰しているように思われてならない。それはラストシーンにおいて、ロドリゴのもとへ告解を求め、再び訪れるキチジローの〈顔〉が端的に物語っている。この場面でキチジローを演じる窪塚洋介には、もはやそれまで何度も見せていた弱々しい背教者の表情は与えられず、むしろそれは、凛とした秩序のある、あのロドリゴが何度も想起した父権的なイエスの〈顔〉だからである＊60。

注

1 笹川慶子「リメイク映画」、岩本憲児・高村倉太郎監修『世界映画大事典』日本図書センター、二〇〇八年、九五一―九五二頁。

2 脚本を担当した大根仁は、企画した東宝プロデューサー・川村元気からアニメで「リメイクしたい」といわれて「実写のリメイクだと思い込んで」しまい「絶対ムリ」だと答えたとインタビューで話している（岩井俊二・大根仁・新房昭之「〝規格外〟の香りがするアニメ――その成立の背景」、『キネマ旬報』二〇一七年八月下旬号、二八頁）。

3 山下慧・井上健一・松崎健夫『現代映画用語事典』キネマ旬報社、二〇一二年、一七二頁。

4 だが、以前の映画は、小説などの原作をもとにシナリオが書かれ製作されていることも多く、その場合、リメイク映画製作者は権利がどこにあるか――オリジナル映画と原著作権者との契約書、プロデューサーや監督およびキャストとの契約書など――を調査し、契約書を作成することになる（福井健策編・内藤篤・升本喜郎著『映画・ゲームビジネスの著作権』著作権情報センター、二〇〇七年、一九一―一九三頁）。

5 Kathleen Loock and Constantine Verevis eds., *Film Remakes, Adaptations and Fan Productions*, Palgrave Macmillan, 2012, p. 6. 映画のアダプテーションに関しては、以下の研究が参考になる。Dudley Andrew, "Adaptation," *Concepts in Film Theory*, Oxford University Press, 1984, pp. 96–106; James Naremore, "Introduction: Film and the Reign of Adaptation," James Naremore ed., *Film Adaptation* (*Depth of Film Series*), Rutgers University Press, 2000, pp. 1–16.

6 Loock and Verevis eds., ibid.

7 Lev Manovich, *The Language of New Media*, MIT Press, 2001.（＝二〇一三年、堀潤之訳『ニューメディアの言語——デジタル時代のアート、デザイン、映画』みすず書房、四一四—四一六頁。）

8 カメラの現実を操作する伝統的な映画に対して、現在のデジタル映画制作においてショットは、最終地点ではなく、コンピュータ上で操作されるべき原料にすぎないため、人工的なアニメーションでのみ可能だった可塑性を獲得するのだ。同前、四〇八—四一二頁。

9 ただしロザリンド・クラウスの「ポストメディウム的状況」が想定している「メディウム」と、ニューメディア研究の領域でいわれる「メディウム」の概念は一致するわけではない。二つの領域における差異に関しては、マーク・ハンセンの議論を参照されたい。Mark B. N. Hansen, *New Philosophy for New Media*, MIT Press, 2004.

10 Thomas M. Leitch, "101 Ways to Tell Hitchcock's "Psycho" from Gus Van Sant's," *Literature Film Quarterly*, 28(4), 2000, p. 269.

11 Slavoj Žižek, *Enjoy Your Symptom!: Jacques Lacan in Hollywood and Out*, 2nd Edition, Routledge, 2001, p. 206.

12 Constantin Verevis, *Film Remakes*, Edinburgh University Press, 2006.

13 ibid., p. 2.

14 Linda Hutcheon, *A Theory of Adaptation*, Routledge, 2006.（＝二〇一二年、片渕悦久・鴨川啓信・武田雅史訳『アダプテーションの理論』晃洋書房、二三—二七、一四一—一四九頁。）

15 奥野政元「「沈黙」論」、笠井秋生・玉置邦雄編『作品論 遠藤周作』双文社出版、二〇〇〇年、一五二頁。奥野は「解題」を書いた佐伯彰一が三部仕立ての構成を取っているとしたのに対して、最後の純客観的な視点の「切支丹屋敷役人日記」を含めた四部仕立てと考えるべきだと述べている。

16 遠藤周作『沈黙の声』プレジデント社、一九九二年、六四—六五頁。

17 笠井秋生「『沈黙』をどう読むか——ロドリゴの絵踏み場面と「切支丹屋敷役人日記」」、『遠藤周作研究』第五号、二〇一二年。

18 川島秀一『遠藤周作 愛の同伴者』和泉書院、一九九三年、一四二頁。

19 三島由紀夫「遠藤氏の最高傑作」、『中央公論』一九六六年一一月号、二六〇頁。

20 大里恭三郎『孤高の現代作家』審美社、一九八三年、一八二頁。

21 中野記偉「G・グリーンと日本の作家たち（二）——遠藤周作の場合」、『世紀』一九七〇年六月号、七九頁。

22　笠井秋生、前掲「『沈黙』をどう読むか」、八九頁。
23　同前、九一頁。
24　遠藤周作「異邦人の苦悩」、『遠藤周作全集』一三巻、新潮社、一七五頁［傍点引用者］。
25　遠藤周作・三好行雄「対談・文学―弱者の論理―遠藤周作氏に聞く」、『国文学 解釈と教材の研究』一九七三年二月号、二二頁。
26　上総英郎『遠藤周作論』春秋社、一九八七年、二〇五頁。
27　たとえば遠藤は、「切支丹屋敷役人日記」に関して、「ここに書かれている「書物」とは誓約書のことで、岡田三右衛門（ロドリゴ）が誓約書を書いた、と役人が報告している記録なのである」と述べている。遠藤周作、前掲『沈黙の声』、七〇頁。
28　篠田正浩『闇の中の安息―篠田正浩評論集』フィルムアート社、［一九七二］一九七九年、九八―九九頁。
29　同前、一〇六―一〇七頁。
30　佐藤忠男「一九七一年度内外映画総決算―日本映画／多彩だった作品群」、『キネマ旬報』一九七二年二月上旬号、七五頁。
31　長濱拓磨「遠藤文学における〈ペドロ岐部〉（一）―『留学』『沈黙』を中心として―」、『遠藤周作研究』第八号、二四頁。
32　白井佳夫「〈沈黙〉または篠田正浩の〈無言〉」、『映画評論』一九七一年一二月号、七五頁。
33　篠田正浩、前掲『闇の中の安息』、一〇七―一〇八頁。
34　同前、一〇八頁。
35　田山力哉「篠田正浩監督の「沈黙」―堕落のテーマの映像化への共感」、『キネマ旬報』一九七一年一二月上旬号、九三頁。
36　篠田正浩、前掲『闇の中の安息』、一〇三頁。
37　遠藤周作「わが孫、映画「沈黙」」、『沈黙』映画館プログラム。
38　佐古純一郎「『沈黙』について」、石内徹編『遠藤周作『沈黙』作品論集』クレス出版、二〇〇二年、五一頁。
39　メアリー・パット・ケリー『スコセッシはこうして映画をつくってきた』齋藤淳子訳、文藝春秋、一九九六年、四〇頁。
40　デイヴィッド・トンプソン／イアン・クリスティ編『スコセッシ オン スコセッシ―私はキャメラの横で死ぬだろう』宮本高晴訳、フィルムアート社、一四―一五頁。

41 同前、一四頁。

42 Leo Braudy, "The Sacraments of Genre: Coppola, DePalma, Scorsese," *Film Quarterly*, Vol. 39, No. 3 (Spring 1986), p. 19, p. 25.

43 Mark Nicholls, "Male Melancholia and Martin Scorsese's The Age of Innocence," *Film Quarterly*, Vol. 58, No. 1 (Fall 2004), p. 26, p. 34.

44 デイヴィッド・トンプソン／イアン・クリスティ編、前掲『スコセッシ オン スコセッシ』、一六頁。

45 「マーティン・スコセッシ監督——今だからこそ語られるべきテーマ」、『キネマ旬報』二〇一七年二月上旬号、二四頁。

46 ＮＨＫ ＢＳ1スペシャル「巨匠スコセッシ〝沈黙〟に挑む〜よみがえる遠藤周作の世界〜」［二〇一七年一月二日放送］。ただし参照したのは『沈黙―サイレンス―』プレミアム・エディション（ブルーレイ&ＤＶＤ、二〇一七年）の映像特典に収められたものである。

47 Martin Scorsese, "Introduction," Shusaku Endo, *Silence*, Trans. William Johnston, Hardback edition, Peter Owen, [2007] 2016.

48 前掲「巨匠スコセッシ〝沈黙〟に挑む」。

49 Shusaku Endo, *Silence*, op. cit., p. 264.

50 ヴァン・C・ゲッセル「戦後日本文学における遠藤周作の（複数の）位置」、『「遠藤周作」とShusaku Endo——アメリカ「沈黙と声」』春秋社、一九九四年、五二—五三頁。また遠藤夫人は、井上洋治神父から指摘され、すぐに翻訳したジョンストン神父に連絡してからの経緯を次のように話している。「「あの場面はずっと緊張が続いているところなので、やはり一字で言わなければ緊張感が崩れてしまってだめだ」と言います。例えば「You may step on」などとなると緊張感が崩れてしまうので、「Trample!」でなくてはいけない、と言うんですね。もちろん翻訳というのも一つの創作活動ですので、原作の方で勝手に変えることは出来ません。そういったわけで結局、「Trample!」のままということになりました」（ジェームズ・マクミラン・遠山一行・山根道公・岡部真一郎・加藤宗哉［特別ゲスト］遠藤順子・遠山慶子「ラウンドテーブル創造と進行——遠藤周作『沈黙』を巡って」、『三田文学』〔第三期〕八二（七四）、二〇〇三年、一九四頁）。

51 前掲「巨匠スコセッシ〝沈黙〟に挑む」。

52 ジェームズ・マクミランほか、前掲「ラウンドテーブル 創造と進行」、一九二頁。「trample」は「何か／誰かをずっしりと踏むことによって足で押しつぶしたり傷つけたりすること（to step heavily on somebody/something so that you crush or harm them/it with your feet)」という意味である。"trample." *Oxford Advanced Learner's Dictionary*. 7th ed.,

2005.

53 同前、一九一頁。

54 「書物」が「誓約書」のことであり、ロドリゴが棄教書を書かされていたことに関しては、遠藤周作の自伝『沈黙の声』だけではなく、対談(遠藤周作・三好行雄、前掲「対談・文学─弱者の論理─遠藤周作氏に聞く」、二二一─二二三頁)も参照。

55 ジェームズ・マクミランほか、前掲「ラウンドテーブル 創造と進行」、一九二─一九三頁。

56 「対談 遠藤周作+ヴァン・C・ゲッセル」、前掲『「遠藤周作」とShusaku Endo』、九九頁。

57 Shusaku Endo, *Silence*, op. cit., p. 294.

58 前掲「対談 遠藤周作+ヴァン・C・ゲッセル」、一〇二頁。

59 遠藤周作、前掲『沈黙の声』、六二頁。

60 町山智浩は最後の場面におけるキチジローの顔とロドリゴの脳裏のキリストの顔の類似性を指摘している。町山の映画評は「370年目のゆるし」と題され、『沈黙─サイレンス─』プレミアム・エディション(ブルーレイ&DVD、二〇一七年)に特典としてつけられたブックレットに掲載されたものである。

第10章

アニメ・リメイク
――『打ち上げ花火、横から見るか？ 下から見るか？』

1　観察者としての映像経験――メディアと身体

常態化するメディアミックス

アニメーション、ドラマ、映画、漫画と物語が複数のメディアに同時多発的に展開され、コンビニエンスストアやデジタルサイネージにもコンテンツやキャラクターが拡散されていく現代日本の独特な映像文化圏において「リメイク」的需要を構成する要素は日常のいたるところに存在している*1。とりわけ異なるメディアへの移動をともなう「リメイク」に関してはインターテクスチュアリティの問題だけではなく、異なるメディア経験の分析も重要であることはすでに述べた。

デジタル時代の映像文化においては複数のメディア・プラットフォームが相互に強力につながりあい、コンテンツがそれらを横断的に行き来する。オーディエンスが欲望するままに娯楽を求めてどこへでも移動できるような文化、それをヘンリー・ジェンキンスは「コンバージェンス・カルチャー」

と呼んだ*2。もはや特権的な売り手の戦略と見なされたメディアミックスは常態化し、デジタル時代において一つの作品をプロモートするための複数のメディア展開は常套手段となり、私たちは当たり前のようにメディアを越境してゆく物語やキャラクターを消費している。

むろん音楽と映画のタイアップは古くからあり、メディアミックスなる現象も遡れば発見できるが、それが商法として確立されたのは一九八〇年代中頃のことである。角川書店ないし角川春樹による戦略としてのメディアミックスは、一般にブロックバスター方式に巨額予算を投じて映画や小説、音楽などの複数のメディアを組み合わせることによって相乗効果を上げながら一挙に宣伝する広告手法と理解されている。だがその決定的な転換点は、八〇年代後半から九〇年代にかけて、すなわち市場細分化、特定消費者、少額予算を志向した弟の歴彦による雑誌、マンガ、アニメ、ゲーム、小説などさまざまなメディア形態へと無制限に増殖してゆく接続性の高いモデルの登場だろう*3。

先駆的なメディアミックス論を展開したマーク・スタインバーグが主眼として論じたのは、角川の企業経営やマーケティングなどの送り手の実践と、そういったコンテンツが拡散されてゆく日本の文化的コンテクストの分析であった。だがここで追究しようとしているのは、そういったメディアの効果をインターネットが普及した現代日本の映像文化のコンテクストのなかで再考すること、とりわけ「リメイクを観る」という行為に関わる受容＝経験の位相である。

観察者のメディア経験

視聴経験をメディアごとに切り分けて調査してきたこれまでの研究に対して、社会学者の佐藤健二は、日常においてメディアが構成する経験の多層性を強調しながら、メディアミックスの概念が「送り手の商品生産の手法としてしか語られなかった現状を、受け手たちの経験において問いなおさなければならない」と述べている。曰く「メディアそれぞれがもつ特性の差異をふまえたうえで、なお構成されるべきは、その重なりや相互作用が生み出す効果・作用の構造である。そのなかでメディアの複合を使いこなす（あるいは使いこなせない）身体を問わねばならない」*4。

ここで佐藤の問題意識を踏まえて本章が目指すのは、メディアミックスが常態化された現代の映像文化にあって、もはや映画の「観客」、テレビの「視聴者」、ラジオの「リスナー」、小説の「読者」というように切り分けられないまま節合している「観察者」(observare) の複数のメディアに構成される経験の多層性を「リメイク」という実践から捉え返し、意味解釈者としてのオーディエンスの能動性を問う以前に、人びとの「身体」と「メディア」が取り結んでいるリメイク固有の経験の様態《モード》を浮かび上がらせることである*5。メディアとの単一の関係性が崩壊した「観察者」としての私たちのメディア受容の重層性を捉える方が、テクストの連関というリメイク映画において当然考えられる事象を扱うよりも、より有用だと考えられるからである。このようにして私たちの前に立ち現れる映画のリメイクは、映像と観客を独特な作法によって取り結び、それを経験する私たちの身体性は、純粋に、（オリジナルの）映画を観る経験とは明らかに異なるものとして存在している。反復の快楽と差異による刺激。「リメイク映画を観る」ことを通して私たちは、普通の「映画を観る」こととはまったく異なる間テクスト的かつ間メディア的な身体経験をしているのだ。ここでは現在の映像文化のリメイク的特徴を持つ象徴的な作品として、もっともよい事例の一つである岩井俊二のテレビドラマ『打ち上げ花火、下から見るか？ 横から見るか？』（一九九三）と、そのアニメ・リメイクを取り上げたい。

2　テレビドラマ／アニメーションの比較分析——「岩井ワールド」のアニメ化

アニメ・リメイクとしての『打ち上げ花火、下から見るか？ 横から見るか？』

すでに確認したように、製作者の間の認識では、テレビドラマを原作としたアニメの「リメイク」として共通の理解のもとで対話が成立していた。確かに、同作は小学生から中学生へと年齢が引き上げられたり、舞台となる場所が現実の町から架空の「茂下町」へと変更されたりしているものの基本的な設定（登場人物の名前や関係性）は同じである。

だが、45分のドラマを90分の尺で劇場公開するために物語をかなり膨らませなければならなかった点は、ドラマ版と異なる決定的な変更点である。原作はもともとドラマ枠『ifもしも』の一編として放映されたもので、分岐ルートを軸に時間がループし、もう一つの可能世界が描かれる話だった。しかし、劇場アニメ版ではドラマ版の後に複数の可能世界へと次々に展開していく。そうなってくると、物語の半分がまったく異なる話であるため、「リメイク」と呼ぶことに抵抗を覚える者もいるだろう。

とはいえ、すでに前章で理論的な側面に言及したように、テレビドラマとアニメーションは現代において「類似するテクスト」として認識され、「リメイク」として共通理解が成立してもいる。物語の大幅な加筆に対しては異論があろうが、ここでは厳密な定義を論じるのではなく、アニメ・リメイクとして捉え、そのテクストとメディアの違いから現代のリメイク的経験を浮かび上がらせていく。

よく知られるように原作は一九九三年に放映された岩井俊二のテレビドラマであり、これを原作としてアニメ・リメイクしたのは、『化物語』（二〇〇九）や『魔法少女まどか☆マギカ』（二〇一一）などの傑作を多く生み出している制作スタジオ「シャフト」、総監督に指名されたのは新房昭之である。岩井のテレビドラマが熱狂的な人気を呼び、彼の出世作となったのには、少年少女の甘酸っぱくみずみずしい青春を切り取ったからだけではなく、逆光気味のショットの多用、レンズフレア／ゴーストの効果、前衛的な映画技法として使われていたジャンプカットなど、映画の撮影技法を駆使ながら情緒ある演出と先鋭的な技法が融合し、およそドラマと呼ぶには秀逸に過ぎる出来だったことにも起因する。同作品は、テレビドラマとしては異例といわれる日本映画監督協会新人賞を受賞した。

作り手のリメイク実践

改めて確認しておくならば、リメイクとは「信頼性（反復）と新規性（革新）を伝える」*6ものであり、それを観る者もまた自分の好んだ世界やキャラクターが反復される安心感とそこからのズレという期待の地平のもとでリメイクを観ている。その倒錯した悦楽こそが「アダプテーション／リメイク」特有の経験であった。それでは具体的なシーンに即して原作との反復と差異を確認していこう。

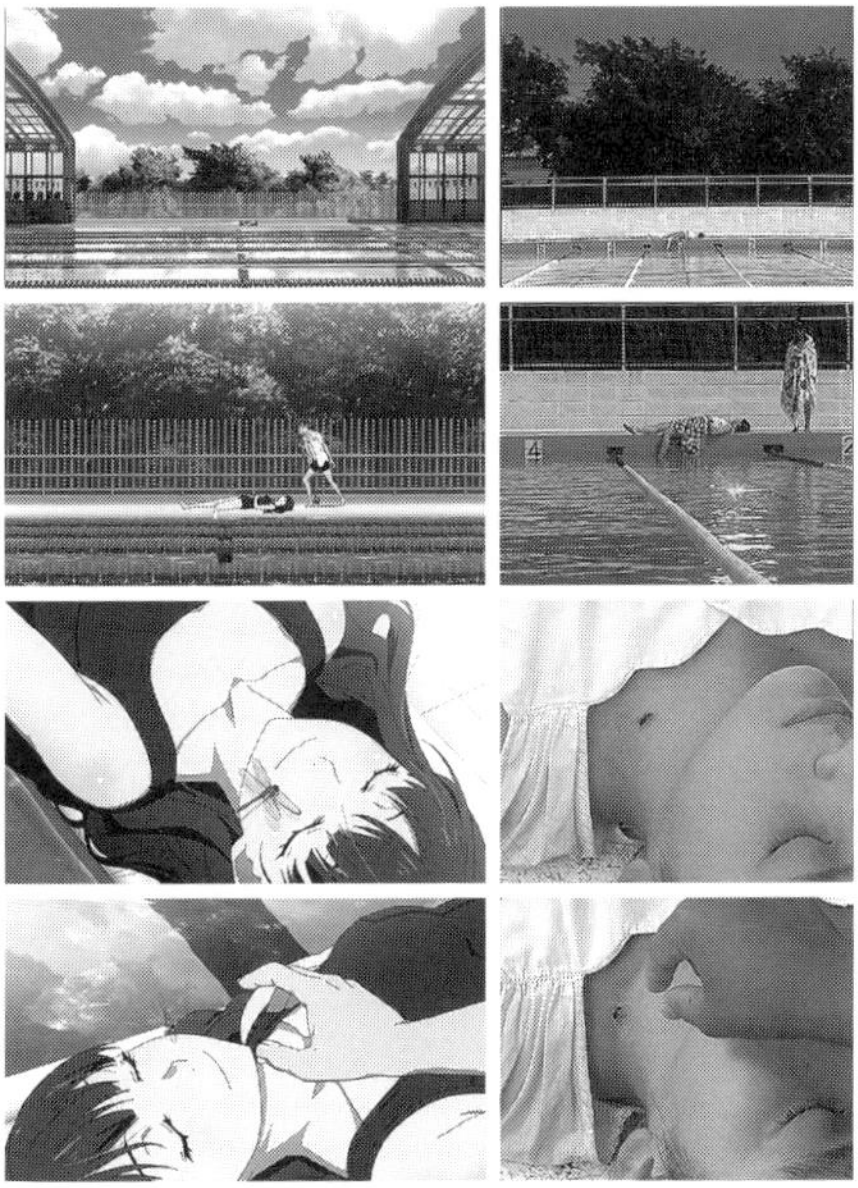

図10－1～10－8　右側４枚：ドラマ版『打ち上げ花火，下から見るか？ 横から見るか？』（岩井俊二，1993），左側４枚：アニメ版『打ち上げ花火，下から見るか？ 横から見るか？』（新房昭之，2017）

クラスメイトの典道（山崎裕

太）と祐介（反田孝幸）は、どちらもなずな（奥菜恵）の事が好きだったが、両親が離婚し、母親に引き取られるため転校することになっていた彼女は、プールで競争する典道と祐介の勝った方を花火大会に誘うことにした。親に反発したなずなは、その相手と「駆け落ち」し、街を出ようと決意したのである。ドラマ版は競争に勝った祐介となずなのストーリーを描き、続いて典道が勝ったもう一つのストーリーを描く。ここまではドラマ版もアニメ版も同じだ。

まずは物語の序盤、なずながプール脇に仰向けになり、彼女の首筋を這うアリを典道に取ってというシーンを比較してみよう。まずドラマではプールサイドに横になる印象的ななずなのロングショット【図10－1】、彼女に接近する典道【図10－2】、彼女の首筋を這うアリ【図10－3】、それを捕まえる典道の手という順で進んでいく【図10－4】。アニメ版でも最初のなずなのロングショットの構図、なずなのポーズが正確に再現されている【図10－5】。そこに近づいていく典道もほとんどほぼ同じである【図10－6】。彼女に差し出す手の描写もほぼオリジナルを反復している。ところが、寝ているなずなに止まる虫がアリからトンボに変更されている【図10－7】。物語の進行や台詞は似ているものの、この差し替えの効果はきわめて大きい。首筋を這っていくドラマ版のアリから頬にそっと止まるトンボへの変更は、物語に差異をもたらすガジェットとして意図的に挿入してあるのだ。なずなに「取って」といわれて差し出す手のカットも大差ないが【図10－8】、決定的な違いはこの後である。ドラマ版はドキドキしながら典道がアリをなずなの首筋から捕まえるが、アニメ版はトンボを取り損ねてしまう。

次のカットでアニメ版はふわっと上空に飛び立ったトンボの主観ショットに切り替わる。こうしたカメラワークは現代映画に多用されているドロ

図10－9　アニメ版『打ち上げ花火，下から見るか？ 横から見るか？』（新房昭之，2017）

ーン・ショットを彷彿とさせるテクニックである。このようにして描き出されるのは、トンボの複眼を利用して分裂する典道となずなのカットだ【図10-9】。トンボの眼を借りたこのショットは、岩井俊二の原作が『if もしも』の一編として「もう一つの可能世界」(典道が祐介に負ける世界/勝つ世界)を描いたのに対して、大根仁によるシナリオに加えられた「その後」が「複数の可能世界」(複数の分岐ルートによって多層化される世界)を描いていることを、あらかじめ暗示するカットとしてインサートされていると見てよいだろう。

あるいは母親が強引になずなを連れて帰ろうとするシーンは、ドラマではジャンプカットを多用しながらショットのリズムを変質させることで独特な危機感が演出されていたが、アニメでは典道の視点ショットで彼女が引っ張られ倒れそうになる瞬間に、何度も典道へカメラがズームインしながら切り返すショットが断続的に挿入されている。こうしたオリジナルの秀逸なショットは、すでに観客の期待を形づくりながら視聴行為そのものを規定している。

『サイコ』のようによく知られたオリジナル作品の肝となるシーン——現代では簡単にYouTubeなどを通して観られる場面——をあえてなぞりつつずらすこと。このような名作の名場面をいかに作り変えるかにリメイク実践の創造的営みは顕現するのである。それではこのような製作者のリメイク実践を、ここでの問題意識に照らして、受容(受け手)の地平へと拡げてみよう。

3　ポストメディウム時代の受容——「リメイク的映像文化」の誕生

「メディア/テクスト」の接続過剰

テレビドラマに精通した観客は、アニメ・リメイク版をオリジナルのテクスト(物語)の反復と差異を同時に体験しながら観ることになるが、このようなズレはむろんテレビからアニメというメディアの移動によっても顕在化する。たとえば、冒頭では学校のプールで50メートル競争の勝敗によって分岐ルートが決まるという重要なシーンをドラマ版と同じ場所で効果音のセミの鳴き声とともに忠実に再現しながらも、奥菜恵のみずみずしい身体性はアニメーションによる平面性に、奥菜恵の声は広瀬すずの声に置換されている。一つの作品をその外部のメディアやテクストと連関させながら売り出す方法はもはや珍しい現象ではなくなったが、ここからは現代のメディアの布置のなかで、どれほど「メディア／テクスト」の接続が過剰なのかを具体的に確認していきたい。

アニメ映画は8月18日に全国公開されている。小説のノベライズはアニメ公開前の6月17日に刊行され[*7]、主題歌であるDAOKO×米津玄師『打上花火』も、公開直前の8月16日にリリースされている。国民的アニメ映画となった『君の名は。』（二〇一六）の主題歌『前前前世』（RADWIMPS）やドラマ『逃げるは恥だが役に立つ』（二〇一六）の主題歌『恋』（星野源）――「恋ダンス」が話題となり近年まれにみるドラマの視聴率へとつながった――にも似たタイアップソングの効果の高さを考えさせられるほど、『打上花火』は反響を呼び、ラジオなどのメディアを通じて先取り的に耳にする機会が多かった。だが、このようなメディアミックス的な商法は、角川のみならず、戦前にも戦後すぐの映画産業にも容易に見出すことができる。それでは、八〇年代頃までの複数のメディアミックス経験と現代の状況を差異化する決定的な要件とは何か。

端的にそれは、インターネットの到来にともなうスクリーンの遍在化と映像コンテンツへアクセス可能な環境の加速化である。二〇世紀のマスメディアの時代において音楽と映画を組み合わせるプロモーションと、二〇一〇年代のＳＮＳ文化の動画サイトにおけるプロモーションを比較すれば、その差異は明らかだろう。自分の好きな時間に好きなだけ消費者がアクセスして「観る／聴く」ことができる後者は、その放送が番組（発信者）によって決定されるという条件を免れない前者に比べ、主体的・能動的に映像や音楽に触れることができる。では、拡張されるスクリーンにおいて「観る／聴く」行為が映画館の視聴モードを決定するYouTubeなどに代表される動画サイトでは、どのようなプロモーションが行われていたのだろうか。

DAOKOが歌うREMEDIOUSの『Forever Friends』のカヴァーMVがアニメ公開に先駆け8月1日に、主題歌『打上花火』のフルバージョンは8月9日にDAOKOオフィシャル・チャンネルで公開されており、観客は劇中で使われる楽曲をすでに聴き、アニメーションの動画を事前に目にする機会が何度もあった。主題歌『打上花火』は、実際のアニメのオリジナル映像を音楽にのせて編集したものになっており、「アニメーション・ミュージックビデオ」は公開前に先行配信されていた。『Forever Friends』のMVは原作を演出した岩井俊二自らが手がけ、当時のドラマで撮影されたロケ地をDAOKOとともに実際に「聖地巡礼」しながら撮影している。このMVでは、なずなが歩く一本道、母とのやりとりがあった道、バス停前の道、「駆け落ち」しようとして訪れた駅のホーム、典道たちが走って学校に行く丘の上の道、灯台、教室、プールなどが岩井俊二の原作ドラマを彷彿とさせる逆光気味（レンズフレア）のショットでノスタルジックに演出されている。つまり、なずなと典道がめぐった景色が、類似するショットとDAOKOの身体を媒介に、そのまま「リメイク」されているのだ。

あるいは、公開日よりも前の8月9日に神前暁によるオリジナル・サウンドトラックもリリースされており、アニメ版のなずなが劇中で歌う松田聖子の『瑠璃色の地球』を広瀬すずの声によって先取り的に何度も聴いてから映画館に足を運んだ観客もいただろう。『モテキ』を演出した大根仁や新海誠などの作家は、実写とアニメが融合したり、他のメディウムとの差異を曖昧化したりと現代のポス

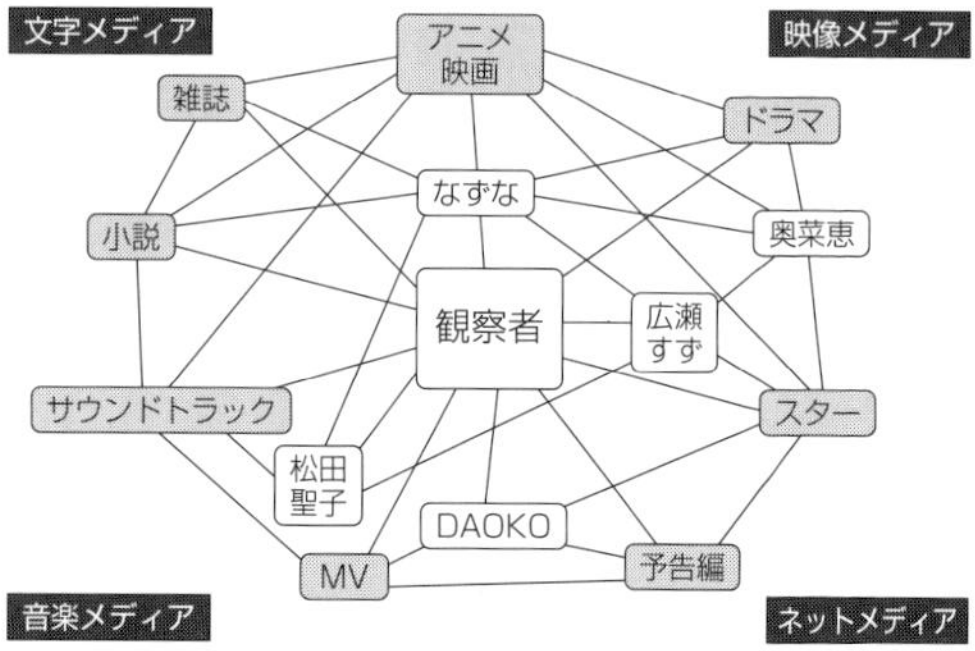

図10－10　デジタル時代のメディアと身体の関係性：アニメ版『打ち上げ花火，下から見るか？ 横から見るか？』

トメディウム的状況を体現しているが、『打ち上げ花火、下から見るか？ 横から見るか？』でも物語後半、彼らの映像に顕著なミュージックビデオ化されるシーンが挿入され、そこでなずながアイドルのように身振り手振りをつけて電車の中で『瑠璃色の地球』を踊りながら歌う。ここには、必然的にアニメーションのなずなというキャラクターに重層される奥菜恵、広瀬すず、松田聖子の身体性が現前しており、脚本を担当した大根仁——演出したテレビドラマ版『モテキ』第2話「深夜拘束〜上に乗るか 下に乗るか〜」では岩井俊二のドラマのロケ地巡りをさせてショット単位でも模倣している——特有の「リメイク的精神」が宿っている。

また、テレビ番組を通じて広瀬すずと菅田将暉が声優を務めることが何度もプロモーションされ、彼らも番宣に駆り出された。そこでも彼らの声が付された予告編のシーンが放送され、何度も視聴してから映画館に行った観客も少なくなかったはずだ。こうしたプロモーションは、近年のアニメ映画やハリウッド映画の吹き替えに頻繁に見られるようになり、プロの声優ではなく、人気の高いスターを声優として器用し、大々的にテレビやラジオを通じてプロモーションする手法は日常的に行われている。作品の外部へと拡散され、映画のイメージを変形するように作用するスターテクストも観客の受容を考えるうえで欠かすことのできない要素である。スターが特集される雑誌媒体でもアニメと連動した声優に挑戦する記事が掲載され、『キネマ旬報』などの映画雑誌も公開前に巻頭特集を組んでいる。すなわち、『打ち上げ花火、下から見るか？ 横から見るか？』のリメイク映画を観るときに、小説や挿入歌／劇中歌のMVやサウンドトラック、声優を担当した有名俳優が作品の外で語る声などの「外部テクスト」、予告編やMVを通じて断片的に見せられたショット＝「類似テクスト」、岩井版ドラマの既視感のあるショット＝「元テクスト」を、リメイク映画の観客の身体は同時かつ複層的に混淆するメディアを媒介にして経験しているのである【図10-10】。

重要なことは、異なるメディアが（パソコン、スマートフォン、iPadなどの）同じ画面上で切り替え可能な点、すなわち、かつてのような固有の空間＝場所に規定されるメディア経験――映画館における映画、家庭におけるテレビ、レコードから再生される音楽など――は曖昧化し、明確に切り分けられなくなっているということである。先の図で示したように、雑誌、小説といった文字メディア、MVやサウンドトラック、あるいは予告編やドラマまでもがネットメディア上で、しかも自宅に限らず、移動先やその過程にある電車内でも視聴されうるという事態、要するに、現代の商業的なリメイク映画とは、観察者を取り囲む諸メディアの融合性――複数のメディア経験（インターメディアリティ）と映像テクストの連鎖（インターテクスチュアリティ）によって高度に条件づけられた、きわめて重層性の高い「身体」と「メディア」の経験を引き起こしているのだ。こうした視聴を規定する複数の変数を考慮すると、「観察者」は目の前の「物語」それ自体を観ているといいきれない。もはや目の前にあるメディアを観ているというよりも、むしろそれ以外のメディアの方が私たちに饒舌に語りかけてくるのである。

「プロセス消費志向」の快楽

リメイク映画を観るということは、オリジナル（創造力）のリメイク（模倣）という陳腐な映像経験ではない。そうではなく、リメイク固有の映画経験は、映画作品にもたらされる「テクストの多層化」や「メディアの複層性」によって、豊かな経験として捉え返す必要があるだろう。リメイク映画は、作品を取り囲むさまざまな外部の要素が観客の「記憶」に作用しながら反復の安堵と差異の刺激を提供し、「メディア／テクスト」は観る者からリメイク特有の知覚を抽き出す。リメイクに固有の経験とは、いうなれば、いままさに映画を観ている瞬間に立ち現れてくるような重層性＝「プロセス消費志向」の快楽として身体に作用している。だが、こうした重層的な映画経験は、もはやリメイク映画を観ることをはるかに超えて、私たちの日常に遍在しているといっていいだろう。

そもそもメディアミックス自体、送り手にとっても受け手にとっても、きわめて「リメイク的な実践／経験」なのであり、複数のテクストやメディアが混淆する場としての「身体」は、狭義の意味でのリメイク映画――オリジナル映画の再映画化――研究を超えて幅広く経験的に分析されていくべきである。これまでの一九九〇年代から二〇〇〇年代の英語圏のリメイク・スタディーズが対象としてきたのは、主としてこのような狭義のリメイク、すなわち「過去の映画や諸外国の映画の再映画化」であり、総じてテクストの同一性や差異ばかりに焦点化し、「異メディア間リメイク」の効果は、ほとんど議論されてこなかった。さらにいえば、「リメイク映画を観る」ことにともなう同時代的な間メディア経験の位相も、ほとんど捨象されてきたのである。

だが、現代の映像文化においては、漫画原作を実写化するケースもありふれたものとなり、アニメの実写化（あるいは映画のアニメ化）も漸増している。今後もこうした傾向は加速化し、ゲームとアニメの「リメイク」も増えていくだろう。メディアを横断するリメイクは、間違いなくこれまで以上に製作されていく。そして、このような事例にもちろんリメイク・スタディーズの知見は大いに役に立つに違いない。デジタル映画とインターネットが前提となり、ＳＮＳ時代に突入した私たちの映像文化に、メディアミックス論やメディア論の知見、そしてアダプテーション／リメイク・スタディーズの理論的汎用性は、きわめて有効であるように思われる。

すなわち、「メディアを経験する」ということが同時代の他のメディアとどのような関係を取り結び、いかに複層的な経験をもたらしているか、あるいは、技術としてのメディアと身体の経験に関して無関心だったことに批判的な眼差しを向けて再考察していく必要があるのだ。なぜなら現代の映像文化においては、テレビや映画やアニメが収斂するパソコンのスクリーンだけではなく、電車や駅の構内のデジタルサイネージやスマートフォンに顕著なように移動する身体にもスクリーンが付随するようになり、私たちの日常そのものがメディアに重層的に包囲され、純粋に単一のメディアを経験するということ自体が成立しなくなっているからである。

換言すれば、もはやリメイクでなくとも「映像を観る」こと自体がすでに「リメイクを観ている」といっていいほど、メディア技術が私たちの身体に混淆し、反復（と差異）が織り込まれている。したがって、「リメイク的映像文化」が誕生した現在、私たちは目の前の「メディア／テクスト」を観ると同時に他の「メディア／テクスト」を観ているのである。

現在のメディア環境において、コンテンツは生産者／利用者の明確な区別なく、共同的に構築・拡張されていく。近年、ユーザーがコンテンツを共有して生産者にもなる現象は「プロデュセイジ」(Produsage) などと呼ばれているが、もはや現代のメディア状況において「オーディエンス」という概念を自明視することはきわめて危うい*8。伊藤守は「送り手／受け手」の二項間での単一のメッセージの移動を捉える従来型のコミュニケーション・モデル、すなわち特定の空間で聴取・視聴することを前提としたオーディエンス概念では捉えきれないテクノロジーと人間の接合の構造が成立していると論じている*9。こうした指摘は、ＳＮＳや動画サイトによる新しいコミュニケーションの浸透によって観客／テクストという対立的な主客関係の安定性が解体しつつあるという渡邉大輔の「ポスト観客性」の議論とも共鳴するだろう*10。

ここでは深入りできないが、現代の映像文化におけるファン活動はいっそう活発になっている。一例をあげれば、『打ち上げ花火、下から見るか？ 横から見るか？』の予告編の音をそのまま使って、そこに声優を担当した広瀬すずと菅田将暉の違う映画を切り貼りして編集した二次創作が作成され広く視聴された。現代の観客は、コンテンツを受容する側に留まるだけではなく、創り出す側に積極的に（あるいは無意識的に）参加して生産することが容易になっているのだ。こうしたファン活動は、既存の「送り手／受け手」の関係性を問い直すだけでなく、受容のモードを根本から揺るがし、キャラクターと俳優、アニメと映画の融合＝混淆を引き起こす。一般人が動画編集ソフトで創作した映像を世界に発信できる時代は、八〇年代のメディアミックス時代とは異なる「リメイク的映像経験」を生み出しているはずなのだ。

もちろん、こうした視座は現在の映像文化のみにしか適応できないというわけではない。確かにインターネットの到来によって、間メディア的経験は加速化すると同時に、明確に可視化されるようになった。だが、それ以前にも当然、同時代の他のメディア混淆との連接のもとで経験される身体性もあったはずで、むしろそのような不可視化されたメディア技術と身体の関係も捉え返さなければならない。たとえば『サイコ』の分析に新たな地平を切り拓いたのは、映画の観客性を兼ねてから「身体ジャンル」として考察してきたリンダ・ウィリアムズの議論である。

ウィリアムズは、これまでの『サイコ』への主流のアプローチである映像テクストがいかに恐怖をもたらすかではなく、オーディエンスの身体性を同時代に流行したディズニーランドのジェットコースターの登場との連関から捉え、ヒッチコック映画にそれと同質の「恐怖を楽しむ」という新しいタイプの経験、すなわち、技術に条件づけられた観客の身体性を「新しいアトラクション」という視点から歴史的に浮き彫りにしてみせた*11。同時代の言説の布置のなかで「生きられた観察者」の身体性やメディア技術の関係を救い出すこと。現代ならば、もはやメディウム固有の映像よりも映画のスクリーンにはYouTubeやSNSの映像、かなり普及したVRの没入感やドローンによる鳥瞰的視点の映像等が溢れ、フレーム外部の映像と地続きになっている。このようなメディア技術と身体の関係から、過去の映像の受容や人びととの経験もまた、歴史的に捉え直していかなければならないだろう。

注

1　ここで想定している「独特の映像文化圏」とは、マーク・スタインバーグがヘンリー・ジェンキンスの「収束する文化《コンバージェンスカルチャー》」に対して、日本のメディアミックスを「拡散する文化《ダイバージェンスカルチャー》」として捉えた日本の文化的コンテクストの特殊性のことである。詳しくはマーク・スタインバーグ『なぜ日本は〈メディアミックスする国〉なのか』大塚英志監修・中川譲訳、KADOKAWA、[二〇一二] 二〇一五年。

2　Henry Jenkins, *Convergence Culture: Where Old and New Media Collide*, NYU Press, 2006.

3　マーク・スタインバーグ、前掲『なぜ日本は〈メディアミックスする国〉なのか』、二一九―二三五頁。

4　佐藤健二『論文の書きかた』弘文堂、二〇一四年、一六二頁。

5　もはや現代の映像文化に生きる人びとにテレビ番組の「視聴者」、映画の「観客」という使い分けはふさわしくないだろう。私たちがメディアでコンテンツを観るという行為には、すでに他のメディアを「観る／観た」経験が織り込まれている。したがってここではジョナサン・クレーリーにならって「観察者」という言葉を使用する。クレーリーは観察者を「規定された可能性の内部で観る者であり、さまざまな慣習と限界のシステムに埋め込まれた存在」とし、「言説、社会、技術、制度といったものの相関関係の、還元不能なほどに異種混淆的なシステムの効果」としてのみ存在すると述べている。Jonathan Crary, *Techniques of the Observer: On Vision and Modernity in the Nineteenth Century*, MIT Press, 1990, p. 6.（＝二〇〇五年、遠藤知巳訳『観察者の系譜――視覚空間の変容とモダニティ』以文社。）

6　Thomas Simonet, "Conglomerates and Content: Remakes, Sequels and Series in the New Hollywood," Bruce Austin ed., *Current Research in Film : Audiences, Economics, and Law,* Volume 3 (Current Research in Film), Ablex, 1987, p. 155.

7　大根仁・岩井俊二原著『打ち上げ花火、下から見るか？横から見るか？』角川文庫、二〇一七年。

8　「プロデュセイジ」に関しては以下を参照されたい。Axel Bruns, *Blogs, Wikipedia, Second Life, and Beyond : From Production to Produsage,* Peter Lang Pub Inc, 2008.

9　伊藤守「オーディエンス概念からの離陸——群衆からマルチチュードへ、移動経験の理論に向けて」、伊藤守・毛利嘉孝編『アフター・テレビジョン・スタディーズ』せりか書房、二〇一四年、三二〇頁。

10　渡邉大輔「液状化するスクリーンと観客——「ポスト観客」の映画文化」、光岡寿郎・大久保遼編『スクリーン・スタディーズ——デジタル時代の映像／メディア経験』東京大学出版会、二〇一九年、六九—八八頁。

11　Linda Williams, "Discipline and Fun : *Psycho* and Postmodern Cinema," Christine Gledhill and Linda Williams eds., *Reinventing Film Studies,* Arnold, 2000, pp. 351-378.

結論——映像の快楽

本書では映画の誕生から語り起こし、映画の文法が確立していく過程と、それが成立してからの映像表現をさまざまな角度から分析してきた。最後に試案として記しておきたいのが、デジタル技術が普及した二一世紀の映像表現のあり方である。

現在、映画を取り巻く環境は劇的に変化している。映画は、もはや日常から切り離された映画館の暗闇に座って作品を観ることでなくなって久しい。家庭のテレビで視聴する「映画」のみならず、先述したように、パソコン、タブレット、スマートフォンと視聴媒体が多様化し、視聴空間も映画館や家庭に限定されない移動する空間（通勤や通学）での視聴も当たり前になった。

その一方、映画館もまた二〇〇〇年頃からシネマコンプレックスの登場でスクリーンの数を増やしていき、テレビやパソコンと差別化をはかるべく映画への没入を体感できる3D、映像と音響にこだわり抜いたIMAXシアター、座席に向かって水が飛んだり風が吹いたり香りが放たれたりと「観る」だけでなく触覚や嗅覚を刺激して全身で「感じる」4DXシアター等、映画館でしか味わえない技術と空間を提供することで生き残りの戦略を企てている。

デジタル技術が変化させたのは受容のモードだけではない。映像制作の面においてもデジタル化は決定的な変化を引き起こした。実写映画では、よりポストプロダクションに予算も時間もかけるようになり、CGやVFXを駆使した大作が人気を博し、手描きのセルアニメーションは衰退してパソコン上でかなりの工程が行われるようになった。映画は撮った後にデジタル技術によってかなり操作／加工されるようになっている。レフ・マノヴィッチも述べているようにデジタル映画は、絵画やアニメーションが持っていた「可塑性」を獲得し、アニメーションに接近しているのだ。

テレビドラマにもいえることだが、現代のデジタル映画で、前世紀と比べて頻繁に使用されるようになった映像技法がいくつかある。代表的なものを五つあげれば、①「逆光ショット」②「スローモーション」③「移動撮影」④「手ブレ」⑤「ドローン」を使った表現だろう。もちろん、これらは二〇一〇年代に一気に広まったドローンを除けば、二〇世紀にも用いられてきた技法で、カメラの軽量化がこうした表現を促進してもいる。しかしながら、本質的には映画館で「注視」することが主流の視聴モードではなくなり、「ながら見」や移動中の視聴など「気散じ」的なモードが普及したことに因るところが大きい。したがって、散漫な観客をどうにかして画面に引きつけようと映画の時間・空間に介入してイメージを「動かす」という意志が働いているのだ。

頻繁に映画の時間を操作するスローモーション、画面をキラキラ輝かせるために陳腐なほど多用される逆光ショット、意味もなくカメラを水平・垂直・弧状に動かし続ける移動ショット、人物のエモーションを形式的に伝えようとする手ブレ、場面転換の間に挿入されるドローンによる壮観な俯瞰ショット――二〇一〇年代の商業映画に圧倒的に増えたのが、観客に常に刺激を与えて注視させようと運動を持続させ、画面を美化し、映画空間を拡張する映像表現である。

「影の芸術」であったフィルムの時代からデジタル技術を使った「光の芸術」へ。もはや映画は影で表現するものというより、光を加工して表現する芸術となった。画面を輝かせ、時間を操作し、カメラを動かすこと。逆にいえばカメラの「フィックス&ロングテイク&ロングショット」の組み合わせは総合的に見て極端に少なくなっている。

このようにメディア生態系の変質がもたらした表現を大雑把に弁別すれば、二〇世紀の映画／アニメーションがそれぞれ「メディウム・スペシフィック」(Medium Specific) な表現を追求していたのに対して[*1]、二一世紀のデジタル技術時代における映像実践では「メディウム・ミキシング」(Medium Mixing) が顕著に見られるようになった。本書でこうした概念を用いる理由は、フェリックス・ガタリによる「ポストメディア社会」[*2]——すなわちメディアの技術革新が、主体性を均質化する装置としてのマスメディアを転覆させ、多様な欲望を解放させる契機になりうるという議論——、あるいは美術批評家のロザリンド・クラウスによる「ポストメディウム的状況」[*3]——いわゆるグリーンバーグのモダニズム＝メディウム固有性に還元できない異種混交的で領域横断的なメディアの重層性の現出——とは異なるものを指すからである。

より近い概念なのが本書でも何度か言及したレフ・マノヴィッチの「ポストメディウム」——つまり従来なら異なるメディアと見なされていた諸メディウムがコンピューターのデジタル技術でデータに還元されることで差異が消失する状況の指摘である。だが、ここであげた「メディウム・ミキシング」は、より二〇〇〇年代後半からの映像文化に固有のタイム・スペシフィックな概念として措定しておく。そもそも「ポスト」を冠する用語は、実際にはそうでなくとも「越える／以後」という言葉の意味合いがメディアの状況を二項対立的に見せることで混乱させてしまう。だからここでは、デスクトップと映像のスクリーンの平面を「同期」させるような表現を、ある地域・時代に固有のヴァナキュラーな実践として捉えておきたい。現代の映画は並存する諸メディウムを過剰に再媒介化し、映画とそれ以外の媒体にあるヒエラルキーを消滅させ、フラットに映像を並置することで映画のスクリーンを複数化するのである[*4]。

娯楽映画でそれが顕在化した好例は、二〇一〇年に漫画をテレビドラマ化した大根仁の『モテキ』

と翌年に続編として公開された同名映画である。深夜ドラマの続編として映画化された『モテキ』は二二億円以上のヒットを記録、大根は本作とそれ以後の作品で「映画」なるものを解体すべく他のメディアを積極的に取り込み、複数のメディアを混淆させた。具体的にいえば、そのメディウムが他の媒体にすり替わるように、コミュニケーション・ツールであるSNSやカラオケ映像、動画共有サービスなど現代の映像文化をそのまま画面いっぱいに使用したのである。

すなわち、スクリーン全体がCMやクイズ番組、バラエティ番組といった他のテレビ番組になったり【図結-1】、YouTubeやTwitterを開いたパソコンの画面になったり【図結-2】【図結-3】、歌詞のテロップ付きのカラオケ映像にシームレスに切り替わっていく【図結-4】。あるいは突然「ミュージカル」や「ミュージックビデオ」、「踊ってみた動画」となり【図結-5】、ビルや部屋にプロジェクション・マッピングが投影される。映画『モテキ』のエンドロールは動画サイト風に作られ、同じく大根の『バクマン。』(二〇一五)のエンドロールでは、漫画のコマになって静止画と動画が融合する

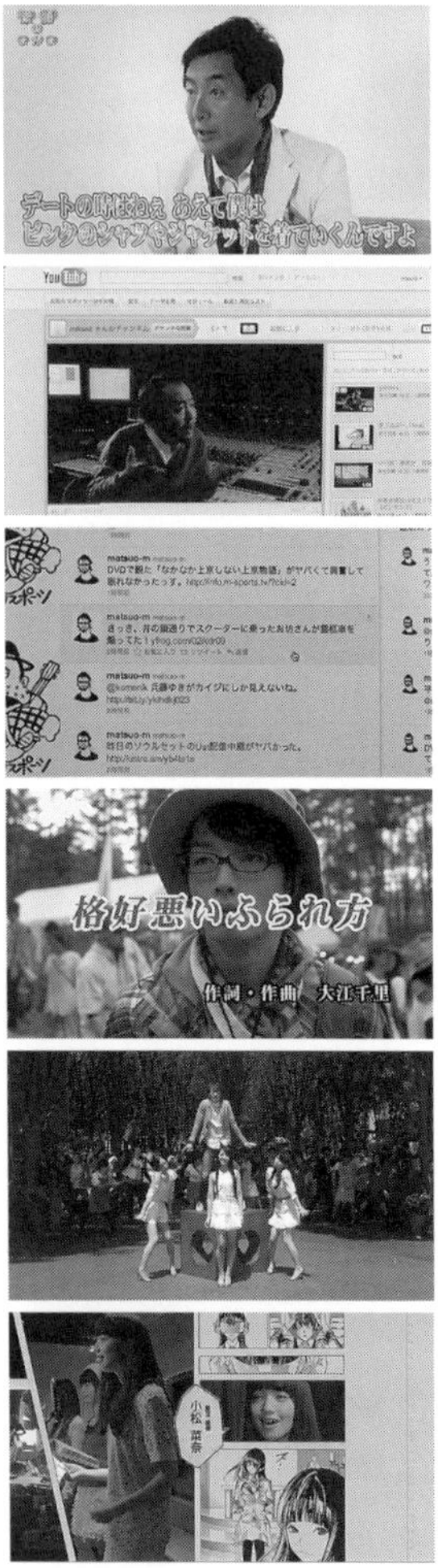

図結-1～結-6　上から1～2枚目：ドラマ版『モテキ』(2010)，3～5枚目：映画版『モテキ』(2011)，6枚目『バクマン。』(2015)
ともに大根仁

【図結-6】。映画は常に他のメディアを再媒介する。つまり、映画というメディア固有の表現を追求するために、他のメディア的性質を排除するのではなく、複数の媒体を混淆＝ミキシングさせる想像力をむしろ積極的に「映画」に組み込んでいくのである。実際、二〇一〇年代の映画では、このような作品がかなり増えていった。

他のメディアが全面化することで、大根の実践は「映画／テレビ／パソコン／カラオケ」といった映像文化のヒエラルキーを無効化し、他の娯楽メディアの「映像」とフラットに接続することによって「スクリーンの遍在化」といわれる近年の映像文化の状況／環境を、そのまま一つの作品内部で体現／再現してしまう。しかも、テレビドラマが他のテレビ番組を参照するという同じ媒体の媒介だけでなく、映画がテレビやカラオケ、漫画といった他の媒体を媒介するとき、私たちが映画を観ている感覚は相対化される。あるいはNetflixで配信され、インタラクティヴ・シネマとして話題となった『ブラック・ミラー：バンダースナッチ』（二〇一八）は視聴者が物語に介入して複数の物語を作り上げる[*5]。こうした双方向のコンテンツはゲーム／映画の境界を融解させる。

そしてこういった「メディウム・ミキシング」と同時並行で起こったのが、終盤で論じてきたような「リメイク的映像文化」の誕生である。『モテキ』は漫画→テレビドラマ→映画、『バクマン。』は漫画→テレビアニメ→映画とアダプテーション／リメイクにあたり、オリジナルを知っているオーディエンスに、既知なるものを媒体を変えて反復する「リメイク的映像経験」をもたらす作品である。『モテキ』で森山未來が踊るPerfumeの『Baby cruising Love』のダンスをMVなどを通じて知っていた観客も多かったはずだ。そこで経験されているのは既知なるものの過剰な反復にほかならない。

二〇〇〇年代から映画産業に特徴的なのは、漫画原作の映画化、漫画原作をアニメ化した作品のシリーズもののヒット、リメイク作品の増加である。これは日本だけのことではなく、ハリウッド映画でもコミックス原作の映画化のヒットやシリーズ作品の興行収入の高さが特徴的だ。『リング』のリメイクを契機としたJホラーのリメイク・ブームが起こり、二〇〇〇年代中頃から後半にかけてアジアやヨーロッパの作品を原作とするハリウッド・リメイクが増える。同時期、ハリウッド映画における興行収入の上位をシリーズものが占有した。そしてその後のコミックス原作のマーベル映画／DC映画が圧倒的な人気を誇る時代へと続いてゆく。

実は二〇〇〇年代後半は映像文化のさまざまな面で変革が起こった時期だった。共通しているのは、オリジナル脚本で「未知なる世界を味わいたい」という欲望が縮減し、「既知なる世界観に触れる快楽」が優勢になったことである。奇しくも音楽業界においても、二〇〇五年の徳永英明の『VOCALIST』を皮切りに、カヴァーブームが巻き起こっている。その後、二〇一〇年代はJUJUやMay J.などのアーティストが次々にカヴァーアルバムを出して人気を博す。これもすでに知っている作品を差異を味わいながら反復する行為である。こうした欲望を下支えしているのはインターネットの到来がもたらした「情報の過剰」である。途方もない情報の海が目の前に拡がり、それを前に未知なる情報を求めて溺れるよりも、既知なる情報に触れて安心する快楽を選択する時代なのだ。

二〇〇〇年代後半は、他の点でも映像文化を考えるうえでメルクマールとなる時期である。二〇〇五年にサービスを開始したYouTubeが日本で二〇〇七年にサービスを開始、二〇〇七年にAppleがiPhoneを発売し、日本でも二〇〇八年にiPhone 3Gを発売した。Googleのアンドロイドも同時期に普及、スマートフォンの後を追うかたちでタブレット端末もシェアを拡大していった。こうした環境の変化は当然、作品の内容も規定することになる。

たとえばスマートフォンやタブレットで鑑賞されることが増えた現代映画ではロングショットが減り、小さな画面でも表情やアクションがわかるようにバストショットやクロースアップの割合が増えた。移動中の視聴や「ながら見」することも少なくない現代において、画で視覚的に物語を語るより、新海誠のアニメーションのように音楽やナレーションを前面に押し出したり、画面を注視していなくとも聴覚的要素で物語が伝わるように設計したりと、人びとを取り囲むメディア環境に大きく影響を受けた作品になっている。二〇一〇年代を通したその好例の一つが、視線を一致させる一八〇度システムのルールを放棄した作品の漸増だ。こうしたパーソナルな視聴環境と集団で大スクリーンを観る映画館に通底する要素が「音」である。

現代の映像文化においてまず指摘すべきは「音＝声の復権」である。パーソナルな視聴における「視覚」から「聴覚」への移行とともに考えなければならないのがヘッドホンの高性能化と格安化、もう一方では映画館での高品質な音響設計の追求である。身体感覚への共振のために前景化する「音」――それはオーディエンスの聴覚と触覚に向けて身体感覚的に働きかける。もはや映画を「観る」ことを通じて「思考」する批評的な視聴モードの不可能性は明らかであり、いま求められているのは映画を「感知＝触知」することを通じて観る者の身体感覚を揺さぶり、情動を触発するような映像テクストである。

視覚から聴覚／触覚へ――。映像表現の原理は「思惟」から「鼓膜／皮膚」へと変化している。端的に現代の映像文化は、視覚を基調として「思考する映画」から、聴覚／触覚に情動的に作用する「快楽の映画」へと移り変わっているのだ。

『秒速5センチメートル』（二〇〇七）の終盤で山崎まさよしの『One more time, One more chance』が流れ、音楽に映像が「同期」する「快楽」。『特捜戦隊デカレンジャー』（二〇〇四～〇五）あたりから定着していくスーパー戦隊シリーズのエンディング・ダンスでヒーローと一緒に視聴者を踊らせる「同期」の「快楽」。ＳＮＳ社会となった二〇一〇年代、ＡＫＢ48の『恋するフォーチュンクッキー』（二〇一四）のＭＶはアイドルの踊る身体に一般人やファンのダンスが編集によって「同期」していく「快楽」を描く。先述した『ブラック・ミラー：バンダースナッチ』も映画の物語に触覚的に参入し（パソコンでカーソルをクリックしたりタブレットで画面に触れたりして物語を進める）、映像と「同期」する「快楽」に満ちている。

いま、私たちの映像文化は「視覚の芸術」から「身体の芸術」へと推移している。諸メディウムごとの境界を曖昧化する「メディウム・ミキシング」と、既知なる世界観に触れることに悦楽を見出す「リメイク的映像経験」が共犯関係を取り結び、メインストリームになってゆく中で迫り出してくる「同期」（synchronization）と「快楽」（pleasure）、それによって触発される「情動」（affect）と「身体」（body）の問題を、これからの映像表現は考えなければならないのである。

注

1 もちろん初期映画から古典映画の時代においても実験映画などでは映画や音楽、アニメーションの境界を融解するようなメディア固有性を逸脱する実践も見られたが、ここでは商業映画において「実験的」と認識されなくなった事態を時代の変遷と捉える。

2 Félix Guattari, *Les Trois Écologies*, Galilée, 1989.（＝二〇〇八年、杉村昌昭訳『三つのエコロジー』平凡社。）

3 Rosalind E. Krauss, *A Voyage on the North Sea : Art in the Age of the Post-medium Condition*, Thames & Hudson, 2000.

4 このような議論はマクルーハンを乗り越えようとしたデイヴィッド・ボルターとリチャード・グルーシンによる「リメディエーション（再媒介化）」の理論が示唆的である。ボルター＝グルーシンはマクルーハンの議論を批判的に検討して、あるメディウムが他のメディウムで表象されることを「再媒介化」と呼び、ニューメディアの特性を考察している。Jay David Bolter and Richard Grusin, *Remediation : Understanding New Media*, The MIT Press, 1999.

5 むろん歴史を遡ればモデレーターがステージ上で観客に二つのシーンから選択を促す世界初のインタラクティヴ・シネマ『Kinoautomat: Clovek a jeho dum』（一九六七）があるが、演劇／映画の混淆であり、同一のスクリーンでメディアが再媒介化されるケースとは異なる。

あとがき

本書の編集を担当してくださった晃洋書房の阪口幸祐さんから初めて連絡をもらったのは二〇一七年の一一月、まだ博士課程に在籍していた頃のことだ。映画好きということでメールで話が盛り上がり、「映像メディア論講義」のような本を作ろうという話になった。出版社は京都にあり、東京に出張に来たときは研究室に立ち寄ってくれ、メールでもいつも最近観た映画の感想などを送ってくれた。そのようにして三年以上の月日が流れ、ようやく形になったのが本書である。阪口さんからの連絡なしにこの本は生まれることはなかっただろう。いつも真摯にアドバイスをくれ、完成まで根気強く導いてくれた。ここに記して感謝申し上げたい。

また、装幀を担当していただいた三森健太さん（JUNGLE）は、本書のエッセンスを的確に抽出した素敵なデザインに仕上げてくださった。色々なパターンを見たいという筆者のわがままにも付き合っていただき、感謝の念に堪えない。

本書はほとんどが書き下ろしだが、初出があるもののみ以下に記しておく。ただし元の原稿から大幅に改稿しているものや、紙面の都合上かなり圧縮しているものもある。

第2章　3「視覚的モダニティの失効と〈逃避〉の映画学――スタンリー・キューブリック『シャイニング』」、総合文学ウェブ情報誌『文学金魚』二〇一四年八月

第3章　4「黒澤明『羅生門』の空間と構成」、『公開70周年記念 映画「羅生門」展』国書刊行会、二〇二〇年、一一八―一二一頁／5「死と暴力の表象――黒沢清『CURE』論」、早稲田大学文化構想学部表象・メディア論系誌『xett』第三号、二〇一三年、六八―七五頁

第5章　4「川島雄三の〈分裂〉と攪乱――その空間設計と可動性」、『川島雄三は二度生まれる』水声社、二〇一八年、二一九―二四一頁

第6章　1「アンチ・スペクタクルとしての手の物語――クリント・イーストウッド『ヒア アフター』」、総合文学ウェブ情報誌『文学金魚』二〇一四年一〇月

第8章　1「倒錯の愛のロンド――今敏『千年女優』試論」、『ユリイカ』二〇二〇年八月号、一八九―一九九頁

第9章　1「リメイク映画論序説――再映画化される物語」2〜4「神の沈黙を可視化する――映像テクストによる『沈黙』の（再）解釈」、『リメイク映画の創造力』水声社、二〇一七年、九―三七頁、一六九―二〇四頁

本書の企画は二〇一七年末からスタートしたが、実際に執筆を開始したのは二〇二〇年の一月、ちょうど新型コロナウイルスが猛威を振るい出した時期であり、原稿の大半はコロナ禍の中で執筆されている。小中学校・高校が休校になり、新年度が始まってすぐに緊急事態宣言が発令された。保育園も休園になった。小学生の娘も保育園児の息子と娘も、自宅で過ごすようになり、妻も休職を余儀なくされた。その間、大学の授業や会議はオンラインとなり、在宅勤務が日常になった。かつてないほど、そしてこれからも永遠にないくらいの時間を、家族と一緒に過ごした。そんな状況下の一年間に書かれたのがこの本だ。

こうした日常の変質が、どのくらい書く内容に変化を及ぼしたかは定かではない。ただ通常の執筆

が、きわめて孤独で苦しい作業であるとすれば、この本を書きながら思い出されるのは、いつも周りに子供たちがいた騒がしい日常である。きっと細部には私が意図していない影響が痕跡として残っているに違いない。

もう一つ特筆すべきことがあるとすれば、学問という抽象的な次元ではなく、日常レベルでかつてないほど「メディアの形式」を意識することになった点だ。基本的にすべてのコミュニケーションがリアルな場所から奪われてインターネット上に置き換わり、パソコンを使用したWeb会議システムによって授業も会議も打ち合わせも行われるようになった。そこでいつも意識せざるを得なかったのがフレームの存在である。

カメラ付きのパソコンを使用したコミュニケーションでは、対話者の視線が一致しない。小津映画の切り返しショットのごとく、相手を見つめる視線はメディアの特性によって交わることが禁じられる。カメラを見れば相手が見えないし、画面上の相手を見れば、その相手からは視線が逸らされているように見える。授業でも受講生からはフレームの中だけしか見えない。フレーム内に何を見せ、何を見せないのか、どのような表情で、いかに身振り手振りをすれば効果的なのか、常にメッセージの伝達の回路やメディウムの形式を思考しながら過ごした一年だった。奇しくもそれは、本書が追究してきた映像表現＝形式の問題と地続きである。フレームの内／外、カメラの存在を念頭に置いた表現、マイクを通した声の発話……メディアというものの媒介性を改めて強烈に意識する日々の中で書かれたことは大きかったように思う。

＊

最後に個人的な話を少しだけさせてほしい。私は夜遅くまで執筆をするため普段から家族とは別に一人で書斎に寝ていたのだが、不思議なことに新型コロナウイルスが流行し始めた一月から、二歳の娘が私の部屋で寝るようになった。寝室に寝かせようとしても、すぐに起きて泣きながら私の部屋にやってきて「ここで寝る」といって聞かない。書斎のシングルベッドで一緒に寝るのが当たり前になって、娘を寝かしつけてから、スタンドライトの薄明かりの中で仕事をする日常に変わった。昼も夜も私の生活は一変したのだ。

すぐそばに小さな「いのち」を感じながら執筆できたことはこれまでにない喜ばしい経験だった。そしてもう一つの大きな変化は、娘を寝かしつけながら一緒に寝てしまうことが増えたことだ。慢性的に睡眠不足の不健康な生活だった私が、二〇二〇年はかつてないほどよく眠った。この十分な睡眠と小さな温もりが未曾有のコロナ危機の日常を、なんとか精神的にも肉体的にも生き抜くことを可能にしたのではないかと今は思っている。いつも近くにいて支えてくれた三人の子供たちと妻に、心から感謝を捧げたい。ありがとう。

二〇二〇年一二月二四日

北村匡平

人名索引

事項索引

た

は

ま

ら

わ

映画用語集

エスタブリッシング・ショット：登場人物たちの位置関係や周辺の環境を観客に認識させる状況設定ショットのことで，しばしばシーンの最初にあり，超ロングショットで撮られることが多い。

カッティング・オン・アクション：一つのアクションの途中でカメラアングルやポジションを変えてつなげる編集。「アクションつなぎ」とも呼ばれる。

カットバック：対照的な２つの場面を交互に切り返す編集手法。

クレーン・ショット：車体に取り付けられたアーム（クレーン）にカメラを設置して空中で色々な方向へ動かすことでフレーミングに変化をもたらすショット。

クロースアップ：首から上で顔を捉えるか，それに相当する事物を画面いっぱいに映し出したショット。

クロスカッティング：異なる場所で同時に起きている出来事を交互に切り替える編集技法。別称「並行モンタージュ」。

コマ落とし：24コマ以下で撮影を行い，通常の速度で映写することで早送りのような効果を得る手法。「ファストモーション」ともいう。

コンティニュイティ編集：つながれるショットが時間・空間的に観客を混乱させないようにスムーズに編集するシステム。

シークェンス：作品を構成する適度に長い区分で複数のシーンが集まって構成される。ショット，シーン，シークェンスの順でまとまりは大きくなる。

シークェンス＝ショット：ショットを分割することなくワンショットで一つのシーンを撮る技法。日本では「ワンシーン＝ワンショット」や「ワンシーン＝ワンカット」と呼ばれることが多い。

シャロー・フォーカス：被写界深度を浅くして一定の距離の被写体にだけピントを合わせて撮る技法。

ジャンプカット：連続するショットの一部を取り除いてつなげることで，突然，アクションが省略される技法。

ショット：映画作品を構成する一つの単位で，カメラを回してから止めるまでの切れ目のない映像。

シーン：いくつかのショットが連なって構成される物語映画の一区分（単一のショットの場合もある）。

ステディカム：身に付けたベストに取り付けられたアームから吊り下がっているカメラで撮影するため「手ブレ」を引き起こさず滑らかに動きを撮ることができる。

スプリット・スクリーン：同一フレーム内でスクリーンを分割することによって二つ以上の場面を同時に映し出す技法。

ズームアウト：カメラ自体が被写体から離れていくのではなくズームレンズで小さくしていく技法。

ズームイン：カメラ自体が被写体に寄っていくのではなくズームレンズで拡大していく技法。

スローモーション：通常の秒速24コマより早い速度で撮影し，このショットを標準のフレームレートで再生して実際の動きよりも減速させて見せる技法。

ダッチアングル・ショット：水平・垂直のポジションではなくカメラをあえて傾けたフレームが水平ではないショット。

超クロースアップ：クロースアップより被写体を大きく捉え，体の一部や小さな物体を映したショット。「ディテールショット」と呼ばれることもある。

超ロングショット：ロングショットよりも引いて群衆や風景，建物を映したショット。

ツーショット：フレーム内に２人の人物が登場するショット。

ディゾルヴ：ショットが徐々に消え，次のショットが重なるように現れて転換する技法。「オーヴァーラップ」とも呼ぶ。

ティルト：カメラ自体は動かさずに首だけを上下に動かす撮影技法。

手持ちショット：カメラを肩に乗せたり手で持ったりして撮ったショット。

ドリーショット：通常はレールを敷いて，その上にカメラを搭載する台車や三脚で撮る移動撮影。

ドローン・ショット：カメラを搭載したドローンで空中から撮影したショット。

長回し（ロングテイク）：通常のショットよりも長い時間をかけて撮影された切れ目のないショット。

ハイアングル：高い位置から被写体を見下ろす視点からの撮影。

パン：カメラ自体は動かさずに首だけを水平（左右）に動かす撮影技法。アニメーションにおける「パン」はカメラそのものを移動させることを指す。

パンフォーカス：後景・中景・前景すべてにピントを合わせて撮る技法。「ディープ・フォーカス」とも呼ばれる。

POV ショット：Point-of-view shot の略。カメラの視線を登場人物の視線と一致させたショットで「視点ショット」や「見た目ショット」とも呼ばれる。

180度システム：コンティニュイティを成立させる撮影術で，二人の人物の間に引かれた想定線の片側にカメラを据えて切り返していく編集法。

フェード・アウト：映像が徐々に消えていって見えなくなる手法。

フェード・イン：暗い映像から徐々に明るくなり全体が現れる手法。

フラッシュバック：ナラティヴの時間軸をさかのぼって過去の出来事を見せる手法。

マスターショット：一つのシーン全体を基本となる位置から撮影するショットで，通常そのシーンの登場人物の位置関係がわかるように全員を映したロングショットで撮られる。エスタブリッシング・ショットとして機能することもある。

マッチカット：２つのショットの被写体の位置，動き，視線を一致させ，連続性をもたせてつないだショット。

ミザンセヌ：セット，小道具，照明，衣装，メイク，俳優，動きや振る舞いなどフレーム内のすべての構成要素と演出。

ミディアム・クロースアップ：人物を胸から上を映し出したショットで「バストショット」と同義。

ミディアム・ショット：人物の腰から上を映し出したショットで「ウエストショット」と同義。

ミディアム・ロングショット：人物の膝から上を映し出したショットで「ニーショット」と同義。

モンタージュ：1920年代のソビエト映画の理論家たちが練り上げた概念で，コンティニュイティとは違って連続的ではないショット同士を衝突させることで新たな意味＝観念を生み出す編集。単に「編集」を指すこともある。

ローアングル：低い位置から被写体を見上げる視点からの撮影。

ロングショット：人物の全身を映し出すショットで「フルショット」と同義。

ワイドスクリーン：１対１・33のスタンダードサイズよりも縦横比が大きく横に長いスクリーンのこと。20世紀フォックス社が開発した「シネマスコープ」やパラマウント社の「ヴィスタヴィジョン」がある。

《著者紹介》
北村 匡平（きたむら　きょうへい）

1982年山口県生まれ。映画研究者／批評家。東京大学大学院学際情報学府修士課程修了，同大学博士課程単位取得満期退学。日本学術振興会特別研究員（DC1）を経て，現在，東京科学大学リベラルアーツ研究教育院准教授。専門は映像文化論，メディア論，表象文化論。『スター女優の文化社会学――戦後日本が欲望した聖女と魔女』（作品社，2017年）にて第９回表象文化論学会・奨励賞受賞，『美と破壊の女優 京マチ子』（筑摩書房，2019年）にて令和２年度手島精一記念研究賞・著述賞受賞。著書に『椎名林檎論――乱調の音楽』（文藝春秋，2022年），『アクター・ジェンダー・イメージズ――転覆の身振り』（青土社，2021年），共編著に『川島雄三は二度生まれる』（水声社，2018年），『リメイク映画の創造力』（水声社，2017年），翻訳書にポール・アンドラ『黒澤明の羅生門――フィルムに籠めた告白と鎮魂』（新潮社，2019年），共著に『彼女たちのまなざし――日本映画の女性作家』（フィルムアート社，2023年）などがある。

24フレームの映画学
――映像表現を解体する――

2021年５月15日　初版第１刷発行
2024年10月５日　初版第４刷発行

著　者　北村匡平©
発行者　萩原淳平
印刷者　江戸孝典

発行所　株式会社　晃洋書房
京都市右京区西院北矢掛町７番地
電話　075（312）0788㈹
振替口座　01040-6-32280

印刷・製本　共同印刷工業㈱
装幀　三森健太（JUNGLE）
ISBN978-4-7710-3451-8